Cahiers libres

DU MÊME AUTEUR

Politique économique et planification au Liban, 1954-1964, Imprimerie universelle, Beyrouth, 1964.

Contribution à l'étude des sociétés multiconfessionnelles. Effet socio-juridiques et politiques du pluralisme religieux, Librairie générale de droit et de jurisprudence, Paris, 1971 (publié également en arabe et en serbo-croate) ; nouvelle édition sous le titre *Histoire du pluralisme religieux dans le Bassin méditerranéen*, Geuthner, Paris, 1998.

L'Économie arabe au défi (en arabe), Dar el Talia't, Beyrouth, 1981.

La Dépendance économique. L'endettement des pays en voie de développement dans une perspective historique (en arabe), Dar el Talia't, Beyrouth, 1980 (de larges extraits de cet ouvrage ont été publiés en français dans *Dette et développement*, Publisud, Paris, 1981, et en anglais dans *Debt and Development*, Praeger, New York, 1982).

Le Développement introuvable (en arabe), Dar el Talia't, Beyrouth, 1981.

Le Proche-Orient éclaté, 1956-1991, Gallimard, coll. « Folio/Histoire », Paris, 1991 (nouvelle édition revue et augmentée d'un précédent ouvrage publié aux Éditions La Découverte, Paris, 1983) ; également publié en anglais sous le titre *Fragmentation of the Middle East. The Last Thirty Years,* Unwin Hyman-Hutchinson, Londres, 1988, ainsi qu'en arabe.

Liban : les guerres de l'Europe et de l'Orient, 1840-1992, Gallimard, coll. « Folio/Actuel », Paris, 1992 (nouvelle édition revue et augmentée d'un précédent ouvrage publié aux Éditions La Découverte, sous le titre *Géopolitique du conflit libanais*, Paris, 1986).

L'Europe et l'Orient. De la balkanisation à la libanisation, histoire d'une modernité inaccomplie, La Découverte, Paris, 1989 (édition de poche augmentée : La Découverte/Poche, 2002) ; également publié en arabe, roumain et en allemand.

L'Avenir du Liban dans le contexte régional et international, sous la direction de Paul Balta et Georges Corm, Les Éditions ouvrières/EDI, Paris, 1990.

Identités et conflits au Moyen-Orient, 1919-1991, Arcantère, Paris, 1992 (ouvrage regroupant une série d'articles et d'études sur le Moyen-Orient publiés entre 1985 et 1992).

La Mue (récit fantastique), Noël Blandin/FMA, Paris/Beyrouth, 1992.

Le Nouveau Désordre économique mondial, La Découverte, Paris, 1993 (publié également en arabe, italien, roumain, hongrois et portugais).

Le Moyen-Orient, Flammarion, coll. « Dominos », Paris, 1993.

Introduction au Liban et aux Libanais (en arabe), Dar el-Jadid, Beyrouth, 1996.

La Reconstruction et l'intérêt collectif. De la politique économique d'après-guerre (en arabe), Dar el-Jadid, Beyrouth, 1996.

Le Proche-Orient éclaté II, 1990-1996. Mirages de paix et blocages identitaires, La Découverte, Paris, 1997. Ce volume a été regroupé avec le premier volume portant sur la période de 1956 à 1990 en un seul volume avec mise à jour et augmenté d'une partie introductive méthodologique relative aux modes de perception de l'histoire du Proche-Orient, sous le titre *Le Proche-Orient éclaté, 1956-2000,* Gallimard, coll. « Folio/Histoire », Paris, 1999 (éditions successives 2000, 2001, 2003 et 2005).

L'Opportunité perdue dans la réforme financière au Liban (en arabe), Sharikat al Matbou'at lill Tawzi wal nashr, Beyrouth, 2001.

La Méditerranée : espace de conflits, espace de rêve, L'Harmattan, Paris, 2001 (recueil d'articles parus entre 1993 et 2000 sur la Méditerranée et les conflits du Moyen-Orient).

Orient-Occident, la fracture imaginaire, La Découverte, Paris, 2002 ; La Découverte/Poche, Paris, 2004.

Yoakim Moubarac, un homme d'exception, recueil de textes choisis et présentés par G. Corm, La Librairie orientale, Beyrouth, 2004.

Le Liban contemporain. Histoire et société, La Découverte, Paris, 2003 ; édition de poche augmentée : La Découverte, Paris, 2005.

Site Web de l'auteur : www.georgescorm.com.

Georges Corm

La question religieuse au XXIe siècle

Géopolitique et crise de la postmodernité

La Découverte
9 *bis*, rue Abel-Hovelacque
75013 Paris

ISBN 2-7071-4716-8

Si vous désirez être tenu régulièrement informé de nos parutions, il vous suffit d'envoyer vos nom et adresse aux Éditions La Découverte, 9 *bis*, rue Abel-Hovelacque, 75013 Paris. Vous recevrez gratuitement notre bulletin trimestriel *À La Découverte*. Vous pouvez également retrouver l'ensemble de notre catalogue et nous contacter sur notre site **www.editionsladecouverte.fr**.

Introduction

Comment le « phénomène religieux » s'est emparé des préoccupations du monde

Insidieusement, depuis quelques décennies, la religion est venue s'infiltrer, sinon dans nos préoccupations profondes, du moins dans notre univers le plus proche. Que l'on soit à Paris, New York, Beyrouth, Bagdad, Istanbul, Moscou, New Delhi ou Djakarta, nos titres de journaux ou hebdomadaires, nos écrans de télévision nous parlent de religion. Nous découvrons — ou, pour certains, redécouvrons — un monde étrange et inquiétant que l'on croyait disparu. Nous ne sommes plus comme autrefois des libéraux, des socialistes, des communistes, des nationalistes des pays nouvellement indépendants, avec toutes les couleurs que pouvaient avoir ces étiquettes : extrême droite, droite, centre, social-démocrate, marxiste, moscovite ou chinois, tiers-mondiste. Nous sommes désormais d'abord des laïcs « à la française » ou des multiculturalistes « à l'anglo-saxonne », des habitants de pays émergents en quête de démocratie et, sûrement, des Juifs, des chrétiens et des musulmans, des catholiques, des protestants, des orthodoxes, des sunnites, des chiites, des hindouistes ou des bouddhistes.

Il y a trente ans seulement, un monde sans Dieu

Avec passion, nous sommes pour ou contre le port du voile « islamique ». Avec passion aussi, nous discutons du terrorisme et de ses liens avec l'islam et le Coran. Mais nous discutons aussi de l'État d'Israël, de l'antisionisme, de l'antisémitisme ; ou du dernier film sur la passion du Christ. En Occident, dans les conversations de salon ou les dîners chics, qui ne se découvre un ancêtre juif ou protestant et n'en parle abondamment pour expliquer sa vision du monde ou son jugement sur les événements du jour ou du mois ? En Orient, comment éviter qu'une conversation entre intellectuels sur ces mêmes sujets ne tourne avec force érudition sur l'islam, l'interprétation de tel ou tel verset du Coran, le dernier communiqué de Ben Laden, la séparation du temporel et du spirituel et ses problèmes ? Plus étrangement, on y parlera aussi de la légitimité de la résistance armée dans les territoires palestiniens occupés ou en Irak, de la double folie de Bush et de Ben Laden, de révolutions rose ou orange, ou encore du « printemps » de Beyrouth [1].

Pour tous ceux qui se sont éveillés à la conscience des bruits et fureurs du monde dans les années 1950 ou 1960, en Orient comme en Occident, quel changement absolu d'univers ! Le plus extraordinaire est peut-être moins la nature drastique de ce changement, que la façon insidieuse dont il s'est réalisé, comme derrière notre dos, sans nous en apercevoir. Hier, il y a trente ans seulement, aucun élément de ces décors nouveaux dans nos univers n'était vraiment visible. Aujourd'hui, nous sommes entourés, encerclés, voire étouffés, par leur omniprésence. Nous ne savons pas, cependant, comment ils sont arrivés là, qui les a peints et si bien ordonnés autour de nous.

Ce que nous savons de la jeune génération, de ses pensées, de ses motivations, sur fond de ce décor qu'elle a trouvé à sa naissance ou presque, est peu de chose. Beaucoup ne sont pas impressionnés et y restent indifférents, ne voulant pas être pris dans les nouveaux fanatismes des adultes ; d'autres, pour des causes diverses et variées, des deux côtés de la Méditerranée, se mobilisent, se laissent fasciner par les décors, s'identifient à l'un ou l'autre des motifs identitaires, religieux ou ethnico-religieux, que leur offre le dédale de l'univers nouveau fabriqué en quelques décennies. Dans les années 1960, spécialistes ou experts parlaient de mouvements ethnico-nationaux. Aujourd'hui, comme on le verra, c'est l'identité religieuse qui semble vouloir tout envelopper : l'Occident judéo-chrétien, le monde musulman ou arabo-musulman, Jérusalem devenue capitale « éternelle » de l'État d'Israël, La Mecque, Rome, pacifiquement ou

---

1 Au début de 2005 se déroulaient à Kiev en Ukraine des manifestations en série pour empêcher la réélection du président de la République sortant, accusé d'être prorusse et dictatorial ; quelques mois plus tard, à Beyrouth, ont eu lieu également des manifestations d'envergure après l'assassinat du Premier ministre, qui a accéléré le retrait des troupes syriennes du Liban.

violemment, sont des hauts lieux de rassemblement ; mais aussi Moscou, Athènes ou Belgrade, centres de vitalité de l'Église orthodoxe régénérés par la chute du communisme ; cependant que le fondamentalisme protestant ou les nouveaux évangélistes et autres renaissances chrétiennes (*born again Christians*) participent eux aussi, et avec éclat, aux décors nouveaux. Les déplacements spectaculaires du pape Jean-Paul II puis son décès et ses funérailles en avril 2005 ont été de grands événements médiatiques internationaux.

Le continent asiatique n'est pas en reste : réveil de la religion hindouiste dans l'Inde très laïque, qui entraîne des massacres réciproques de musulmans et d'hindouistes, en particulier autour du temple d'Amritsar ; combats féroces au Cachemire d'une résistance islamique soutenue par le Pakistan contre la partie indienne de cette province divisée ; rébellion musulmane aux Philippines, attentats terroristes meurtriers en Indonésie, le plus peuplé des pays musulmans ; le Dalaï-lama, chef spirituel du Tibet, toujours en exil, est devenu un personnage médiatique international.

Faut-il évoquer aussi, pour réaliser l'intensité du décor dans lequel nous vivons, ces hauts lieux de convivialité religieuse qui ont volé en éclats : le Liban en proie aux démons communautaires de 1975 à 1990, la Bosnie multicommunautaire pulvérisée dans une Yougoslavie disparue. On pourrait aussi évoquer l'horreur du drame tchétchène ou celui plus ancien encore du Sri Lanka, celui de l'Afghanistan et des Talibans ou, plus récemment, celui de l'Irak — dont on ne sait vers quoi il se dirige après l'invasion américaine et où l'on ne voit plus que des sunnites, des chiites et des Kurdes, qui, après avoir vécu des siècles durant dans une mixité presque totale, sont désormais en proie aux démons du communautarisme. À cette interminable série de décors sanglants et mortifères, sur lesquels plane l'ombre de la religion, s'ajoutent les massacres algériens des années 1990 et la figure omniprésente de Ben Laden.

Pourtant, un demi-siècle plus tôt, les couleurs des images et décors du monde n'étaient pas celles de la religion. Dieu, sous ses différentes appellations, ne présidait pas à la définition et à l'organisation des décors. Probablement regardait-il, encore effaré, l'effroyable carnage des deux guerres mondiales et se désolait-il des violences inutiles des nombreuses guerres de décolonisation où, fort heureusement, son nom n'était pas invoqué. Certaines de ses ouailles avaient même prêché une théologie de la libération [2] prenant le parti des colonisés et des opprimés. Les papes en ce temps-là se déplaçaient rarement, s'occupaient de dépoussiérer l'Église romaine, de l'ouvrir sur les autres religions, sur les peuples du tiers monde.

Pour qui ouvrirait un album de photos de l'Orient remontant à cette époque, il y verrait bien peu de barbes islamiques, encore moins, pour les femmes, de voiles islamiques. Ce qui frappe alors, ce sont les habits « mao » ou ceux des Viêt-namiens lorsque l'on passe de l'Orient moyen à l'Orient extrême. En Europe ou aux États-Unis, on voit peu de kippas sur la tête des Juifs, peu de croix sur la poitrine des chrétiens ; les prêtres se font ouvriers, troquant la soutane pour le bleu de travail ; les cinéastes ne pensent pas à faire de films sur la vie de Jésus ou de Mahomet ou sur l'Holocauste, mais produisent des comédies de mœurs raffinées, pleines d'humour et sentimentales ; au mieux, mettra-t-on face à face le brave curé Don Camillo et le non moins brave maire communiste d'un village italien pittoresque, ou encore les vaudevilles désopilants, tel celui sur la « souris qui rugit » (*The Mouth that Roars*) montrant le chantage exercé par un minuscule pays contre la grande puissance américaine, ou sur le docteur Folamour et son désir irrésistible d'employer l'arme atomique.

Le monde paraît alors vivre sans l'omniprésence de Dieu. À la faveur de la décolonisation qui libère de vastes zones du monde, une morale simple, laïque et humaniste, semble acquérir une universalité qu'elle n'avait pas jusqu'alors (droit des peuples à disposer d'eux-mêmes, à choisir leur régime politique et social, respect des souverainetés nationales, coopération internationale en vue d'une meilleure répartition des richesses dans le monde, etc.). Dieu avait-il besoin, de ce fait, d'une « revanche » comme certains l'affirmeront plus tard, contribuant à lancer une mode que des marxistes repentis et revenus de leurs erreurs totalitaires entretiendront avec talent ? À la fin des années 1970, une génération de « nouveaux philosophes » français quittait les habits marxistes ou existentialistes de Jean-Paul Sartre, pour battre sa coulpe et dénoncer ces idéologies comme responsables du totalitarisme et des malheurs du monde. Le monde se portait-il donc si mal qu'il ne lui

---

2 Leonardo BOFF, *Qu'est-ce que la théologie de la libération ?*, Cerf, Paris, 1987.

restait plus d'autre ressource que d'invoquer Dieu et de l'appeler à nouveau pour justifier le chapelet de nouvelles violences et de nouvelles « barbaries », qui suivront dix ans plus tard l'effondrement de l'Union soviétique, en Yougoslavie, en Afghanistan, en Tchétchénie, en Irak, mais aussi en Afrique, sitôt épuisées les horreurs de ce « court XXe siècle » qui fut aussi celui des « extrêmes », dans l'idéalisme, le fanatisme et le racisme [3] ?

Sur la scène du monde, comment les décors qui nous entourent et dans lesquels nous vivons désormais ont-ils changé si brusquement ? Comment a-t-il été possible, en un laps de temps aussi court, d'opérer ce changement drastique ? Hier encore, en 1989, tombait le Mur de Berlin, ouvrant encore plus les espaces de liberté. Hier encore, en 1991, le Koweït était libéré par la plus formidable des coalitions armées depuis la Seconde Guerre mondiale et le président des États-Unis annonçait la concrétisation d'un ordre international nouveau, enfin juste et équitable, où l'agression du fort sur le faible serait désormais sévèrement punie. Hier encore, en 1992, le politologue américain Francis Fukuyama pouvait obtenir un grand succès international pour un ouvrage annonçant la « fin de l'Histoire [4] », grâce au triomphe du système démocratique et sa généralisation sur les cadavres présents et futurs des régimes autoritaires ou dictatoriaux.

Identités, racines, mémoires : les nouveaux décors du monde

Un an après le succès de l'ouvrage de Fukuyama, un autre politologue américain, Samuel Huntington, nous faisait part de l'inévitable « choc des civilisations » (entendu surtout comme un choc des religions) [5]. Cependant qu'en France un spécialiste de l'islam inquiétant, Gilles Kepel, nous promettait la « revanche de Dieu »,

---

3 Eric HOBSBAWN, *L'Âge des extrêmes. Histoire du court XXe siècle*, Complexe, Bruxelles, 1999.

4 Francis FUKUYAMA, *The End of History and the Last Man*, Penguin, Londres, 1992 (traduction française : *La Fin de l'Histoire et le dernier homme*, Flammarion, Paris, 1995).

5 Samuel HUNTINGTON, « The clash of civilizations ? », *Foreign Affairs*, été 1993 (traduction française : *Le Choc des civilisations*, Odile Jacob, Paris, 1997). Une bonne partie de l'agenda intellectuel de la géopolitique mondiale du début du XXIe siècle s'est mise en place autour des thèses de ce livre phare, et Huntington deviendra l'un des architectes des représentations du nouveau monde dans lequel il nous faut désormais vivre.

mais nous décrivait aussi les « banlieues de l'islam » à la périphérie des opulentes cités européennes [6]. Aux États-Unis comme en Europe, toute une littérature fleurit alors sur l'islam politique, l'islamisme, le fondamentalisme musulman, les « guerriers d'Allah [7] », l'« islam mondialisé [8] ». Il est vrai qu'en 1979, en pleine guerre froide, s'est produit un événement annonciateur des temps nouveaux à venir : une révolution religieuse qui balaie une vieille monarchie à prétention impériale, modernisante et laïque à souhait. L'Iran aux racines millénaires, situé au carrefour des civilisations asiatiques et méditerranéennes, innove de façon détonante. Elle suscite ici l'admiration envers un pouvoir qui prétend retrouver des racines spirituelles [9], là l'horreur d'une révolution qui s'en prend à tous les symboles de la modernité, États-Unis en tête.

À la même époque, en janvier 1979, une impulsion forte se manifeste aux États-Unis, sous l'impulsion du président Jimmy Carter, pour célébrer officiellement la mémoire de la « destruction des Juifs d'Europe [10] » par le nazisme : un musée de l'Holocauste est lancé à Washington. Cet acte très médiatisé inaugure aux États-Unis et en Europe une période où s'affirmera progressivement dans les représentations dominantes une sensibilité accordant une place centrale à la célébration de la mémoire du judaïsme martyrisé, sans qu'une réflexion approfondie soit vraiment menée sur la complexité des

6 Gilles KEPEL, *La Revanche de Dieu. Chrétiens, juifs et musulmans à la reconquête du monde*, Seuil, Paris, 1992 ; ainsi que *Les Banlieues de l'islam. Naissance d'une religion en France*, Seuil, Paris, 1987. En contrepoint, voir le livre important de Pippa NORRIS et Ronald INGLEHART, *Sacred and Secular. Religion and Politics Worldwide*, Cambridge University Press, Cambridge, 2004 (en particulier le chapitre 1 sur le débat de la sécularisation, pp. 3-33) : ces deux auteurs contestent la thèse du « retour du religieux », en s'appuyant sur de nombreuses enquêtes et données chiffrées. Ils réaffirment la corrélation entre accroissement du niveau d'industrialisation et de bien-être et affaiblissement du sentiment et de la pratique religieux ; l'exception américaine s'explique selon eux par les origines puritaines du nationalisme américain (nous aurons l'occasion d'y revenir) et par la présence grandissante de familles d'immigrés venues de pays pauvres d'Amérique centrale ou du Sud et des Caraïbes. Ces auteurs constatent dans la plupart des cas une corrélation forte entre augmentation du sentiment d'insécurité et recours à la religion, en particulier dans les régions du monde en développement. Cette analyse s'applique parfaitement au monde arabe, déchiré par des guerres intestines ou interétatiques depuis un demi-siècle.

7 Antoine SFEIR, *Les Réseaux d'Allah*, Plon, Paris, 1997.

8 Olivier ROY, *L'Islam mondialisé*, Seuil, Paris, 2004.

9 Michel FOUCAULT, « À quoi rêvent les Iraniens », *Le Nouvel Observateur*, 16 octobre 1978 (cité par François DOSSE, *La Marche des idées. Histoire des intellectuels, histoire intellectuelle*, La Découverte, Paris, 2003).

10 Raul HILBERG, *La Destruction des Juifs d'Europe*, Fayard, Paris, 1988 (édition de poche : Gallimard, coll. « Folio/Histoire », Paris, 1991, 2 vol.).

facteurs ayant mené dans l'histoire européenne à cet épisode odieux [11]. L'État d'Israël, en tant que refuge des survivants du génocide, va prendre désormais une nouvelle dimension, encore plus impressionnante que celle acquise par la gloire de ses armes et de ses conquêtes territoriales : il est l'héritier de ces millions de victimes, le gardien d'une religion envers laquelle l'Histoire ne s'est guère montrée tendre [12]. De ce fait, dans les sphères politico-médiatiques américaines et européennes, il devient opportun de retrouver un ancêtre juif dans sa généalogie, de produire des essais sur le judaïsme, de republier des Bibles ou d'évoquer la « mémoire d'Abraham [13] » ou même le « sang d'Abraham » pour évoquer le conflit israélo-arabe [14].

C'est aussi l'époque où l'œuvre de Leo Strauss (1899-1973), philosophe allemand émigré aux États-Unis en 1937, qui avait réfléchi sur l'opposition entre l'humanisme des Lumières et la logique de la Révélation religieuse, acquiert soudainement une grande notoriété [15]. Ce dernier avait développé les données de ce dilemme insurmontable à ses yeux, en réfléchissant sur la condition juive et le problème de l'émancipation des Juifs européens, que le libéralisme politique issu des Lumières n'a pas réussi à résoudre. Il oppose le modèle logique platonicien et le scandale de la mort de Socrate (Athènes) au modèle de la Révélation divine, du prophétisme et de la Loi divine (Jérusalem) [16], le premier étant en définitive incapable,

---

11 Au contraire, on se rappellera la tempête soulevée par les réflexions critiques d'Hannah Arendt sur le procès d'Eichmann à Jérusalem (Hannah ARENDT, *Eichmann in Jerusalem. A Report on the Banality of Evil*, The Viking Press, New York, 1963 ; traduction française : *Eichmann à Jérusalem. Rapport sur la banalité du mal*, Gallimard, coll. « Folio/Histoire », Paris, 1991) ; mais aussi les attaques contre l'ouvrage de l'historien américain Arno MAYER, *La « Solution finale » dans l'histoire*, La Découverte, Paris, 1990. Nous reviendrons plus loin sur cette question.

12 Nous avons retracé en détail cette évolution majeure dans le mode de perception du monde dans notre *Proche-Orient éclaté. 1956-2003*, Gallimard, coll. « Folio/Histoire », Paris, 2003 (paru en première édition à La Découverte en 1983), chapitre 21, « La complexité de la dynamique israélienne et le renouveau du judaïsme », pp. 830-890.

13 Marek HALTER, *La Mémoire d'Abraham*, Laffont, Paris, 1983.

14 C'est ce que fait dans un ouvrage l'ancien président des États-Unis, Jimmy Carter, qui avait réussi à faire conclure la paix entre l'Égypte et Israël en 1978-1979 (Jimmy CARTER, *The Blood of Abraham. Insights to the Middle East*, Houghton Mifflin, Boston, 1985).

15 Voir Daniel TANGUAY, *Leo Strauss, une biographie intellectuelle*, Le Livre de poche, Paris, 2003.

16 Leo STRAUSS, « Jerusalem and Athens. Some preliminary reflections », The First Frank Cohen Public Lecture in Judaic Affairs, *The City College Papers*, n° 6, 1967 (repris en traduction française dans *Études de philosophie platonicienne*, Belin, Paris, 1992). Le retentissement de l'œuvre de Strauss a été immense. Nous en trouvons même les échos dans une très brillante conférence donnée par le célèbre essayiste George Steiner sur l'avenir de l'Europe et dans laquelle il affirme : « Le poids ambigu du temps passé dans l'idée et dans la substance de l'Europe dérive

selon lui, de prouver sa supériorité sur le second, cependant que le sionisme politique comme solution d'inspiration nationaliste et libérale européenne au problème juif ne peut qu'être entraîné par un retour à la tradition religieuse juive.

Jacques Lacan, de son côté, dans une conférence de presse tenue à Rome en 1974, affirmera avec éclat la supériorité de la religion sur la psychanalyse : « Elle ne triomphera pas seulement sur la psychanalyse, elle triomphera sur beaucoup d'autres choses encore. On ne peut même pas imaginer comme c'est puissant, la religion. [...] Or, la religion, surtout la vraie, a des ressources que l'on ne peut même pas soupçonner. Il n'y a qu'à voir pour l'instant comme elle grouille. C'est absolument fabuleux. [...] Depuis le commencement, tout ce qui est religion consiste à donner un sens aux choses qui étaient autrefois les choses naturelles. Ce n'est pas encore que les choses vont devenir moins naturelles, grâce au réel, que l'on va cesser pour autant de sécréter le sens. Et la religion va donner un sens aux épreuves les plus curieuses, celles dont les savants eux-mêmes commencent justement à avoir un petit bout d'angoisse. La religion va trouver à ça des sens truculents. Il n'y a qu'à voir comment ça tourne maintenant, comment ils se mettent à la page [17]. » Pour lui, l'analyste ne traite qu'un « symptôme » qui ne peut durer et qui sera refoulé « à force de le noyer dans le sens, dans le sens religieux bien entendu [18] ».

En réalité, nous verrons au cours des chapitres qui suivent que les décors de la génération d'après la Seconde Guerre mondiale, derrière leur solidité apparente, étaient rongés de l'intérieur ou que

---

d'une dualité primordiale. [...] Il s'agit du double héritage d'Athènes et de Jérusalem. [...] Être européen, c'est tenter de concilier, moralement, intellectuellement et existentiellement les idéaux rivaux, les exigences, la *praxis* de la cité de Socrate et celle d'Isaïe » ; allant un peu loin dans l'exploitation de la métaphore de Strauss, Steiner déclare : « Il ne se trouve guère de nœud vital dans la texture de l'existence occidentale, dans la conscience du monde [...] qui n'ait été touché par l'héritage hébraïque. [...] Le judaïsme et ses deux principaux post-scriptum, le christianisme et le socialisme utopique, sont descendants du Sinaï, même là où les Juifs n'étaient eux-mêmes qu'une poignée méprisée et traquée » (George STEINER, *Une certaine idée de l'Europe*, Actes Sud, Arles, 2005, pp. 36-37 et 41-42).

17 Jacques LACAN, *Le Triomphe de la religion*, Seuil, Paris, 2005, pp. 79-80 ; pour lui, « il y a une vraie religion. C'est la religion chrétienne » et c'est elle qui va triompher en raison de sa capacité à « trouver du sens à tout » (p. 81). En sens inverse, Steiner affirme : « La vérité brutale, c'est que l'Europe a, jusqu'à présent, refusé de reconnaître ou d'analyser, sans même parler de le désavouer, le rôle multiple du christianisme dans la nuit noire de l'histoire. [...] Aujourd'hui, le christianisme est une force en voie de disparition » (Georges STEINER, *Une certaine idée de l'Europe*, *op. cit.*, p. 55).

18 Jacques LACAN, *Le Triomphe de la religion*, *op. cit.*, p. 82.

le matériel dont ils étaient composés souffrait de plus d'un défaut. Nous nous efforcerons donc de les détecter et de les analyser, afin de mieux comprendre ce changement si rapide des décors du monde — que l'on pouvait croire jusque-là inamovibles — depuis les années 1990.

Que sont d'ailleurs les décors d'aujourd'hui qui nous conditionnent implacablement à parler d'identité, de racines, de religion dans nos réunions politiques, nos colloques et débats intellectuels ? Même agnostiques, nous serons invités à redécouvrir notre Coran, à discuter sans fin de l'interprétation de ses versets, à relire notre Bible ou notre Torah, dans l'espoir de comprendre un peu mieux et d'accepter ce décor nouveau ou de participer à en gommer les aspects les plus rugueux. Ce décor conditionnant est largement composé des journaux et débats télévisés, des couvertures des hebdomadaires les plus prestigieux, en Europe ou aux États-Unis ; ils nous annoncent et nous expliquent tout ce qu'il faut savoir sur le judaïsme, l'islam, la renaissance évangéliste aux États-Unis, l'explosion du nationalisme religieux en Inde...

Fin du politique ou mainmise du politique sur le religieux ?

On ne s'étonnera donc pas de l'insoutenable lourdeur des bavardages sur la religion, qui traversent le monde d'Est en Ouest, du Nord au Sud, de l'Occident à l'Orient et de l'Orient à l'Occident. Du pamphlet politique fondamentaliste ou fanatique invoquant l'autorité de la religion, de la mémoire et de l'identité, à la tranquille assurance des discours académiques ou journalistiques qui déversent les clichés les plus éculés sans s'embarrasser de la moindre nuance : tous ces décors produisent une omniprésence perverse du religieux et de la religion, bruit de fond permanent et lancinant, parfois étourdissant à l'occasion de telle ou telle crise, qui ne nous permet plus d'entendre le vrai bruit du monde dans sa variété et sa diversité. Au-delà du décor nouveau et de la fureur sonore qu'il produit, que pouvons-nous encore percevoir et apercevoir de la vie réelle des sociétés, de leurs vraies couleurs et de leurs vraies voix ? Si les idéologies d'autrefois pouvaient nous mettre des œillères, fausser notre perception des réalités, les discours d'aujourd'hui sur Dieu, le retour du religieux, nos identités meurtries ou nos mémoires réveillées ne nous aveuglent-ils pas plus encore ?

Quelles sont les fonctions de ce décor ? Que sert-il à cacher, à voiler ou à défigurer ? Assiste-t-on à la « fin du politique » au sens noble du terme, ou bien le politique, au sens le plus opportuniste, mesquin et dénué d'idéal, a-t-il réussi une mainmise totale sur notre monde en invoquant le religieux et le sacré pour mieux se déguiser, mieux semer la terreur et l'effroi qu'évoquent ces phénomènes dans notre inconscient ? Nous serions alors en face d'une nouvelle forme d'idéologie bien plus pernicieuse que celle qui a été déclarée morte, car elle ne fonctionne qu'à la terreur intellectuelle que produit l'invocation du sacré.

On peut certes penser que nous n'en sommes pas encore là et que le regain ou la renaissance du religieux n'est qu'une manifestation d'une vraie liberté retrouvée grâce à l'effondrement des anciens systèmes de pensée totalitaires ou totalisants, y compris la dictature des idées nationalistes et laïques qui ont régi le monde sous une version libérale ou marxiste. Le néoconservatisme idéologique qui légitime l'expansion de la puissance impériale américaine serait le « nouvel humanisme » du XXIe siècle, celui qui réinstitue les valeurs perdues de l'autorité et de la tradition [19]. L'homme retrouverait ainsi une dimension que la modernité lui aurait fait perdre : celle des racines, de l'identité première, en bref la matrice religieuse. Ces retrouvailles seraient alors un bienfait de la démocratie postmoderne. Certes, des puissances du mal, situées dans le monde sous-développé de l'islam, tenteraient de saper cette nouvelle conquête de la démocratie, mais il leur est fait une guerre sans merci, même si les « Alliés » peuvent différer sur les moyens à mettre en œuvre dans cette guerre.

Dans cet essai, ce n'est pas dans ce débat que nous rentrerons directement. Nous tenterons plutôt une clarification de nos savoirs, concepts, systèmes de penser le monde qui apparaissent aujourd'hui en crise ou en renouvellement. Le choix dans le diagnostic entre le phénomène de crise ou celui de renouvellement est fonction de notre opinion globale, optimiste ou pessimiste, sur la marche des affaires du monde. Il est aussi fonction de notre plus ou moins grand attachement aux valeurs du monde « ancien »,

---

19 Voir par exemple Yves ROUCAUTE, *Le néoconservatisme est un humanisme*, PUF, Paris, 2005.

celui de l'humanisme et de l'universalisme moderne qui prend son essor à la Renaissance européenne, mais dégénère dans les horreurs de deux guerres dites « mondiales », puis dans les grandes peurs de la guerre froide, aujourd'hui achevée.

Les ravages de ces trois guerres ont ébranlé les fondements philosophiques du monde moderne, creusé un vide dangereux que la pensée des nouveaux conservateurs s'efforce aujourd'hui de combler. Comme nous le verrons, la profonde désillusion à l'égard des idées dites « progressistes » a été exploitée par de nombreux courants philosophiques et politiques qui ont redonné vie au traditionalisme le plus outrancier ; ce dernier rebondit aujourd'hui dans le déploiement d'une vision impériale américaine qui trouve un souffle nouveau dans la « guerre contre le terrorisme », pour la démocratie et la globalisation économique des marchés.

Le déploiement de la puissance militaire, scientifique et économique américaine, qui prétend s'élever au-dessus de tous les systèmes impériaux de l'histoire de l'humanité, ne peut manquer de fasciner. Les intellectuels se pressent aux portes pour devenir les théoriciens du « Prince », les fabricants de sa légitimité nouvelle ; les réussites individuelles, professionnelles et financières dans le monde « nouveau » qui émerge sous nos yeux avec ses décors exotiques, parce que si différents, sont considérées comme une preuve additionnelle de la nature bienfaisante de la nouvelle puissance. Incontestablement, le mariage du retour du religieux avec le monde des prouesses scientifiques et technologiques et celui de la globalisation économique, qu'incarnent les États-Unis, peut créer du « merveilleux » au sens wébérien du terme, comme on ne l'avait pas vu depuis bien longtemps. Les récalcitrants de cet ordre nouveau font figure de réactionnaires, d'esprits chagrins ; des rebuts qu'il convient de balayer ou du moins de faire taire, car leur refus de l'ordre nouveau aide les ennemis de l'extérieur, ceux qui refusent la civilisation et ses bienfaits.

Dans cet ouvrage, il s'agira de mieux appréhender le débat que nous venons d'identifier. En particulier, nous tenterons de comprendre les défauts de fabrication des décors anciens qui disparaissent et de mieux identifier les faiblesses des décors nouveaux dont nous ignorons, à ce stade, s'ils sont accomplis et durables. Pour cela, il importe de dépasser notre penchant naturel à ignorer l'envers de ces décors, à ne pas voir les réalités devenues des points aveugles des représentations dominantes qui forgent le sens commun. Si nous savons bien que la vérité est multiple, suivant l'angle à partir duquel nous regardons la réalité, se contenter de regarder uniquement les décors qui se forment autour d'elle nous éloignera définitivement de l'analyse des systèmes nouveaux qui se sont formés. Et que nous considérons déjà comme des « régimes de vérité », pour employer l'expression chère à Michel Foucault[20] ; ou, ainsi que le dit si bien Pierre Legendre, comme la « *mémoire dogmatique* de l'Occident moderne, cette mémoire qui est à l'œuvre du temps historique, mais aussi du temps mythologique[21] ». Pierre Chaunu, de son côté, n'hésite pas à parler de « rage commémorative[22] ».

Nous tenterons tout au long de cet essai de procéder à des clarifications des langages et conceptions qui tournent autour des idées d'identité, de culture, de civilisation, dans leur relation aux conceptions et perceptions de la religion, de l'histoire, de la philosophie et de l'organisation de la cité. C'est à l'aide de la culture que l'on appelait autrefois celle d'un « honnête homme » — et donc avec beaucoup de modestie — que nous entreprendrons au cours des trois premiers chapitres ce périple aventureux, mais que nous espérons salutaire, pour analyser les matériaux dont sont faits les décors nouveaux dans lesquels il nous faut vivre.

Nous pourrons ensuite aborder, dans les chapitres ultérieurs, les problèmes redoutables du rapport de la modernité et de la postmodernité avec la religion, de la crise de l'ordre international, pour tenter enfin de déchiffrer les tendances ou potentiels d'évolution future. Nous tenterons alors d'examiner dans quelle mesure, dans la vague de globalisation qui s'est emparée du monde depuis plusieurs siècles déjà, et qui produit un multiculturalisme

20 Michel FOUCAULT, *Philosophie. Anthropologie*, Gallimard, Paris, 2004.

21 Pierre LEGENDRE, *Ce que l'Occident ne voit pas de l'Occident*, Mille et une nuits, Paris, 2004, p. 47. Un exposé très conformiste et très naïf de cette mémoire est celui de Philippe NEMO, *Qu'est-ce que l'Occident ?*, PUF, Paris, 2004.

22 Dans sa remarquable préface à une édition de textes de Luther (Martin LUTHER, *Les Grands Écrits réformateurs*, Flammarion, Paris, 1992) : « Société amnésique — c'est la rançon de la croissance —, nous commémorons à commémore-que-veux-tu. On a célébré le 450e anniversaire de la Confession d'Augsbourg (1980), la naissance de Luther (1983), le troisième centenaire de la Révocation de l'Édit de Nantes (1985), le 450e anniversaire de la publication de l'*Institution chrétienne et de la Réforme* à Genève (1986) ; 1989 a été le prétexte à une gesticulation *gallolâtrique*, deuxième centenaire oblige, qui montre que le sens de l'humour à l'égard de soi-même est aussi parcimonieusement réparti que le bon sens, si généreusement promis par Descartes » (p. 4).

complexe, tout aussi attirant que repoussant, on peut encore espérer préserver des espaces de « respiration républicaine », c'est-à-dire de civisme et de morale politique dégagés des convulsions identitaires, religieuses ou ethniques.

Si ce thème reste encore attirant, il est de plus en plus considéré comme dépassé par des « réalités » nouvelles et donc comme une rêverie nostalgique. Pourtant, nous sentons bien, aussi, que ces réalités nouvelles si mal définies et si peu comprises, qu'il s'agisse de la globalisation, du terrorisme, du multiculturalisme, du retour du religieux, ou de l'explosion des libertés individuelles qui les accompagnent, appellent à une réflexion nouvelle. Une réflexion qui ne serait pas celle de l'émerveillement optimiste sur les bienfaits du monde globalisé et de la démocratie postindustrielle avec toutes ses variantes académiques savantes ; et qui ne serait pas non plus celle du refus pessimiste de cet ordre nouveau et de la nostalgie de l'ordre ancien : celui des Trente Glorieuses en Europe, de l'anti-impérialisme triomphant dans le mouvement de décolonisation, de l'humanisme laïque qui a façonné de manière directe et contradictoire tant d'espoirs sur tous les continents.

Néoconservatisme et retour du religieux

Les pages qui suivent sont la continuation d'un cheminement intellectuel ancien, commencé sur les bancs de la Sorbonne, il y a plus de quarante ans, lorsque j'entrepris de consacrer ma thèse de doctorat à l'influence du pluralisme religieux sur les systèmes politiques dans le bassin méditerranéen [23]. Le choix de ce sujet m'avait été dicté par le souci du destin de mon pays, le Liban, terre « historique » de pluralisme religieux, mais que son ouverture précoce sur la modernité européenne, dès la fin du XVIIe siècle, avait entraîné dans de nombreux tourments sociaux, politiques et culturels. En remontant dans le temps, pour examiner les différents modèles de coexistence religieuse, la différence entre sociétés païennes et sociétés monothéistes m'apparut alors comme une ligne de fracture

23 Georges Corm, *Histoire du pluralisme religieux dans le Bassin méditerranéen*, Paul Geuthner, Paris, 1998 (initialement publié sous le titre *Contribution à l'étude des sociétés multiconfessionnelles. Effets socio-juridiques et politiques du pluralisme religieux*, Bibliothèque constitutionnelle et de sciences politiques, tome XLII, Librairie générale de droit et de jurisprudence, Paris, 1971).

décisive dans l'organisation de la cité. De l'étude du paganisme classique, je concluais qu'il était un système théologique idéal pour accommoder les différences ethniques et religieuses, le peuple conquérant admettant dans son panthéon les dieux du peuple conquis dans un élargissement de ses mythologies fondatrices.

Ce mécanisme intégrateur, que l'Empire romain sut utiliser à la perfection, se heurta à l'intransigeance du monothéisme juif d'abord, puis au refus chrétien de prêter serment à l'empereur ; il a disparu lorsque le christianisme devint religion officielle de l'Empire. Moins intransigeante, la religion musulmane, dernière-née du monothéisme, reconnut la diversité religieuse, et le droit musulman développa un régime d'autonomie pour les communautés chrétiennes et juives, qui purent continuer de vivre sous leurs propres lois. L'Empire ottoman parvint durablement à institutionnaliser ce système ; mais, entré en décadence et soumis aux idées nouvelles de la Révolution française, il s'effondra dans une catastrophe sanglante provoquée par ce régime même de pluralisme, exploité de toutes parts par les ambitions européennes.

L'empire multiethnique des Habsbourg ne résista pas davantage. C'est ce que j'ai tenté de décrire plus tard dans *L'Europe et l'Orient*[24], en analysant de façon conjointe les problèmes des sociétés plurielles des Balkans et du Proche-Orient, où le pluralisme institutionnel devait se réduire comme une peau de chagrin sous l'effet d'une modernité politique apportée par les idées et les grandes manœuvres des nations européennes. J'ai poursuivi ensuite ce cheminement, à travers diverses réflexions sur l'histoire contemporaine du monde arabe et du Moyen-Orient, dans ses rapports compliqués et passionnels avec l'Europe des Lumières — notamment les controverses sur la nature islamique ou laïque du nationalisme arabe moderne, la lutte sans merci entre ces deux conceptions qui fut prisonnière des jeux de la géopolitique mondiale, et plus particulièrement de la guerre froide, mais aussi du séisme provoqué dans le monde arabe par la création de l'État d'Israël[25].

Dans *Orient-Occident, la fracture imaginaire*, paru en 2002, j'ai tenté, à l'occasion du premier anniversaire des attentats du

24 Georges CORM, *L'Europe et l'Orient. De la balkanisation à la libanisation, histoire d'une modernité inaccomplie*, La Découverte, Paris, 1989 (édition de poche, 2002 et 2005).

25 Georges CORM, *Le Proche-Orient éclaté 1956-2003*, *op. cit.*

11 septembre 2001 aux États-Unis, un premier bilan de ces réflexions, que je prolonge ici à la lumière de tous les événements dramatiques qui ont, depuis, secoué le monde et accéléré les changements de décors et de langage dont je tente d'expliciter la dynamique. Ce cheminement reste fidèle à un principe, celui de lier les évolutions de la pensée politique aux phénomènes de puissance et à la distribution de cette puissance dans la vie des nations et des empires qui gouvernent le monde. Car si la pensée tend le plus souvent à justifier et à théoriser la puissance du « Prince », la pensée politique authentiquement critique est autrement plus ardue et en perpétuelle tension avec la puissance politique ; elle sera donc plus rare et fortement combattue par les opportunistes tirant profit de l'ordre existant.

Ce n'est donc qu'à certaines époques que la vie des idées est parvenue à s'émanciper des structures de pouvoir, à sortir du conformisme intellectuel répétitif, comme ce fut le cas aux débuts du christianisme ou durant les guerres de religion en Europe, ou enfin au siècle des Lumières, dont nous avons vécu les derniers feux dans la période de l'après-Seconde Guerre mondiale. Aujourd'hui, à l'inverse, il me semble que nous sommes entrés dans une ère où domine le retour à un nouveau conformisme intellectuel de nature autoritaire, soumis aux puissances de l'heure, principalement économiques, et qui tente d'imposer une vision unilatérale du monde d'où est exclu tout sens critique.

Cette vision a pour but de légitimer philosophiquement l'extension de l'hyperpuissance américaine dans un monde qui tente de rétablir les valeurs perdues, en particulier l'autorité des religions révélées, désormais dénommée tradition judéo-chrétienne, mais aussi celle du libre-échange économique qui accompagne nécessairement le déploiement mondial de cette puissance américaine. Nous tenterons ainsi de montrer que le néoconservatisme à la mode, sous ses diverses variantes anglo-saxonnes ou européennes, sollicite le retour du religieux avec une intensité forte, pour asseoir son autorité intellectuelle et légitimer le nouvel ordre géopolitique progressivement mis en place depuis l'effondrement de la bipolarité Est-Ouest qui avait gouverné le monde entre 1945 et 1990.

Comme l'affirme Yves Roucaute, un des chantres français du néoconservatisme américain : « Ulysse est revenu, il traque les tyrans qui croient pouvoir terroriser l'humanité et engage un conflit idéologique avec les pensées qui construisent les digues contre la liberté. Il affiche une pleine positivité appelant la mondialisation des échanges et toujours plus de nouvelles technologies. Face à l'effondrement de ceux qui ne sont plus en mesure de penser un devoir-être, il croit au sens de l'Histoire dit par cette Odyssée de la liberté dont le Nouveau Monde est le résultat. À la formule du théoricien marxiste Antonio Gramsci, "pessimisme de l'intelligence, optimisme de la volonté", le néoconservatisme est en mesure d'opposer celle-ci : "Optimisme de l'intelligence, optimisme de la volonté"[26]. » Plus jamais Auschwitz, le Mal absolu, plus jamais le Goulag, plus jamais le 11 septembre 2001 qui veut détruire la « Civilisation ». « C'est d'une autre façon donc, ajoute Roucaute, que nous retournons l'accusation de réactionnaires contre les adeptes islamistes de la "Quatrième" Guerre mondiale, qui, dans leur haine, poussent leur réaction jusqu'à vouloir détruire la Civilisation. Et c'est avec ces seuls réactionnaires, les barbares — hier les forces brunes et rouges, aujourd'hui les forces fauves du terrorisme —, que le néoconservatisme est en guerre perpétuelle[27]. »

La posture des néoconservateurs américains d'aujourd'hui, qui prétendent s'inspirer de Leo Strauss, rappelle à certains égards la description remarquable de ce que ce dernier a appelé le « nihilisme allemand », qui a légitimé le nazisme comme réaction au danger perçu d'une fin de la civilisation. Selon Strauss, c'est « un amour de la morale, un sentiment de responsabilité envers une morale en péril[28] » qui a paradoxalement amené les idéologues du nazisme à se libérer des lois et de la morale conventionnelle et à prôner un nouvel ordre de la violence, visant à exterminer tous les symboles d'une situation supposée de dégénérescence, jugée intolérable.

Mutatis mutandis, c'est un mécanisme intellectuel du même type qui semble animer aujourd'hui les idéologues du « nouvel ordre mondial » : l'*hubris* exterminateur du nazisme, explicitement rejeté, n'est évidemment plus à l'ordre du jour, mais, au nom désormais de la défense de la « civilisation judéo-chrétienne », c'est bien le même mépris de la vie de l'Autre menaçant qui est au cœur du discours des tenants du nouvel ordre de la violence américain — à ceci près,

---

26 Yves ROUCAUTE, *Le néoconservatisme est un humanisme*, *op. cit.*, pp. 11-12.

27 *Ibid.*, p. 9.

28 Leo STRAUSS, *Nihilisme et politique*, Rivages, Paris, 2001, p. 36.

nous le verrons, que cet « Autre » n'est plus le « bolchevique » subversif, mais l'« adepte islamiste de la "Quatrième" Guerre mondiale ». Il serait bien sûr déplacé d'assimiler l'armée américaine aux hordes nazies exterminatrices, en dépit de tous ses « dérapages » dans la guerre tous azimuts qu'elle mène contre le terrorisme (dont le camp de prisonniers de la guerre d'Afghanistan à l'intérieur de la base militaire américaine de Guantanamo à Cuba ou les sévices sexuels particulièrement scandaleux exercés par l'armée américaine à la prison d'Abou Ghraib en Irak sont des exemples éloquents). Cet argument légitime ne saurait pour autant servir à banaliser et avaliser les pratiques de la guerre moderne américaine, où la torture et les « bombes intelligentes » qui tuent par milliers les civils innocents sont devenues « normales » et ne constitueraient que des « dommages collatéraux ».

C'est à l'aune de cette réflexion que nous interrogerons ici le rôle singulier joué dans les années 1980 par le retournement fort médiatisé de certains anciens marxistes français, qui ont renoué avec les traditions intellectuelles conservatrices de dénigrement de la Révolution française et de la philosophie des Lumières, avec les mêmes ardeurs et les mêmes excès qui les avaient poussés à défendre les différentes variantes d'idéologie marxiste. La géopolitique mondiale ayant changé, les idéologues engagés s'adaptent au nouveau contexte, brûlant ce qu'ils avaient adoré, forgeant un nouveau langage philosophique et moral non moins autoritaire que le précédent. La Mecque de la pensée politiquement correcte n'est plus Paris, Moscou ou Pékin, mais exclusivement le Nouveau Monde qui défend le flambeau de la civilisation.

Habits neufs pour de vieilles idées, dans un monde encore plus complexe à comprendre que celui d'hier. C'est ce que nous essayerons de montrer, en nous efforçant d'expliciter les enjeux intellectuels et matériels du monde d'aujourd'hui, pour refuser aussi bien le fondamentalisme marxiste d'hier que les habits neufs d'une pensée autoritaire qui se sert des horreurs repoussantes du nazisme et de l'échec cuisant des expériences socialistes, ainsi que des phénomènes actuels de violence terroriste, pour culpabiliser tous ceux qui tentent de conserver leur liberté de jugement et l'autonomie de leur réflexion.

En ce sens, poursuivant la réflexion critique entamée dans *Orient-Occident, la fracture imaginaire*, je tente ici de déconstruire la signification des nouveaux langages géopolitiques de ce début du XXIe siècle, qu'ils soient occidentaux ou islamistes, et qui mêlent de façon éhontée le religieux et le politique, comme si toutes les leçons des siècles passés étaient effacées des mémoires de l'humanité. C'est pourquoi la partie centrale de cet essai revient sur les épisodes de violences collectives qui furent justifiés par le recours au religieux, évocation que je crois utile pour exercer un jugement plus critique sur les politiques de puissance contemporaines. À mon sens, ces politiques violentes sont vraisemblablement davantage la continuation d'une crise de « fondation » et de « légitimité » de l'ordre international que nous vivons depuis plusieurs siècles, qu'un chapitre inédit dans l'histoire de nos vieilles sociétés monothéistes. C'est ce que je m'efforcerai de démontrer tout au long de cet ouvrage, en m'appuyant sur les analyses de divers philosophes politiques prestigieux, telle Hannah Arendt, mais écartés néanmoins du champ de l'analyse de la nouvelle pensée néoconservatrice.

Je m'empresse ici de déconseiller la lecture de ce livre à tous ceux qui portent des opinions tranchées et définitives, c'est-à-dire passionnelles, sur l'évolution du monde. Ils n'y trouveront qu'une démarche qu'ils jugeront réflexive, interrogative, et donc subversive à leurs yeux, ce qui trop souvent suscite la colère et l'indignation. Pour ceux qui, comme moi, sont au contraire perplexes et inquiets sur la marche des affaires du monde, j'espère que ces pages les aideront à mieux décrypter les ressorts d'un univers intellectuel plus que jamais submergé d'idéologie. Car il est urgent de lutter contre l'image insidieuse, parce que faussement réconfortante, d'un monde qui serait prétendument libéré du carcan des idéologies nées dans l'humanisme des Lumières, aujourd'hui si décrié, et qui accéderait enfin, à travers une nouvelle lutte « héroïque », à la liberté et à l'abondance.

1

Genèse du malaise identitaire

Le monde issu de la Seconde Guerre mondiale s'était rapidement et fortement structuré sur le plan des systèmes politiques et identitaires. Deux grands blocs produisaient des constructions idéales et idéelles, avaient leurs conceptions artistiques propres, leurs artistes et écrivains engagés [1], leurs doctrines économiques et politiques. Les sociétés en voie de décolonisation s'étaient regroupées à Bandung en 1955 dans le Mouvement des non-alignés, forum où s'expriment les nouveaux nationalismes sur le mode laïque. La Ligue des États arabes, dans son pacte fondateur de mars 1945, ignore totalement le lien religieux qui peut exister entre les sociétés arabes — lesquelles sont toutes à majorité musulmane (à l'exception, à l'époque, du Liban). L'identité, les racines, la mémoire, ne sont pas encore à l'ordre du jour. Les nouveaux nationalismes peuvent être à couleur socialisante ou, plus rarement, à dominante anticommuniste, mais ils ne font pas encore face à la formidable mobilisation des mouvements religieux fondamentalistes en islam, dans le judaïsme ou le christianisme pour accélérer la chute du communisme, qui ne commence que vers la fin des années 1970.

Avec l'ère khrouchtchévienne en URSS et la détente entre les deux Grands dans les années 1960, le monde cultivé veut croire que les systèmes américain et russe vont finir par se rencontrer, puisqu'ils sont issus des mêmes sources philosophiques européennes, le siècle des Lumières, et qu'ils visent tous deux au bonheur de l'humanité à

1 La notion d'artiste ou d'écrivain « engagés » ne se limite pas à ceux adhérents au communisme. Sur l'engagement des élites intellectuelles et artistiques anticommunistes, voir ainsi l'ouvrage remarquablement documenté de Frances Stonor Saunders, *Qui mène la danse ? La CIA et la guerre froide intellectuelle*, Denoël, Paris, 2003.

travers l'abondance de biens que permettent la science, les progrès techniques, la conquête de l'espace. Nul ne songe au vocabulaire biblique que la rhétorique américaine du président Ronald Reagan va imposer au monde au début des années 1980, lorsqu'il qualifiera l'URSS d'« empire du mal ». L'instrumentalisation de la religion et des identités religieuses n'est pas encore cette arme de destruction massive qu'elle deviendra après l'élection de Karol Wojtyla à la papauté en 1979, sous le nom de Jean-Paul II, ou, à partir de la même année, avec le recrutement et l'entraînement de milliers de jeunes Arabes pour aller se battre comme jihadistes en Afghanistan contre les troupes soviétiques qui ont envahi le pays. L'imam Khomeyni est encore un inconnu. Israël n'est pas encore devenu cette puissance majeure au Proche-Orient, au statut exceptionnel dans la conscience de l'Occident, parce que incarnant la renaissance du judaïsme opprimé ; cet État n'est pas encore devenu un acteur clé de la géopolitique internationale.

Pour comprendre comment un tel renversement de décor a pu intervenir, au-delà de l'évocation des soubresauts de la géopolitique mondiale, il est nécessaire de regarder d'abord du côté des historiens et de la remise en cause des lectures du patrimoine révolutionnaire. En particulier, intervient en France à la fin des années 1970 et dans les années 1980 une attaque particulièrement ciblée contre ce patrimoine, composante essentielle de l'humanisme universaliste que beaucoup pensaient définitivement installé dans la gestion des affaires du monde, en dépit de la rivalité Est-Ouest. À la même époque, cette attaque est complétée par le succès que rencontre outre-Atlantique l'œuvre de Leo Strauss, laquelle remet en cause de façon radicale tous les acquis philosophiques et politiques de la modernité. Dans son introduction à l'un de ses ouvrages, Leo Strauss exprime de façon abrupte son rejet de toute philosophie politique, qui ne serait qu'idéologie, et plus particulièrement la « doctrine forgée par la philosophie politique moderne en faveur de la société prospère et universelle », qui serait devenue selon lui, « de l'aveu général, une idéologie — une doctrine qui n'est pas supérieure en justice et en vérité à une autre des innombrables idéologies [2] ». Il explique que cette conviction est née chez lui du fait des

2 Leo STRAUSS, *The City and Man*, The University of Chicago Press, Chicago, 1964 (traduction française : *La Cité et l'Homme*, Le Livre de poche, Paris, 2005, p. 72).

horreurs du régime communiste en Russie qui lui a enlevé tout doute sur la réalité de l'échec de la philosophie humaniste [3], argument que reprendront la génération des nouveaux philosophes ainsi que l'historien François Furet et ses disciples.

Ce qui fera dire en 1988 à deux universitaires français, commentateurs et traducteurs du philosophe allemand Jürgen Habermas, lequel s'efforce de sauvegarder, tout en y apportant un œil critique, le patrimoine du siècle des Lumières et de la Révolution française : « La phobie de tout ce qui pourrait s'apparenter à une pensée reprenant sous quelque forme que ce soit l'héritage hégélo-marxien ne laisse guère de place à un troisième terme entre néoconservateurs plus ou moins éclairés et postmodernes plus ou moins obscurs, qui se partagent la scène intellectuelle et les pouvoirs universitaires [4]. » Habermas a d'ailleurs parfaitement décrit la dérive du postmodernisme et ses ambiguïtés politiques — que nous retrouverons en conclusion de cet ouvrage — lorsqu'il écrit : « En tout cas, nous ne pouvons écarter *a priori* le soupçon que la pensée postmoderne ne fait qu'usurper une position transcendante, tout en restant tributaire des présuppositions propres à l'idée que la modernité a d'elle-même et que Hegel a mises en évidence. Nous ne pouvons exclure d'emblée que, prétendant congédier la modernité, le néoconservatisme ou l'anarchisme esthétisant ne fassent pas, une fois de plus, que se révolter contre la modernité. Il se pourrait, en effet, qu'ils se contentent de draper en post-Lumières leur complicité avec une vénérable tradition de la réaction contre les Lumières [5]. »

---

3 *Ibid.*, pp. 69-72.

4 Christian Bouchindhomme et Rainer Rochlitz, « Avant-propos » à l'ouvrage de Jürgen Habermas, *Le Discours philosophique de la modernité*, Gallimard, Paris, 1988, pp. VI-VII. Cet avant-propos explique aussi très bien le dogmatisme français en matière de néoconservatisme : « Reste à savoir pourquoi les révélations des dissidents russes ont ému les jeunes intellectuels français davantage que ceux des autres pays occidentaux, alors que les faits étaient connus depuis longtemps ; pourquoi la pensée critique s'est trouvée placée devant le choix entre, d'une part, un militantisme très radical qui avait marqué toute une génération et, de l'autre, le libéralisme de Raymond Aron ou le postmodernisme. C'est sans doute le caractère extrêmement dogmatique à la fois du marxisme français — notamment sous l'influence de Louis Althusser — et du mouvement maoïste qui a conduit à ce retournement spectaculaire, par suite duquel toute pensée critique est suspectée de stalinisme ou de faiblesse envers de telles tendances, souvent par ceux-là mêmes qui en furent les plus fervents partisans. Ailleurs, une telle conversion radicale — conduisant à un libéralisme tout aussi dogmatique — a été épargnée à la pensée critique, dans la mesure où elle a pu se fonder sur des principes universalistes et sur des idées radicales-démocratiques. »

5 Jürgen Habermas, *Le Discours philosophique de la modernité*, *op. cit.*, p. 5.

Remise en cause de la Révolution française

Cette remise en cause du patrimoine révolutionnaire français va contribuer à ouvrir la voie à la thèse simpliste la plus répandue sur le « retour du religieux » et son rôle dans les crises et nouveaux systèmes identitaires en gestation à l'ère de la globalisation. Suivant cette thèse, l'effondrement des idéologies laïques, consacré par la disparition du marxisme, aurait ouvert naturellement la porte au retour du religieux. Cette thèse a été alimentée par une réflexion critique forte sur la construction des nationalismes modernes, et en particulier sur le rôle qu'y auraient joué la Révolution française et sa « furie ». Seront ainsi dénoncés, dans l'œuvre de toute une génération nouvelle d'historiens : l'exécution de Louis XVI ; la violence pratiquée sous la Terreur, notamment contre les prêtres dits réfractaires ou les Bretons attachés à une pratique religieuse traditionnelle ; le jacobinisme et les formes diverses de dictature pratiquées par les régimes successifs, y compris le Directoire, le Consulat et l'Empire — lequel, par ses guerres européennes, jette les graines du mouvement des nationalités et du nationalisme moderne.

C'est bien le sens du travail sur la Révolution française de François Furet et de ses disciples, qui s'efforcent de « déconstruire » les grandes mythologies républicaines à couleur jacobine dont sont issues les idéologies de la gauche française de la fin du XIXe siècle à la fin du XXe siècle ; et dont ils font l'archétype des violences révolutionnaires modernes et de la « configuration de la conscience révolutionnaire ». Dans *Penser la Révolution française*, publié en 1978, Furet procède à une analyse au vitriol de l'idéologie révolutionnaire, dont, dit-il, « l'action épuise le monde des valeurs, donc le sens de l'existence [6] ». Curieusement, et en dépit de sa vaste culture, il ignore totalement le précédent de la révolution anglaise — sur lequel nous reviendrons —, marqué par la décapitation du roi Charles Ier en 1649 [7] et les premières idées égalitaristes et communisantes préconisées par certains mouvements puritains et anabaptistes ; et il néglige également les enseignements du célèbre cours

6 François FURET, *Penser la Révolution française*, Gallimard, Paris, 1978, pp. 90-91.

7 Comme le rappelle un historien de la révolution anglaise, on oublie que cette *Great Revolution* et le patrimoine intellectuel qu'elle a laissé furent un « événement d'une importance fondamentale pour l'évolution de la civilisation occidentale » (voir Lawrence STONE, *The Causes of the English Revolution, 1529-1642*, Routledge and Kegan Paul, Londres, 1972, p. 147).

d'Edgar Quinet au Collège de France sur *Le Christianisme et la Révolution française*[8], que nous aurons l'occasion d'évoquer. En dépit des nombreux liens qu'établit avec pertinence Quinet entre la Révolution et les développements de la pensée chrétienne, qui s'est matérialisée à plusieurs reprises dans l'histoire du christianisme à travers schismes et hérésies ou la naissance des différentes formes de protestantisme, Furet isole comme cause unique et exclusive de la Révolution française l'œuvre des philosophes et encyclopédistes, redonnant ainsi vie à la tradition intellectuelle antirévolutionnaire. De même, il ignore totalement les vues pénétrantes de la grande philosophe politique allemande Hannah Arendt, dont l'*Essai sur la Révolution*, publié quinze ans plus tôt aux États-Unis, constitue probablement la réflexion la plus dense et la plus pertinente sur le phénomène révolutionnaire moderne[9].

Dans le chapitre final de cette œuvre majeure, consacré à « La tradition révolutionnaire et ses trésors perdus », Arendt déplore le fait que les États-Unis, dont la révolution joua un rôle certain dans le déclenchement de la Révolution française, se soient éloignés d'elle et aient même oublié leur propre patrimoine révolutionnaire. « Récemment, écrit Arendt en 1963, alors que la révolution devenait un des événements les plus communs de la vie politique dans presque tous les pays et continents, le fait de n'avoir su incorporer la Révolution américaine dans la tradition révolutionnaire s'est répercuté sur la politique étrangère des États-Unis, qui se sont mis à payer un prix exorbitant pour son ignorance universelle, et son oubli aux États-Unis[10]. » Arendt montre aussi très bien, dans ce même chapitre, comment les révolutions, contrairement à la thèse de Furet, ne sont pas l'œuvre d'élites dont le seul but est le pouvoir, mais bien le résultat de la « désintégration progressive de l'État et de la société ». « L'explosion de presque toutes les révolutions,

8 Edgar Quinet, *Le Christianisme et la Révolution française*, Fayard, Paris, 1984 ; Furet ignore aussi l'analyse de Michelet sur cette question des rapports entre le christianisme et la Révolution, par laquelle il introduit son histoire de la Révolution : « La Révolution continue le christianisme, et elle le contredit. Elle en est à la fois l'héritière et l'adversaire » (Jules Michelet, *Histoire de la Révolution française*, Robert Laffont, Paris, 1979, tome 1, p. 54). Voir aussi Dale K. Vankley, *Les Origines religieuses de la Révolution française. 1560-1791*, Seuil, Paris, 2002.

9 Hannah Arendt, *On Revolution*, The Viking Press, New York, 1963 (traduction française : *Essai sur la Révolution*, Gallimard, Paris, 1967 ; c'est cette traduction française que je citerai par la suite).

10 *Ibid.*, p. 319.

ajoute-t-elle, a étonné les groupes et les partis révolutionnaires autant que les autres, et il n'existe quasiment pas de révolution que leur activité ait fait éclater. Tout s'est même généralement passé en sens contraire : la Révolution éclate et elle libère, en quelque sorte, les révolutionnaires professionnels d'où qu'ils se trouvent — de la prison ou de la brasserie ou de la Bibliothèque nationale [11]. »

Furet estime quant à lui — contre toutes les évidences qui attestent de l'agitation des émigrés auprès des cours royales européennes — que la Révolution a surtout eu besoin d'un imaginaire du complot, celui des aristocrates en l'occurrence. « C'est véritablement, dit-il, la notion centrale et polymorphe par laquelle s'organise et se pense l'action. » Pour lui, la Révolution « opère cette perversion du schéma causal par laquelle tout fait historique est réductible à une intention, à une volonté subjective ; elle garantit l'énormité du crime, puisqu'il n'est pas avouable, et la fonction sanitaire de son élimination [12] ». La conscience révolutionnaire, ajoute-t-il, ne serait, en fait, qu'« un discours imaginaire sur le pouvoir. [...] Comme la volonté d'un peuple, le complot est un délire sur le pouvoir [13] ». Et d'ajouter plus loin, à propos de la guerre de 1791, qu'elle fut la « première guerre démocratique des Temps modernes », qui n'avait d'autre fin « que la victoire ou la défaite », à la différence des guerres de l'Ancien Régime, limitées et raisonnables selon lui [14].

Dans cet ouvrage, Furet distribue bonnes et mauvaises notes aux historiens de la Révolution, dont la plupart lui paraissent avoir été complaisants avec la Terreur et les crimes de cette période — sa plus grande fureur étant déployée contre les historiens marxistes. Il exprime avec une certaine délectation la nostalgie des corporations et des ordres de l'Ancien Régime : il y voit un système d'équilibre entre intérêts différents, beaucoup plus rationnel et conforme à la nature humaine que l'utopie selon lui mortifère de la conscience révolutionnaire, forgée par la libre pensée des philosophes des Lumières et des sociétés de pensée — qui tombent dans l'abstraction de la volonté générale de Rousseau et créent un droit abstrait [15].

---

11 *Ibid.*, p. 384.
12 François FURET, *Penser la Révolution française*, *op. cit.*, p. 91.
13 *Ibid.*, p. 92.
14 *Ibid.*, p. 118.
15 *Ibid.*, p. 272.

Pour Furet, « à travers la volonté générale, le peuple-roi coïncide désormais mythiquement avec le pouvoir ; cette croyance est la matrice du totalitarisme [16] ».

Même son de cloche chez Patrick Gueniffey, un disciple de Furet qui estime que « c'est la logique interne de la Révolution, dès la convocation des États généraux en 1789, qui appelle à la dynamique de la Terreur [17] ». L'auteur, contre toute l'historiographie traditionnelle, estime que « les révolutionnaires ont créé de toutes pièces le danger du retour des émigrés et d'une invasion de la France par la coalition des monarchies européennes ». Il en est de même pour ceux qui, comme certains des auteurs du *Livre noir du communisme* [18], font abstraction pour le cas de la Révolution russe de l'intervention militaire armée des autres puissances européennes pour arrêter le cours de cette révolution, ce qui entraîna une nouvelle guerre provoquant d'innombrables victimes et qui favorisera longtemps le développement d'une paranoïa d'encerclement et de menaces qu'incarnera la dictature implacable du stalinisme.

Élargissant encore plus la problématique de remise en cause des Lumières et de la Révolution, un autre universitaire, Frédéric Rouvillois, dénonce tout à la fois un « système de progrès » d'inspiration mécaniste et cartésienne, l'illusion d'un sens de l'histoire, le déisme naissant et l'« esprit bourgeois [19] ». La même tendance à charger la philosophie en général, et en particulier celle des Lumières en France comme en Allemagne, se retrouve chez Alain Besançon, spécialiste de l'histoire russe, dans un ouvrage bien connu sur les origines intellectuelles du léninisme où les idéologies politiques modernes sont systématiquement dénigrées [20].

On se rapproche ici des anciennes fureurs d'Edmond Burke (1729-1797) contre la Révolution française (« un mélange informe, indélicat, aigri, féroce, triste, de pédantisme et de lubricité [21] ») et

16 *Ibid.*, p. 282.

17 Patrick GUENIFFEY, *La Politique de la Terreur. Essai sur la violence révolutionnaire 1789-1794*, Fayard, Paris, 2000.

18 Stéphane COURTOIS, Nicolas WERTH et *alii*, *Le Livre noir du communisme. Crimes, terreur et répression*, Robert Laffont, Paris, 1997.

19 Frédéric ROUVILLOIS, *L'Invention du progrès. Aux origines de la pensée totalitaire (1680-1730)*, Kimé, Paris, 1996.

20 Alain BESANÇON, *Les Origines intellectuelles du léninisme*, Calmann-Lévy, Paris, 1977.

21 Cité par Leo Strauss dans *Droit naturel et Histoire*, Flammarion, Paris, 1986, p. 210. Edmond Burke était un essayiste et homme politique anglais, d'origine irlandaise, dont les écrits contre

des théories simplistes de Louis de Bonald (1754-1840), qui a mis en accusation la philosophie des XVIIe et XVIIIe siècles comme source de tous les maux du monde. « Cependant, écrit de Bonald, la philosophie ne proposait pas une destruction sans remplacement ; elle remplaçait les réalités par des abstractions : chez les grands, elle mettait la *raison* à la place de la religion ; chez le peuple, elle mettait la *loi* à la place du *pouvoir* ; chez tous, elle mettait je ne sais quelle philanthropie à la place de la charité et de l'amour du prochain : car la religion, qui est *intelligence* pour quelques-uns, est *amour* pour tous ; parce que tous les hommes n'ont pas l'esprit éclairé, mais tous ont le cœur sensible [22]. » On peut également évoquer le traditionalisme de René Guénon (1886-1951), qui met lui aussi Descartes et son appel à la rationalité au pilori pour avoir sapé les bases de la tradition et de l'intellect (entendu au sens de l'appréhension mystique et cosmique du monde, tel que pratiqué dans les religions d'Extrême-Orient ou dans les formes ésotériques de l'islam ; mais aussi tel que la chrétienté du Moyen Âge européen avait pu le connaître avant d'évoluer et de tomber dans l'usage exclusif et limité de la raison à but utilitaire [23]).

La charge déclenchée par Furet se terminera en 1995 par son dernier ouvrage sur l'effondrement du communisme, *Le Passé d'une illusion*, couronné de nombreux prix [24]. Et un après sa mort en 1997, sera publié son échange de correspondance sur les origines du fascisme avec Ernst Nolte, historien allemand contemporain — sur

---

la Révolution française et l'esprit de spéculation des constituants français ont servi de trame à la plupart des écrits ultérieurs contre la Révolution.

22 Louis DE BONALD, *Théorie du pouvoir politique et religieux démontrée par le raisonnement et par l'Histoire*, 10/18, Paris, 1965, p. 105. Cette œuvre publiée en 1796 reste un classique de l'antirépublicanisme. On pourra aussi se reporter à Thomas MOLNAR, *La Contre-Révolution*, 10/18, Paris, 1972, qui nous donne un aperçu très complet des thèses antirévolutionnaires, qu'il approuve et décrit en détail pour appeler à rejeter définitivement la « tentation du totalitarisme », laquelle serait à rechercher dans la philosophie des Lumières et l'œuvre des encyclopédistes. Pour une vue critique de cette pensée, on se reportera à Michel WINOCK, « L'héritage contre-révolutionnaire », in Michel WINOCK (dir.), *Histoire de l'extrême droite en France*, Seuil, Paris, 1994, pp. 17-49.

23 Voir René GUÉNON, *Introduction générale à l'étude des doctrines hindoues*, Guy Trédaniel, Paris, 1997, mais aussi *La Crise du monde moderne*, Gallimard, Paris, 1946. Sur René Guénon, qui prolonge, en un sens, la tradition de Louis de Bonald, Joseph de Maistre et Charles Maurras, les grands théoriciens de la contre-révolution, voir : Pierre-Marie SIGAUD (dir.), *René Guénon*, L'Âge d'homme, Lausanne, 1984 (en particulier la contribution de Victor NGUYEN, « Maistre, Maurras, Guénon : contre-révolution et contre-culture », pp. 175-192) ; ainsi que Julius EVOLA, *Orient et Occident*, Arche, Milano, 1982 (recueil de textes écrits pour la revue *East and West*).

24 François FURET, *Le Passé d'une illusion. Essai sur l'idée communiste au XXe siècle*, Robert Laffont/Calmann-Lévy, Paris, 1995.

lequel nous reviendrons — dont toute l'œuvre vise à faire admettre le nazisme comme étant une simple réaction à la menace du totalitarisme soviétique [25].

Ainsi, la Révolution française cesse d'être perçue comme le réservoir d'idées politiques nouvelles qui a « enchanté » le monde pour ne plus être jugée qu'à l'aune des violences qu'elle aurait déchaînées et des premiers régimes modernes de dictature. Elle serait la matrice des révolutions ayant entraîné le malheur de si nombreux peuples, en Russie bolchevique, dans la Chine de Mao Zedong, mais aussi dans la plupart des pays du tiers monde dont les élites révolutionnaires et nationalistes ont puisé dans le réservoir des idées françaises.

Dans cette perspective, l'effondrement de l'URSS et des dictatures d'Europe de l'Est clôt logiquement le cycle révolutionnaire dans le monde et fait disparaître les combats idéologiques furieux entre partisans des valeurs marxistes et socialistes et partisans des valeurs libérales et capitalistes : l'événement marquerait donc la fin des idéologies, voire la « fin de l'histoire » — ouvrant ainsi la porte, on va y revenir, au retour du religieux. Mais il marque plutôt l'avènement d'une nouvelle idéologie, celle de la globalisation, censée concrétiser ces changements fondamentaux : elle décloisonnerait l'humanité, jusqu'ici construite sur des nations agressives et concurrentes ; elle libérerait l'individu, lui permettant de retrouver sa véritable identité, sa matrice fondamentale, en bref sa religion d'origine ou son caractère ethnique de base (ou le mélange des deux lorsqu'une religion est étroitement mêlée à une appartenance ethnique).

L'œuvre de Furet, parallèle sur un autre registre à celle de Nolte, connaîtra un retentissement considérable. Elle était dans l'air du temps et fut commode pour trouver dans le passé une explication simple à l'effroi créé par la violence nazie, issue du cœur culturel de l'Europe [26]. En rejetant la culpabilité sur un événement ancien, la

---

25 François Furet et Ernst Nolte, *Fascisme et communisme*, Plon, Paris, 1998.

26 Pour une bonne critique des thèses de Furet, voir François Dosse, *L'Histoire en miettes. Des « Annales » à la « nouvelle histoire »*, La Découverte, Paris, 1987, en particulier dans le chapitre intitulé « Une métahistoire du Goulag » (pp. 212-230), qui explique comment l'histoire est revue au prisme du Goulag soviétique. Voir aussi la contribution d'Éric Vigne, « François Furet. Penser la Révolution », *in Les Essais*, ADPF-publications, Paris, 1995. On trouvera une charge au vitriol dans : Perry Anderson, *La Pensée tiède. Un regard critique sur la culture française*, Seuil, Paris, 2005 ; cet écrivain britannique, enseignant aux États-Unis, écrit : « *Le Passé d'une illusion*,

Révolution française, et sur le totalitarisme soviétique, la bonne conscience européenne pouvait reprendre ses droits, de même que le moralisme superficiel dans les affaires internationales, prétendument articulé sur l'idéologie des droits de l'homme dont serait porteur l'Occident. Comme l'explique Jürgen Habermas, « la force émancipatrice du souvenir n'est pas appelée ici à libérer le présent du poids du passé, mais à réparer la dette du présent à l'égard du passé ». « L'universalisme éthique, ajoute-t-il, est tenu à se charger même des injustices commises et de toute évidence irréversibles ; il existe en effet une solidarité entre la postérité et ses ancêtres, une solidarité avec tous ceux qui ont été lésés dans leur intégrité physique ou dans leur personne du fait d'une action humaine, et cette solidarité ne peut s'expliquer et s'effectuer que dans la remémoration [27]. »

Retour ou recours à la religion dans le monde de la globalisation ?

Au demeurant, comme nous le verrons plus loin, il s'agit davantage d'une idéologie purement politique que d'une construction identitaire s'appuyant sur des racines objectives — telles qu'ont pu l'être le respect des ancêtres ou des anciens de la tribu ou l'attachement à une langue et à la culture et la poésie qu'elle produit. Reste

---

qui flirte avec les idées d'Ernst Nolte dans le lien qu'il établit entre bolchevisme et nazisme (des thèmes qui ne lui étaient pas jusqu'ici familiers), est une croûte si on le compare aux autres ouvrages de Furet. Paru en 1995, il rabâche tant de thèmes datant de la guerre froide et dépassés depuis longtemps, que de beaux esprits ont pu remarquer qu'il était l'équivalent intellectuel d'une demande de remboursement des emprunts russes. Ce qui n'affecta nullement son succès en France. Présenté comme un chef-d'œuvre par les médias, il devint aussitôt un best-seller marquant l'apogée de la gloire de Furet. Avec la mise en place d'une clef de voûte aussi sensationnelle, l'arc de triomphe antitotalitaire semblait achevé » (p. 57).
Son essai est aussi une critique non moins virulente de l'œuvre de Pierre Nora sur *Les Lieux de mémoire*, « ouvrage [qui] incarnait l'un des programmes les plus ouvertement idéologiques de l'historiographie mondiale d'après-guerre » (p. 51). Les Éditions du Seuil, sans doute effrayées par tant d'audace, ont d'ailleurs tenu à faire figurer dans leur traduction de l'essai d'Anderson une réponse de Pierre Nora, intitulée « La pensée réchauffée », allusion aux convictions marxistes d'Anderson.
On signalera enfin l'ouvrage célèbre d'un historien américain, Simon SCHAMA, *Citizens. A Chronicle of the French Revolution*, Knopf, New York, 1989 (où l'auteur reprend les mêmes thèses que celles de Furet et ses disciples). Cet ouvrage est aussi critiqué par Morris SLAVIN, *The Left and the French Revolution*, Humanities Press, New Jersey, 1995, pp. 169-173 ; ce dernier, professeur d'université aux États-Unis, qualifie Schama de « produit de notre siècle réactionnaire ».

27 Jürgen HABERMAS, *Le Discours philosophique de la modernité*, *op. cit.*, p. 17.

que l'on assiste bien, au cours des années 1980 et 1990, à un très profond basculement des représentations du monde majoritairement partagées par les élites occidentales — un basculement lent, multiforme et progressif pour ceux qui l'ont vécu, mais en vérité très brutal quand on l'observe avec un peu de recul historique.

Jusqu'alors, depuis près de deux siècles, les valeurs « progressistes » et principalement non religieuses (sinon pleinement « laïques ») avaient largement prévalu au sein de ces élites, pour le pire (comme la colonisation conduite au nom du « progrès » par les puissances européennes) comme pour le meilleur (comme la décolonisation encouragée pour le même motif par les États-Unis après la Seconde Guerre mondiale). À partir des années 1980, c'est un nouveau consensus — bien sûr non dénué de contradictions et débats internes — qui va s'affirmer au sein des nouvelles élites dirigeantes en Occident. La chute du Mur de Berlin, en 1989, puis l'effondrement de l'URSS, en 1991, vont le cristalliser. Le succès des entreprises de « révision de l'histoire » conduites par des intellectuels comme François Furet, Francis Fukuyama ou Samuel Huntington, largement relayées par les médias dominants, va contribuer à donner la chair de ce nouveau consensus. Et à redonner, fût-ce inconsciemment, une nouvelle légitimité à une certaine *Weltanschauung* occidentale principalement nourrie de convictions religieuses, qui semblait avoir été effacée depuis longtemps de la scène politique internationale.

Bien sûr, tous les dirigeants occidentaux des années 1980 et 1990 sont loin de partager ces convictions. Mais ils partagent tous, peu ou prou, les nouvelles représentations du monde qui sont au fondement du succès politique des courants religieux conservateurs au sein de la nouvelle hyperpuissance mondiale, les États-Unis, avec Ronald Reagan, élu à la présidence en 1981, et surtout les George Bush père et fils, respectivement élus en 1988 et 2001.

De fait, l'appel occidental à la religion, qu'il s'agisse de l'invocation des valeurs dites judéo-chrétiennes ou du recours aux différents fondamentalismes des Églises américaines, témoigne bien moins du *retour* du religieux que de son contraire, le *recours* à la religion. Ce recours provient de la nécessité de donner un vernis de légitimité à des actions politiques qui, au regard des critères classiques de l'humanisme moderne, tel que façonné depuis la philosophie des Lumières et de la Révolution française, en manqueraient totalement.

Il n'est pas inutile ici de rappeler que la plupart des enseignements récents de l'Église catholique, comme ceux des Églises protestantes libérales, s'inscrivent en faux contre cette idéologie qui est en fait une idéologie de combat plutôt fermée. Depuis les années 1960, l'Église romaine s'est en effet largement ouverte sur les peuples et les religions non occidentaux, sur les classes ouvrières et les groupes opprimés ; le pape Jean-Paul II a condamné haut et fort les deux guerres menées au Moyen-Orient par les États-Unis et les pays qui s'y sont joints. De nombreuses Églises protestantes ont eu le souci constant de l'œcuménisme, du droit des peuples à disposer d'eux-mêmes, de la lutte contre l'apartheid et toutes les formes de discrimination entre les hommes.

En fait, le retour du religieux, loin d'être un phénomène naturel, une réaction quasi biologique aux excès dans lesquels la laïcité aurait conduit le monde, est un phénomène politique majeur qui n'a de religieux que le nom. Il n'est lié à aucune évolution majeure dans les constructions théologiques et politiques ou dans les expressions de la foi, sinon le regain de lecture littérale de l'Ancien Testament et des Écritures qui sévit aux États-Unis, mais aussi, comme nous le verrons, et pour d'autres raisons, dans les sociétés musulmanes et le judaïsme. Tout comme l'essor du fondamentalisme islamique sert souvent collectivement dans le monde arabe de matrice identitaire à une réaction politique anti-occidentale aux ressorts très profanes, le regain du littéralisme chrétien aux États-Unis sert de légitimation à l'affirmation d'une fièvre impériale nouvelle, après les déconvenues de la guerre du Viêt-nam et les doutes de toute une génération d'Américains quant à la légitimité des actions de leur pays dans l'ordre international et à l'autoritarisme et la rigidité des valeurs traditionnelles, politiques ou économiques.

Le développement historique du fondamentalisme protestant est bien décrit par Malise Ruthven, un universitaire qui a enseigné aux États-Unis [28]. Il en retrace les origines aux débuts du XXe siècle, non

---

28 Malise RUTHVEN, *Fundamentalism. The Search for Meaning*, Oxford University Press, Oxford, 2004 ; voir aussi l'ouvrage très documenté de Richard E. WENTZ, *American Religious Traditions. The Shaping of Religion in the United States*, Fortress Press, Minneapolis, 2003 ; ainsi que : Vincent CRAPANZANO, *Literalism in America. From the Pulpit to the Bench*, The New Press, New York, 2000.

pas, comme on pourrait s'y attendre, dans la *Bible Belt* du vieux Sud américain, mais en Californie du Sud, la région en plus fort développement des États-Unis, celle où apparaît aussi l'industrie du cinéma à Hollywood : « Ce sont deux frères dévots [Milton et Lyman Stewart], enrichis par l'industrie pétrolière, qui patronnent un programme de cinq ans pour la publication de brochures gratuites à destination des pasteurs protestants anglophones, des évangélistes, missionnaires, professeurs ou étudiants en théologie, secrétaires des YMCA, directeurs des écoles du dimanche, travailleurs laïcs dans les institutions religieuses et maisons d'édition de livres religieux dans le monde. Ces brochures étaient intitulées *The Fondamentals. A Testimony of Truth* et écrites par des théologiens conservateurs en vue ; elles étaient destinées à arrêter l'érosion de ce que les deux frères et leurs éditeurs considéraient être les croyances fondamentales du protestantisme : l'infaillibilité de la Bible ; la création directe du monde et de l'humanité, *ex nihilo*, par Dieu (en opposition à l'évolution selon Darwin) ; l'authenticité des miracles ; la naissance virginale de Jésus, sa crucifixion et sa résurrection corporelle et (pour certains mais pas tous les croyants) son retour imminent pour juger le monde et y asseoir son règne[29]. »

Ce sont ces mêmes milieux qui, depuis le fameux « procès du singe » en 1925 dans le Tennessee[30], tentent d'entraver l'enseignement des théories de Darwin ou, du moins, d'imposer aux élèves l'enseignement du « créationnisme », qui reprend la thèse de la création du monde en sept jours par le Dieu de la Bible, sur un pied d'égalité avec les théories de l'évolution. En 1995, l'État d'Alabama a ainsi obligé les livres de biologie utilisés dans les écoles publiques à inclure une mention spécifique suivant laquelle la théorie de l'évolution de l'espèce humaine était sujette à controverse ; un autre État, la Louisiane, avait voté une loi imposant la théorie créationniste dans l'enseignement, qui fut invalidée en 1987 par la Cour suprême des États-Unis[31]. En bref, nous retrouvons ici tout le credo agressif des nouveaux évangélistes, une

---

29 Malise RUTHVEN, *Fundamentalism, op. cit.*, pp. 10-11.

30 Lors duquel un professeur de sciences fut condamné pour avoir enseigné les lois de l'évolution, en infraction à une loi locale interdisant l'enseignement dans les écoles publiques de toute théorie contestant la création de l'homme par Dieu.

31 Sur toutes ces questions, on se reportera à Dominique LECOURT, *L'Amérique entre la Bible et Darwin*, PUF, Paris, 1988 ; ainsi qu'à l'excellent numéro spécial de la revue *Vingtième Siècle*, qui contient un dossier sur « Religion et politique aux États-Unis », juillet-septembre 1988.

des bases du pouvoir des néoconservateurs américains, qui prétendent voir dans le retour des Juifs en Palestine et leur rassemblement sur cette terre l'événement annonciateur, de nature eschatologique, de leur conversion au christianisme et du retour du Christ sur la terre [32].

Bien conscients que cette instrumentalisation du religieux peut être facilement dénoncée, les idéologues de choc du nouveau système de pouvoir qui se met en place à l'échelle mondiale préfèrent parler de « civilisations » et des guerres qu'elles peuvent être amenées à affronter. Il ne s'agit plus d'accepter la fatalité du destin qui a frappé autrefois les grandes civilisations, ancêtres de l'Occident, mais au contraire de refuser la prétendue dynamique de décadence et de faiblesse et d'aller au-devant de l'« ennemi » avant qu'il vous ait détruit. C'est bien le message de Samuel Huntington dans *Le Choc des civilisations*. C'est aussi le message d'autres essayistes politiques américains à succès, en particulier celui de Robert Kagan, qui dénonce la psychologie « de la faiblesse » du Vieux Continent européen et vante celle « de la puissance » incarnée dans les États-Unis qui, même abandonnés de certains de leurs alliés européens, cherchent à remodeler le monde pour en faire un monde meilleur et plus sûr [33]. C'est aussi le message d'un autre essayiste américain proche des néoconservateurs, Robert Kaplan : il rejette quant à lui la morale judéo-chrétienne, dont les valeurs humanistes seraient inadaptées pour faire face à la barbarie qui s'empare du monde [34].

Du coup, nous nageons dans des concepts en folie : peuple, race, nation, empire, civilisation, culture, religion sont mêlés dans la confusion la plus grande ; ils deviennent interchangeables suivant le public auquel on s'adresse ou suivant les nouveaux systèmes de valeurs politiques, voire économiques, qui tentent de remplacer

---

32 Sur ce point (sur lequel nous reviendrons), voir Anatol Lieven, *Le Nouveau Nationalisme américain*, J.-C. Lattès, Paris, 2004 ; mais aussi Stephen Zunes, « The influence of the Christian right on US Middle East policy », *Middle East Policy*, vol. 12, n° 2, été 2005, pp. 73-78 ; ainsi que Duane Oldfield, « The evangelical roots of american unilateralism : the Christian right's influence and how to counter it », *Foreign Policy in Focus (FPIP) Special Report*, mars 2004 (<www.fpip.org/papers/2004evangelical.html>).

33 Robert Kagan, *La Puissance et la Faiblesse. Les États-Unis et l'Europe dans le nouvel ordre mondial*, Plon, Paris, 2003.

34 Robert D. Kaplan, *La Stratégie du guerrier. De l'éthique païenne à l'art de gouverner*, Bayard, Paris, 2003.

l'humanisme classique et le bon vieux « droit des gens » sur lequel étaient bâties les règles de la guerre ou de la paix entre les « nations ».

Nous verrons au cours des chapitres suivants que, malgré les apparences, la religion n'est sûrement pas la matrice première de l'identité. Même dans les sociétés profondément religieuses, l'individu ne perd jamais la conscience de sa généalogie familiale, de la spécificité de sa langue et de son milieu géographique. Il s'agit de trois composantes majeures de l'identité, à laquelle une religion ne peut se substituer, sauf dans les cas spécifiques où un individu décide de consacrer sa vie à la religion, devenant prêtre, moine, rabbin, ouléma ou mollah. Mais même en cas de don de soi à la religion, le caractère ethnique, c'est-à-dire le mélange des trois composantes majeures de l'identité que nous venons de citer, reste présent.

En revanche, il ne fait pas de doute que la religion est une source importante d'inspiration directe ou indirecte de morale sociale et individuelle. En posant les critères du bien et du mal, elle définit ce qui est licite et condamne les actions illicites. C'est ainsi que religion et pouvoir sont intimement mêlés et que différents types de relations complexes entre systèmes religieux et systèmes politiques peuvent exister, sur lesquelles nous tenterons de réfléchir tout au long des prochains chapitres. Nous verrons ainsi que ce sont bien les modalités de recours d'un système à l'autre qu'il est important de dévoiler, pour ne pas tomber dans la croyance naïve d'une *essence* religieuse qui déterminerait les conduites humaines et les systèmes sociaux et politiques qui en découlent.

Mais avant d'entamer cette réflexion difficile, arrêtons-nous un moment sur nos conceptions de l'« essence » de l'homme et de la nature de ses sentiments, c'est-à-dire du noyau dur de son identité « première » ou de son identité « innée ».

Racisme, essentialisme et colonialisme : une trilogie perverse

Nous évoquons ici à nouveau l'identité, non point au sens d'identité ethnique et généalogique, comme nous le ferons au chapitre suivant, mais dans le contexte d'une supposée *identité sociale* de l'homme : celle d'une représentation assignant l'individu à son système de croyances métaphysiques, religieuses et philosophiques, que la nature humaine dans sa structure « première » ou « innée », dans son « essence », serait censée modeler et développer. Être « essentialiste », c'est croire qu'il y a dans la nature humaine une essence immuable, un noyau dur, qui persiste au-delà des changements apparents de systèmes de croyances et des institutions politiques et sociales que provoquent des événements historiques. Ainsi, l'homme serait considéré comme un animal religieux avant d'être un animal politique, d'où le thème si populaire aujourd'hui d'un retour du religieux qui rendrait l'homme à son essence première d'*Homo religiosus* après des siècles, constituant un cycle historique achevé, où une laïcité militante et antireligieuse aurait tenté de couper les racines religieuses de l'homme, celles qui lui assurent son confort métaphysique et sa règle morale.

On peut de même considérer que l'homme est aussi un animal « économique », qu'il possède par essence une faculté de calcul économique pour assurer son bien-être ; il serait autant *Homo religiosus* qu'*Homo œconomicus*. Dans cette optique, de même que l'effondrement de régimes et de cultures antireligieux permettrait à l'homme de retrouver son essence religieuse, l'effondrement des régimes économiques étatistes ou interventionnistes, qui avaient confisqué sa liberté économique, la lui rendrait. Le retour du religieux, la liberté religieuse retrouvée, ainsi que la fin des contraintes mises à l'homme dans sa créativité et sa liberté économique, le rendraient à sa « nature première », innée, et lui permettraient le plein épanouissement de son potentiel. C'est bien le mirage que nous offre le mariage des théories de la globalisation économique et du retour du religieux. Elles sont habillées de l'appel à l'universel ; elles concilieraient enfin la foi religieuse et la liberté, ce que l'humanisme moderne aurait échoué à accomplir, brimant à la fois la religion et le potentiel économique des hommes et des sociétés dans lesquelles ils vivent. L'homme retrouve son « essence », ouvrant ainsi la voie à la réconciliation de la morale, de la politique et de la religion dans une synthèse bien supérieure à tout ce que l'histoire de l'humanité aurait connu jusqu'ici. C'est ainsi que se présente l'essentialisme postmoderne, devenu le credo majeur de la doctrine américaine et de ses nombreux adeptes en Europe ou ailleurs dans le monde.

Cet essentialisme nouveau prend la place de la culture cosmopolite issue de la philosophie des Lumières, la remplace comme système d'organisation des relations internationales en lieu et place de l'ancien système des États-nations souverains. Il prétend dépasser les antagonismes de nationalité ou de civilisations — dont par ailleurs la vision de guerre et d'hostilités possibles reste très présente —, en organisant le multiculturalisme : celui-ci pourrait s'épanouir justement grâce au fondement même du système de la globalisation, le retour fondamental et définitif du primat du religieux et de l'économique. D'où le thème central de la liberté dans le discours américain et la nécessité de la généraliser à l'échelle du monde, de supprimer les poches de fanatisme des « ennemis de la liberté » qui ont pour seules armes la violence et la terreur. Au centre de ce discours, un messianisme, caractéristique majeure du nationalisme américain, qui s'est toujours distingué des nationalismes européens par sa couleur fortement religieuse, ce que nous avons analysé ailleurs [35]. Cette coloration religieuse est imprégnée de ce que l'on peut appeler l'archétype biblique monothéiste. La conception du bien et du mal y prend une dimension absolue, transcendante, détachée des conditions objectives d'une réalité complexe et mouvante : elle ignore la versatilité des humeurs et des cultures suivant les époques historiques, les événements traumatisants pour les psychologies collectives, tout comme la face « cachée », sans morale ni éthique, de tout système de pouvoir.

Cet essentialisme est aujourd'hui rendu possible parce que l'humanisme moderne et laïque n'a pas réussi à le supprimer, mais aussi parce qu'il en a usé lui-même largement aux XIXe et XXe siècles. Nous le verrons à l'œuvre dans les chapitres suivants, en évoquant les théories racistes bâties sur les développements de la linguistique qui forge les conceptions de la diversité anthropologique du monde. Racisme, essentialisme et colonialisme forment une trilogie qui a très fortement marqué la culture européenne du XIXe siècle et du XXe siècle. Elle suppose l'existence d'invariants spécifiques à des civilisations, des nations, des peuples : le monde ne serait pas seulement divisé et hiérarchisé en Aryens et Sémites, mais en peuples

35 Voir Georges Corm, *Orient-Occident, la fracture imaginaire*, La Découverte, Paris, 2005 ; et aussi Mircea Eliade, *La Nostalgie des origines*, Gallimard, coll. « Folio/Essais », Paris, 1971, pp. 156-157.

civilisés avec une conscience historique et en peuplades primitives ou sauvages sans histoire ; ou bien, suivant la terminologie wébérienne, en sociétés magiques et charismatiques où dominent la religion et le pouvoir d'un chef tribal ou patriarcal, et sociétés rationnelles dotées d'une bureaucratie savante qui organise le fonctionnement de l'État et de la société pour maximiser le bien-être humain [36]. En bref, pour de larges pans de la culture européenne, le monde serait divisé en deux espèces humaines [37]. Comme nous allons le voir, cette division du monde légitime la colonisation et l'impérialisme.

Mais les aspects humanistes de cette culture tenteront d'atténuer l'essentialisme rigide au fondement de ce racisme « civilisationnel » et dont sont férus tous les traditionalistes politiques refusant l'idée des changements de la structure des sociétés et des civilisations qu'elles produisent. La philosophie des Lumières, relayée ensuite par la philosophie hégélienne puis le positivisme et le marxisme, développera la vision des « âges » de l'humanité, que traversent les sociétés pour passer du stade de la tribu primitive à celui de la civilisation. Le marxisme divisera le monde en sociétés précapitalistes et sociétés capitalistes et identifiera lui aussi les grandes phases de l'histoire de l'humanité, qui seront reprises plus tard, dans un autre contexte idéologique, par les économistes américains théoriciens des « étapes » du développement économique [38]. Mais l'ensemble de ces théories n'empêchera pas de nouvelles formes de racisme, celles de l'ethnocentrisme européen, de voir dans la culture européenne et la civilisation technicienne l'« avant-garde » de l'humanité qui doit ouvrir la voie aux autres nations ou peuples ou civilisations.

Le colonialısme s'était autrefois paré, lui aussi, d'une légitimité fondée sur la supériorité supposée de la civilisation européenne et du christianisme comme religion universelle. Raoul Girardet a très bien montré l'alliance étroite de l'Église et de l'État dans l'expansion coloniale européenne : « Tout au long du XIXe siècle, écrit-il, une solidarité de fait s'était historiquement établie entre l'Église,

---

36 C'est contre ce type de racisme que s'était élevé en 1952 l'anthropologue-ethnologue Claude Lévi-Strauss, père du structuralisme, dans un texte célèbre écrit à la demande de l'Unesco pour lutter contre le racisme (Claude Lévi-Strauss, *Race et Histoire*, Gallimard, coll. « Folio/Essais », Paris, 1987).

37 Pour une analyse féroce du racisme « occidental », voir Denis Blondin, *Les Deux Espèces humaines. Autopsie du racisme ordinaire*, L'Harmattan, Paris, 1975.

38 Walter Rostow, *Les Étapes de la croissance économique*, Seuil, Paris, 1961.

dans la poursuite de son œuvre d'apostolat Outre-Mer, et l'État, dans la réalisation de ses ambitions impériales : aux yeux de la plus grande partie des croyants et aussi des non-croyants, les deux notions d'évangélisation et de colonialisation n'avaient cessé d'apparaître comme étroitement associées. L'extension de son champ d'influence avait, dans le temps et dans l'espace, coïncidé pour l'Église avec la progression de la domination européenne. Presque toujours, les missionnaires avaient eu tendance à s'appuyer sur l'État colonisateur, à solliciter sa protection et à collaborer efficacement à l'établissement et au maintien de son autorité politique. Parallèlement, la doctrine très communément admise par les pouvoirs publics était que l'action missionnaire apportait, en règle générale, une contribution importante à l'œuvre de colonisation, qu'elle était susceptible d'aider l'administration dans d'innombrables tâches — et notamment dans les tâches sanitaires et médicales —, que son influence enfin restait le plus souvent souhaitable du point de vue de l'éducation et de la "formation morale des indigènes". Il est à cet égard assez significatif que les activités missionnaires n'aient été que très faiblement touchées, à la fin du XIXe siècle et au début du XXe, par les conséquences du conflit qui a opposé l'Église et l'État républicain [39]. »

Il s'agissait alors d'« amener » les autres peuples à la civilisation, d'ouvrir de nouveaux marchés au commerce et de généraliser la prospérité et le progrès technique. C'est ainsi qu'un universitaire français, Albert Bayet, déclarait en 1931, lors du Congrès de la Ligue des droits de l'homme consacré à la colonisation : « D'où il suit que la colonisation est légitime quand le peuple qui colonise apporte avec lui un trésor d'idées et de sentiments qui enrichira d'autres peuples ; dès lors, la colonisation n'est pas un droit, elle est un devoir [...]. Il me semble que la France moderne, fille de la Renaissance, héritière du XVIIe siècle et de la Révolution, représente dans le monde un idéal qui a sa valeur propre et qu'elle peut et doit répandre dans l'univers. Apporter la science aux peuples qui l'ignorent, leur donner routes, canaux, chemins de fer, autos, le télégraphe, le téléphone, organiser chez eux des services d'hygiène, leur faire connaître enfin les droits de l'homme, c'est une tâche de fraternité. [...] Le pays qui a proclamé les droits de l'homme, qui a

39 Raoul GIRARDET, *L'Idée coloniale en France*, La Table ronde, Paris, 1972, p. 264.

contribué brillamment à l'avancement des sciences, qui a fait l'enseignement laïc, le pays qui, devant les nations, est le grand champion de la liberté, a de par son passé la mission de répandre où il le peut les idées qui ont fait sa grandeur [40]. » En fait, les nationalismes européens, à la fin du XIXe siècle, sont aussi des impérialismes qui développent des idéologies de légitimation méga-identitaires de l'entreprise coloniale. Hannah Arendt a d'ailleurs bien montré les liens complexes qui unissent cette montée de l'impérialisme à l'émergence des pulsions totalitaires en Europe et à la naissance de l'antisémitisme moderne, tout à fait différent de l'antijudaïsme chrétien à base théologique [41].

Mais l'évolution des idées anticolonialistes dans la culture européenne elle-même et le développement en droit international du principe du droit des peuples à disposer d'eux-mêmes ont rendu cette légitimité caduque et contribué aussi à forger les principes de la lutte contre le racisme et l'antisémitisme [42]. Au XIXe siècle, la notion d'impérialisme avait dans la culture politique européenne des connotations positives, parce que l'expansion coloniale était considérée comme un phénomène positif, normal et sain, témoignant de la vitalité des grandes nations, de leur culture et de leurs valeurs. Dans la seconde moitié du XXe siècle, le terme d'impérialisme a acquis une connotation négative et les États européens sont obligés d'abandonner leurs possessions coloniales, souvent après des guerres meurtrières et longues. À l'impérialisme classique, succède le néocolonialisme, que les États-Unis eux aussi pratiquent en Amérique latine, puis ailleurs dans le monde, au fur et à mesure que le développement de la guerre froide amène à une clientélisation politique des pays nouvellement indépendants au profit des deux grandes puissances.

En même temps, l'idéologie méga-identitaire de l'Occident se transforme. Au fanatisme civilisationnel colonisateur du XIXe siècle, avec ses prétentions humanistes, se substitue le discours de la défense des droits de l'homme et de la démocratie, dont l'Occident est le prophète et les États-Unis le guerrier. Aussi, l'impérialisme américain justifie-t-il aujourd'hui ses interventions par la notion de

40 *Ibid.*

41 Hannah ARENDT, *Sur l'antisémitisme*, Calmann-Lévy, Paris, 1951.

42 Voir le recueil de textes présentés par Marcel MERLE, *L'Anticolonialisme européen de Las Casas à Marx*, Armand Colin, Paris, 1969.

« guerre des civilisations », où la lutte contre le terrorisme joue un rôle central pour légitimer des guerres préventives. La problématique change mais, sur le fond, on retrouve le même mariage de l'archétype religieux monothéiste avec la conception laïque du bonheur et du salut de l'humanité qui avait justifié la colonisation au XIXe siècle, colonisation que Marx n'avait pas condamnée (pour le marxisme, en effet, le triomphe de la civilisation occidentale capitaliste est un préalable nécessaire à la victoire du communisme qui doit assurer le bonheur de l'humanité).

L'établissement d'un lien entre racisme et religion ne peut donc être évité, si désagréable que cela puisse paraître, car nous sommes ici en face d'un paradoxe insupportable : comment la religion, source de la morale, peut-elle engendrer un racisme aussi virulent ? Pour expliquer ce paradoxe, il faut recourir à une distinction fondamentale, celle entre le besoin de religion dans la nature humaine et la religion instituée et dogmatisée, ce que nous ferons plus en détail au chapitre 3.

Le déclin des nationalismes européens et la naissance du besoin de « racines »

Tel est dans ses grandes lignes le système explicatif, aujourd'hui dominant, des bouleversements connus par le monde depuis la dernière décennie du XIXe siècle : dissolution des nationalismes classiques, fin des idéologies laïques de combat, tel le marxisme, retour du religieux et de l'ethnique dans l'épanouissement des libertés individuelles et le décloisonnement des sociétés. Mais la religion est-elle vraiment la matrice première de l'identité ? Quels rapports entretient-elle avec les différents types de société et leurs autres traits distinctifs ? Voilà des questions fondamentales préalables sur lesquelles il faut se pencher, pour pouvoir aborder sereinement les graves interrogations identitaires du siècle actuel.

On peut se demander si le dédain dans lequel le nationalisme laïque à la mode du XIXe siècle est tenu dans le monde occidental, depuis les deux guerres mondiales du XXe siècle, ne ressemble pas étrangement, *mutatis mutandis*, au dédain qui a frappé la religion et la pratique religieuse à l'issue des guerres de religion entre protestants et catholiques dans l'Europe du XVIe siècle. Épuisée des fanatismes et des violences des nationalismes modernes, la culture européenne du dernier demi-siècle évacue les valeurs associées au nationalisme, « déconstruit » le phénomène national, découvre qu'il est artificiel, inventé, manipulé par des systèmes de pouvoir et l'ambition politique[43]. Le phénomène perd sa force d'attraction mystique et morale, ainsi que sa fonction — jusque-là considérée presque d'ordre biologique — d'organisation des sociétés et d'expression suprême de leur identité. La culture de l'Europe des Lumières avait eu la même force dissolvante à l'encontre des sentiments religieux et de la religion comme système de croyance organisant la vie de la cité. « Dieu » y était dénoncé comme inventé, construit par l'homme, utilisé et manipulé pour consolider des systèmes de pouvoir et d'oppression.

Mais la fin de l'ère des nations, du moins pour l'Europe, a ouvert un vide identitaire que révèlent bien les tendances à rechercher des « racines », mot fort évoquant le monde végétal et donc la nature, implicitement opposée au fonctionnement périssable des systèmes politiques. Recherche tous azimuts, qui entend plonger dans des mémoires enfouies, recouvertes sous la chape de plomb des sentiments nationaux et des systèmes politiques et culturels qui s'étaient bâtis autour d'eux. C'est cette chape de plomb qui fond aujourd'hui — et nous fait souvent retrouver l'importance de Dieu. Le développement d'une idéologie identitaire européenne qui accompagne la mise en place des institutions de l'Union européenne va-t-il réussir à effacer totalement le souvenir des nations souveraines ? Ce souvenir alimente certaines des résistances à l'idéologie économique néolibérale et globalisatrice qui préside à la construction européenne. Les anciennes « nations » souveraines vont-elles accepter de revenir à un statut de nation province dans un vaste espace économique dont l'identité politique est encore loin d'être construite ?

À vrai dire, l'effondrement du nationalisme a été précédé d'un ouragan de taille, qui a soufflé lui aussi avec violence et fanatisme : celui de l'affrontement entre deux conceptions du monde. L'une s'est voulue dépassement du monde égoïste et exploiteur des nations, dans la fraternité des classes opprimées et victimes de l'exploitation que l'organisation du monde en nations bourgeoises

43 Voir en particulier les ouvrages cités ci-dessous à la note 3, p. 48.

et capitalistes a systématisée ; l'autre s'est accrochée victorieusement à cette organisation qui avait initialement libéré les sociétés des anciennes oppressions féodales, créé le citoyen moderne, institué la liberté au sens le plus noble du terme. La Seconde Guerre mondiale, puis la guerre froide, ont mêlé intimement les vents encore puissants du nationalisme à ceux de la lutte entre ces deux idéologies irréductiblement opposées.

Si le marxisme a servi de levier au nationalisme russe, comme il le fera aussi pour les nationalismes chinois et viêt-namien, le monde a assisté surpris à l'effondrement de cette idéologie et de son système de valeurs. Marxisme et nationalisme ont disparu en même temps, laissant un vide de représentations peu banal dans l'histoire de l'humanité. Ce vide est incontestable pour l'Europe, qui, depuis le milieu du XIXe siècle, ne pensait et n'organisait que sur ces deux croyances, parfois mêlées, parfois opposées, suivant les lieux, les circonstances, le degré de plus ou moins grande prégnance à la culture de la centralité européenne, allemande, française, anglaise.

2

L'avènement de la nation et les mutations des systèmes de formation de l'identité

L'identité est un phénomène social au sens fort du terme et l'on oublie trop souvent qu'elle se bâtit sur la différence avec ce qui est supposé être une autre identité. L'identité fonctionne en référence à un pôle négatif : la vision de l'autre, différent sinon ennemi. C'est pourquoi tout système de valeurs structurant l'identité est en même temps une composante essentielle du système de pouvoir qui organise l'ordre à l'intérieur d'une société et décide de la guerre ou de la paix avec la société voisine différente.

Avant l'ère des nations modernes, comment les sociétés se sont-elles désignées, comment ont-elles organisé leur identité et leurs relations avec l'autre différent ? Ce sont là des questions essentielles pour comprendre les dérapages du nationalisme moderne, et son effacement aujourd'hui au profit d'autres systèmes identitaires. De leur réponse dépend aussi une meilleure appréhension des changements tumultueux auxquels le monde est soumis aujourd'hui et dont la caractéristique principale serait le retour du religieux refoulé au cours des deux derniers siècles de modernisme laïque.

L'identité, contrairement aux thèses essentialistes, n'est pas un phénomène rigide et immuable : elle évolue en fonction des changements qui affectent les systèmes de pouvoir et de puissance, les normes de la civilisation d'une époque. Un Grec du XXe siècle n'est plus celui du XVIe siècle vivant à l'ombre de l'Empire ottoman, qui n'est plus celui qui a vécu sous l'Empire byzantin, qui n'était déjà plus du tout celui qui vivait au siècle de Périclès. Nous allons voir qu'en Europe la nation est une construction tardive, comme système identitaire de base, ce dernier ayant été constitué à partir de micro-identités « provinciales », encastrées dans des structures de pouvoir plus larges à base d'identité religieuse que l'on peut appeler méga-identités. La notion même d'Occident moderne est un héritage de longs siècles européens où coexistent des micro- et des méga-consciences identitaires avant que ne s'impose le système d'État-nation au XIXe siècle, ainsi que le droit international qui en a découlé et dont les sources remontent aux grands juristes de la Renaissance. C'est ce système qui aujourd'hui semble disparaître sous nos yeux, avec la construction européenne, mais aussi le déploiement impérial américain et le maintien de l'OTAN. Il se crée un nationalisme civilisationnel qui vient se substituer aux nationalismes à la mode des XIXe et XXe siècles, et que nous étudierons longuement plus loin.

De la nation « provinciale » à la nation souveraine et mystique

Nous avons été habitués depuis la fin du XIXe siècle à considérer le monde, du moins ce que l'on avait coutume d'appeler le « monde civilisé », celui de l'Europe, comme constitué de « nations ». Républicaines ou monarchiques, ces nations s'appuyaient dans leur constitution sur ce que l'on pouvait considérer comme des facteurs naturels : frontières géographiques, linguistiques, de peuplement ethnique à souche supposée commune, continuité d'un système de pouvoir et, donc, d'un vouloir vivre commun.

En ces temps laïques, la religion n'était pas considérée, en règle générale, comme constitutive de la nation. Le traumatisme des douloureuses et violentes guerres de religion en Europe avait entraîné, enfin, la tolérance en matière religieuse [1] ; à son tour, cette tolérance, permettant aux catholiques, aux protestants et aux Juifs de vivre en citoyens d'une même nation, avait amené à marginaliser la religion et l'identité religieuse dans la constitution de la nation. On l'a vu, Louis de Bonald sera la figure de proue de ce conservatisme catholique et antirépublicain qui hait les philosophes prônant « l'athéisme aux grands et le républicanisme aux peuples » et la philosophie qui met « la raison à la place de la religion », mais qui met aussi « la loi à la place du pouvoir [2] ». Certes,

1 Voir Joseph Lecler, *Histoire de la tolérance au siècle de la Réforme*, Albin Michel, Paris, 1994.
2 Louis de Bonald, *Théorie du pouvoir politique et religieux*, *op. cit.*, p. 105.

subsistaient encore des forces « traditionnelles », en particulier en France, pour déplorer cette marginalisation de la religion dans la vie de la nation. La France, fille aînée de l'Église, était chère au cœur de certains catholiques qui voyaient alors dans les idées modernes l'œuvre corrosive des protestants, des Juifs et des francs-maçons. Nous reviendrons plus loin sur ces forces traditionnelles ou, plus exactement, traditionalistes, dont la carrière, loin de s'achever à la fin du XIXe siècle, connaîtra à la fin du XXe siècle et au début de ce siècle des développements et des changements morphologiques dont nous sommes loin d'être sortis.

Pourtant, à la fin du XIXe siècle et au début du XXe siècle, en Europe, il ne fait aucun doute que la composante majeure de l'identité n'est point la religion, mais la nation, désormais considérée comme un phénomène naturel, authentique et objectif. On est Français, Italien, Allemand, Anglais, Espagnol. Beaucoup d'historiens ont montré avec talent comment ont été fabriqués les nations et les nationalismes européens, mises en place les grandes mythologies nationales, folklorisés les terroirs ruraux, construites des mémoires nouvelles [3]. Ce qualificatif identitaire satisfait si pleinement les Européens, que leurs nations en folie s'engageront par deux fois au XXe siècle dans une guerre meurtrière, dont le théâtre ne sera pas seulement l'Europe, mais les colonies dont elle s'était dotée depuis le XVIIe siècle. D'autres États s'impliqueront dans ces deux guerres, les États-Unis et l'Empire ottoman pour la guerre de 1914-1918, le Japon pour celle de 1940-1945.

On remarquera que, dans le contexte historique du XIXe siècle, l'emploi du mot « nation » avait acquis un sens nouveau, apparu avec la Révolution française, qui associa le concept de nation à la mystique sainte de la souveraineté, jusque-là réservée au monarque de droit divin — une nation non souveraine est une nation opprimée, incomplète, dépouillée de sa liberté et de son humanité. Le mot n'était pourtant pas nouveau dans la culture européenne. Son sens d'origine vient du latin et signifie naître dans un lieu et un

---

3 Voir en particulier Anne-Marie THIESSE, *La Création des identités nationales. Europe XVIIIe-XXe siècle*, Seuil, Paris, 1999 ; Suzanne CITRON, *Le Mythe national. L'histoire de France en question*, Éditions ouvrières, Paris, 1987 ; Eric HOBSBAWM, *Nations and Nationalism since 1870. Program, Myth, Reality*, Cambridge University Press, Cambridge, 1990 ; Ernest GELLNER, *Nations et nationalisme*, Payot, Paris, 1989 ; Benedict ANDERSON, *L'Imaginaire national. Réflexions sur l'origine et l'essor du nationalisme*, La Découverte, Paris, 1996.

milieu. Il désignait donc jusqu'à la Révolution française la province dont un homme était issu (breton, provençal, bourguignon, etc.) et dont le nom faisait référence à une caractéristique ethnique (souvent un parler local), au patronyme d'une ancienne tribu ayant envahi la province ou à d'anciennes familles féodales ayant acquis la domination sur la province.

Le paradoxe que l'on peut déceler ici est que l'emploi moderne du mot nation, au sens de peuple souverain et maître de sa destinée, conserve la force de la mystique, de la morale contraignante et forte, que l'on attribue en général à la croyance et l'identité religieuses. L'origine du mot était en revanche beaucoup plus neutre. Une nation au sens de « province » avait certes la fierté des caractéristiques de son terroir, y compris sa couleur religieuse ; mais elle n'était pas un critère totalisant et englobant d'identité, comme le seront les nations du XXe siècle. Le XIXe siècle européen a d'ailleurs été caractérisé par ce que les historiens appelaient le « mouvement des nationalités » : les révolutions de 1830 et de 1848 en Europe constituèrent un « printemps des peuples » ; la réalisation de l'unité allemande puis celle de l'Italie ouvraient la voie au « réveil des nationalités » dans le reste de l'Europe, mais aussi dans sa périphérie [4]. Et dans le même temps, la conception quasi mystique du « corps » souverain de la nation fait naître un peu partout le « problème des minorités » : ceux qui ne parlent pas la même langue ou ne pratiquent pas la même religion à l'intérieur d'une « nation » sont ainsi transformés en un « corps » étranger, une « minorité » regardée avec suspicion [5].

Comment s'est opéré en Europe le passage du sens provincial du mot latin à celui de la nation souveraine incarnant de façon romantique l'esprit d'un « peuple », décrit au XIXe siècle par les historiens et philosophes allemands, puis français — en particulier Jules Michelet ? La notion de peuple a pris elle-même plusieurs sens différents au cours de l'histoire, dont il est utile d'esquisser à grands traits l'évolution.

---

4 Voir à ce sujet le bel ouvrage de Georges WEIL, *L'Europe du XIXe siècle et l'idée de nationalité*, Albin Michel, Paris, 1938. Et aussi : René JOHANNET, *Le Principe des nationalités*, Nouvelle Librairie nationale, Paris, 1923 ; Yves SANTAMARIA et Brigitte WACHE, *Du printemps des peuples à la Société des Nations. Nations, nationalités et nationalismes en Europe, 1850-1920*, La Découverte, Paris, 1996.

5 Nous avons décrit ce processus dans deux de nos ouvrages, *Histoire du pluralisme religieux* et *L'Europe et l'Orient*.

L'organisation de l'identité : du culte des ancêtres au nationalisme moderne

Très imprégnés de plus de 2 000 ans de monothéisme, face auxquels les deux derniers siècles de laïcité ne pèsent pas lourd, nous oublions facilement que l'identité des groupes humains a été structurée par le culte des ancêtres. L'organisation de l'identité et du système de pouvoir qui l'accompagne s'est traduite par la solidarité tribale et le lignage, ou par la coexistence de plusieurs familles élargies et sédentarisées dans un cadre urbain (la « famille agnatique »). La matrice première de l'identité est donc moins la religion, phénomène intellectuellement construit et sophistiqué, que l'origine partagée d'un ancêtre commun. Celui-ci, avec le temps qui passe et la descendance qui s'agrandit, se voit auréolé des actions les plus glorieuses, qui finissent par prendre un caractère mythique. Il est d'ailleurs parfaitement logique que ce lien, celui qui nous unit à nos parents et à la chaîne de nos aïeux, soit la matrice première de l'identité. Dans de très vastes parties de l'humanité, le culte des ancêtres, sous des formes diverses selon les continents, a longtemps été le seul critère d'identité [6]. Ce système identitaire servait d'appui à l'autorité des anciens, du chef de la tribu ou d'une assemblée des anciens et des chefs, au fur et à mesure que se créaient des alliances permettant des groupements plus larges, nomades ou sédentaires. C'est vraisemblablement aussi à partir du culte des ancêtres que se sont développées ce que nous avons pris l'habitude d'appeler les « religions païennes », où la pluralité des dieux reflétait la pluralité des ancêtres.

Les progrès et la sophistication de l'organisation sociale, qui accompagnent l'élargissement des entités politiques dans l'Antiquité, amèneront des changements majeurs dans le fonctionnement des religions anciennes. Les dieux de différentes tribus, de différents lieux seront englobés dans des cosmogonies plus larges, évoluant vers la conception d'un dieu unique. Cela se passera notamment en Égypte et en Mésopotamie, préparant la venue des monothéismes juif puis chrétien, qui fusionneront plusieurs conceptions philosophiques et religieuses. Sigmund Freud, dans

---

6 Sur ce point, on pourra se reporter aux très belles pages du célèbre historien Numa-Denys Fustel de Coulanges, *La Cité antique*, Librairie Hachette et Cie, Paris, 1866. On rappellera aussi l'importance du culte des ancêtres, non seulement en Mésopotamie ou en Grèce et à Rome, mais aussi en Extrême-Orient, notamment en Chine et au Japon.

Moïse et le monothéisme, ira même jusqu'à faire de Moïse un Égyptien qui tenta de perpétuer la conception du dieu unique universel dont le pharaon Akhenaton s'était fait le champion. C'était élargir la base d'origine du judaïsme, considéré certes comme ancêtre du monothéisme, mais d'un monothéisme resté fixé sur un lignage particulier, celui des tribus d'Israël, peuple de Yahvé.

En réalité, c'est bien dans l'Ancien Testament que nous trouvons l'archétype d'un dieu attaché à un peuple qu'il a choisi. Les notions clés d'« élection » divine et de Révélation se perpétueront sous les formes les plus diverses, y compris les formes athées du racisme (sur lesquelles nous reviendrons), et dans les idéologies des nationalismes modernes, si laïcisées qu'elles aient été. À travers l'histoire d'Israël, c'est tout un système d'explication de la gloire et des vicissitudes d'un peuple-tribu qui se met en place avec l'idée de transcendance divine, l'organisation du monde et de son histoire, en lieu et place des mythologies païennes. Unique et universel, a-t-on pris l'habitude de dire lorsque l'on parle du destin juif dans l'histoire.

Le christianisme perpétuera cette idée de sainteté d'un peuple par sa religion. C'est ainsi que saint Pierre écrit dans sa Première Épître (I-9) : « Vous chrétiens, vous êtes une race élue, un sacerdoce royal, une nation sainte, un peuple que Dieu s'est formé, afin que vous annonciez les vertus de celui qui vous a appelé des ténèbres à une admirable lumière. »

L'islam ne sera pas en reste. En effet, l'Occident chrétien, tout comme le judaïsme, oublie souvent que l'islam est un monothéisme pur et dur, une religion révélée qui se réclame d'un ancêtre commun avec le judaïsme et le christianisme, Abraham. L'islam a une mission pour l'humanité entière ; le Coran est certes révélé en langue arabe et il a choisi comme sceau des prophètes un Arabe, mais sa parole est adressée à l'ensemble de l'humanité par l'intermédiaire de ce peuple arabe. Bien plus, l'islam affirme réconcilier les différences théologiques qui ont pu séparer Juifs et chrétiens, mais aussi les chrétiens entre eux, sur les différentes natures du Christ. Tout comme le christianisme, l'islam a entendu briser les liens tribaux et ethniques pour affirmer l'universalité d'une foi et l'unicité d'un idéal.

Il est intéressant ici de s'interroger sur le passage, dans notre culture, du concept de tribu à celui de peuple. Si l'histoire d'Israël est bien à l'origine une histoire de tribus, elle devient celle d'un peuple lorsque ces dernières s'unissent, trouvent un chef historique et se fixent en Terre promise, sur le commandement divin, et que leur vie s'organise désormais autour du Temple. D'où vraisemblablement l'aura implicite de sacré lorsque nous employons le mot « peuple ». Pourtant, ce qui distingue un peuple d'une tribu n'a pas de lien avec la religion. C'est la sédentarisation et l'urbanisation qui créent les peuples ; ces derniers sont façonnés autant par le milieu géographique que par l'unification linguistique qui permet le développement d'une culture commune.

Le nationalisme moderne puisera inconsciemment dans l'archétype biblique. Les principes révolutionnaires français qui fixent la souveraineté, autrefois réservée à Dieu et au suzerain gouvernant en son nom, mais aussi la philosophie allemande qui sacralise l'« esprit » d'un peuple, ont contribué à cette ambiguïté dans l'usage du mot peuple. Hegel contribuera aussi à cette sacralisation, en écrivant : « Dans l'histoire, l'Esprit est un individu d'une nature à la fois universelle et déterminée : un peuple [7]. » Dans l'Europe du mouvement des nationalités, les peuples redeviennent en quelque sorte des tribus à vocation transcendante : ils ont une âme, sont porteurs de mission et de Révélation, sont guidés par les plus nobles idéaux. Le peuple qui s'accomplit en « nation » et jouit de sa pleine souveraineté, qui parachève ses conquêtes et fixe ses frontières historiques, est à l'image d'Israël qui, après une longue histoire de tourments, trouve la Terre promise et s'épanouit, avant de connaître d'autres vicissitudes.

Aussi le mot peuple garde-t-il jusqu'à aujourd'hui un fort potentiel émotionnel, hérité de l'archétype biblique que la laïcité moderne n'a pas vraiment vaincu ; elle l'a plutôt transposé dans un registre laïque, tout en en adoptant la transcendance intolérante qui s'attache à la Révélation et à la notion d'élection propres à l'Ancien Testament. En ce sens, la notion de peuple garde des affinités fortes avec celle de tribu, où dominent la solidarité organique des liens de sang et la prégnance de la généalogie. Aussi, les nationalismes modernes se sont-ils inventé des ancêtres loin dans l'histoire et un lignage qui serait resté pur de tout mélange avec d'autres tribus ou, au mieux, qui aurait totalement absorbé et dissous les apports étrangers dans la personnalité unique et spécifique d'une généalogie prestigieuse.

---

7 Friedrich HEGEL, *La Raison dans l'Histoire*, 10/18, Paris, 1955, p. 80.

C'est pourquoi aussi demeure jusqu'à aujourd'hui cette ambiguïté si forte sur la notion de « peuple juif ». Les Juifs continuent souvent d'être considérés (et de se considérer eux-mêmes) comme un seul peuple au sens ethnique du terme, malgré l'insertion millénaire des communautés juives dans des terreaux ethniques et culturels aussi différents que ceux des civilisations slave, germanique, française ou anglo-saxonne, arabe ou berbère ; malgré l'égalité des droits qui se répand en Europe à partir du XVIIIe siècle, les innombrables mariages avec des croyants d'autres religions, la participation à la création littéraire et artistique des différentes cultures auxquels ils appartiennent, voire à la vie politique des pays où ils sont enracinés ; malgré aussi les influences philosophiques réciproques entre judaïsme, christianisme et islam tout au long de l'histoire. Ils ne sont pas vus, le plus souvent, comme une simple communauté religieuse à l'instar des catholiques, des protestants ou des musulmans et de leurs différentes confessions (sunnite, chiite, alaouite, ismaéliens, etc.), mais comme un groupe caractérisé par une religion nationale spécifique, qui en ferait dans chaque société un groupe distinct, voire un « peuple » ou une « nation » à part. Le poids de l'Ancien Testament et de ses archétypes reste ici écrasant, quel que soit le degré de laïcité ou de sécularisation de nos sociétés.

Comme nous l'avons rappelé, Hannah Arendt a bien montré que l'antisémitisme moderne est issu du mouvement des nationalités européennes[8], et seule cette prégnance paradoxale de l'archétype biblique dans l'inconscient religieux chrétien de la construction identitaire nationaliste en Occident peut expliquer la virulence de l'antisémitisme moderne en Russie et en Europe. D'ailleurs, malgré son exceptionnelle lucidité, Arendt emploie aussi l'expression de « peuple juif », qu'elle ne considère que dans sa composante européenne, avec la dichotomie qui lui est spécifique entre « Juifs de cœur » jouissant de privilèges (puis Juifs bourgeois « assimilés »), d'un côté, et « Juifs du ghetto », gardiens de la tradition du peuple juif antique, de l'autre. Elle ignore, ce faisant, les nombreuses communautés juives paysannes ou urbaines, de souche arabe ou berbère, au Yémen et en Afrique du Nord, sans parler des communautés juives urbaines des Balkans, d'Irak, de Syrie ou d'autres villes du Levant, plongeant des racines millénaires ou séculaires dans le

8 Hannah Arendt, *Sur l'antisémitisme*, *op. cit.*

terreau ethnique de ces sociétés et ayant longtemps vécu — tout comme les communautés arabes chrétiennes — à l'abri du régime islamique des *millet*, qui reconnaissait la légitimité de l'existence de ces communautés.

On ne peut donc aujourd'hui considérer le judaïsme exclusivement comme une réalité ethnico-nationale « à l'européenne » — ni projeter l'expérience dramatique des communautés juives d'Europe sur l'ensemble des adeptes de cette religion. La réflexion mérite ici une ouverture plus large, qui doit être inscrite dans une critique des notions de nation, d'ethnie et de civilisation, ainsi que de celle de race, forgées par la culture européenne du XIXe siècle et qui perdurent aujourd'hui dans le concept très postmoderne de « civilisation judéo-chrétienne [9] ». C'est l'expérience historique spécifique à l'Europe seule qui a créé une « question juive » qui n'est pas pertinente pour les nombreuses communautés juives non européennes, qu'il s'agisse de celles du continent américain (nord et sud) ou d'Australie, ou de celles dites « sépharades » — terme désignant de nos jours aussi bien celles établies de très longue date en Afrique du Nord et au Moyen-Orient, que celles qui y ont trouvé refuge, ainsi que dans les Balkans, après l'expulsion des Juifs d'Espagne en 1492. Cette « question juive », on le voit, est étroitement liée à la formation des nationalismes européens et au jeu complexe entretenu par les idéologies nationales européennes entre racines ethniques et racines religieuses, voire raciales (Aryens et Sémites). Le regard d'abord religieux, puis nationaliste, posé en Europe sur la judéité, jusqu'à récemment, a entraîné ce double mouvement d'exclusion/assimilation de l'Autre « inquiétant » ; aujourd'hui, l'identité musulmane devient, au regard occidental, cet Autre envers lequel se manifeste ce même mouvement paradoxal.

Ce sont les nationalismes européens, en effet, qui ont établi la règle de la construction identitaire, laquelle se bâtit, aussi bien au niveau individuel que collectif, sur une image de soi positive et narcissique et une image de l'Autre négative. Mais il est curieux que le XIXe siècle et

9 On rappellera que l'Occident était désigné, il y a quelques décennies encore, par ses racines gréco-romaines et non point par son « judéo-christianisme » (ce terme ne servait qu'à désigner les premières sectes chrétiennes des deux premiers siècles de l'ère chrétienne, lorsqu'il était encore difficile de séparer les communautés chrétiennes des différentes sectes juives). Dans le sillage de la pensée de Leo Strauss, George Steiner, dans le texte de la conférence que nous avons cité en introduction, considère les racines européennes comme étant helléniques et hébraïques, la fondation romaine disparaissant de l'héritage.

la plus grande partie du XXᵉ siècle, époques qui connaissent l'épanouissement de la sociologie européenne, n'aient pas vu la désuétude du concept de peuple et n'aient pas adopté de façon généralisée celui de société. Car l'accomplissement de la nation est moins celui d'un peuple au sens quasi religieux et sacré du terme, que celui d'une société qui crée un système politique englobant, une *politeia*, cité élargie incluant les éléments sociaux disparates, marginaux ou hétérogènes — c'est bien ce qu'avaient fait les Grecs, puis les Romains.

Mais lorsque l'on passe, dans la culture européenne, de la notion de peuple avec toutes ses connotations bibliques à celle de « cité », la notion grecque de *politeia* va s'effacer, sous l'influence notamment de la pensée de saint Augustin, qui allait marquer profondément l'histoire de la chrétienté. Pour Augustin (354-430), la cité des hommes doit savoir qu'elle ne peut accomplir la cité de Dieu, mais qu'elle doit s'en rapprocher autant que possible et être gouvernée par les enseignements de la Révélation. C'est bien cette conception qui permettra l'affirmation, sur les décombres de l'Empire romain, d'une méga-identité à vocation universelle : la chrétienté. Celle-ci aura bientôt une sœur jumelle, l'islam, cependant que le judaïsme, dispersé et encerclé, ne sera maintenu dans la « cité chrétienne » que comme « peuple témoin » de l'avènement du christianisme qui « sauve l'humanité [10] ». Le protestantisme, notamment l'œuvre de Calvin et son expérience genevoise, vivifiera à nouveau le sentiment du sacré dans la vocation de la cité. Il faudra attendre la Révolution française pour que la notion de cité prenne sa coloration moderne qui donne naissance au terme de « citoyenneté », dont les sources d'inspiration sont la cité grecque antique.

L'importance des lieux de la mémoire religieuse

L'histoire de l'Europe a connu de longues périodes d'intensité religieuse et — on y reviendra dans le chapitre suivant — de violences religieuses exceptionnelles dont on trouve peu

---

10 « Aussi rien n'est plus fort pour convaincre les contradicteurs et les amener à nous s'ils ont quelque rectitude d'intelligence, que de présenter les prédictions divines sur le Christ qui sont écrites dans les livres des Juifs. Car ceux-ci, arrachés à leur patrie et dispersés par toute la terre pour rendre ce témoignage, contribuent à la propagation universelle de l'Église » (AUGUSTIN, *La Cité de Dieu*, Livre XLVII, Seuil, Paris, 1994, tome 3, p. 77).

d'exemples dans d'autres civilisations. Ce sont peut-être ces « lieux de mémoire » enfouis qui redeviennent aujourd'hui actifs, du fait de la dévalorisation du patrimoine révolutionnaire et humaniste forgé par la Révolution française et le siècle des Lumières, devenus aux dires de certains des lieux de mémoire « froide ».

Il y a d'abord la construction de la « chrétienté » européenne, qui commence avec Charlemagne au IXe siècle, accompagnée par l'affirmation de la souveraineté papale. Viennent ensuite les croisades, les invasions normandes, puis la *Reconquista* espagnole, qui chasse du sud de l'Europe les communautés musulmanes qui y étaient installées depuis des siècles. Enfin, le long siècle des guerres de religion (1517-1648), puis la Réforme et la Contre-Réforme, mais aussi la révolution anglaise (1640-1660) — véritables révolutions religieuses aux aspects multiples et sur lesquels nous reviendrons — bouleversent le visage de l'Europe et préparent le terrain au siècle des Lumières et à la Révolution française. Cette dernière ne saurait donc être appréhendée, ainsi que le font François Furet et ses disciples, comme un événement *sui generis* qui ne serait lié à aucun contexte historique plus large. Comme le rappelle de façon pertinente à propos de l'avènement du nazisme l'historien allemand Thomas Nipperdey, tout événement historique est en même temps le fruit de continuités et de discontinuités [11] ; et comme le montre avec talent Tedda Skocpol, aucune révolution n'est le fruit d'évolutions exclusivement endogènes, quels que soient le génie ou la personnalité exceptionnelle de ses acteurs principaux [12].

La conquête du Nouveau Monde n'est évidemment pas sans rapport avec ces révolutions religieuses. Elle résulte d'une croyance fortement répandue qu'au-delà de l'Océan se situe une nouvelle « Terre promise » pour la chrétienté, qui deviendra d'ailleurs une terre d'élection pour différentes Églises protestantes fuyant l'Europe en proie aux violences religieuses. « Pour beaucoup d'Européens, explique Richard Wentz, historien de la vie religieuse aux États-Unis, la Réforme comblait leurs espoirs précoces d'une terre promise aux saints. La redécouverte de l'Amérique à la fin du XVe siècle a été intimement liée à l'élan pris par la Réforme, qui

---

11 Thomas NIPPERDEY, *Réflexions sur l'histoire allemande*, Gallimard, Paris, 1992, pp. 266-295 (« 1933 et la continuité de l'histoire allemande »).

12 Tedda SKOCPOL, *État et révolutions sociales. La révolution en France, en Russie et en Chine*, Fayard, Paris, 1985.

débuta plus de vingt ans plus tard. L'une et l'autre — la découverte de l'Amérique et la Réforme — annonçaient l'avènement du renouvellement du monde : il allait se passer quelque chose de grandiose. Une nouvelle histoire commençait, une histoire sacrée. Un paradis terrestre avait été découvert de l'autre côté de l'horizon ouest, là où le chemin du soleil faisait signe aux colons : selon plusieurs penseurs anglais, la religion et la culture allaient toujours de l'Est vers l'Ouest. L'Amérique a été longtemps dissimulée aux Européens, jusqu'à ce que survienne le temps de la Réforme. Aujourd'hui, l'Amérique évoque un foyer, un lieu de ravissement, où l'Église complétera sa réforme et son œuvre de perfection [13]. »

Michel Howard, historien de la guerre, montre bien aussi comment la conquête de l'Amérique a cristallisé le mélange entre protestantisme, patriotisme et pillage, qui « deviennent pratiquement synonymes » : la petite noblesse, perdant son train de vie du fait du droit d'aînesse, était poussée vers le protestantisme, vers la mer et l'émigration, ou vers les activités de corsaires qui s'attaquaient aux monopoles de commerce maritime fondés sur l'autorité du pape [14]. Ce que confirme un autre historien du XVIe siècle, Jean-Michel Sallmann, qui rappelle le mot du navigateur portugais Vasco de Gama arrivant aux Indes en 1498 et déclarant qu'il venait chercher « des chrétiens et des épices » : « Les Portugais et les Espagnols ne dissocièrent jamais ces deux aspects de ce qu'ils considéraient comme une mission providentielle : la conquête des marchés mondiaux et la conquête des âmes par l'évangélisation, à la fois préalable à leur domination politique et son aboutissement. La propagation du catholicisme affirmée avec des intonations messianiques par la monarchie portugaise — le roi Sébastien ne se considérait-il pas comme le "capitaine de Dieu" ? —, plus encore par la monarchie catholique sous Philippe II et ses successeurs, constituait la raison d'être de la politique étrangère des États ibériques, les principaux protagonistes de cette histoire [15]. » Quelques siècles plus tôt, les croisades ont constitué un phénomène similaire dans le cadre du développement de l'autorité papale et des rapports entre musulmans et chrétiens.

---

13 Richard E. WENTZ, *American Religious Traditions. The Shaping of Religion in the United States*, *op. cit.*, p. 48.

14 Michel HOWARD, *La Guerre dans l'histoire de l'Occident*, Fayard, Paris, 1998, pp. 51-52.

15 Jean-Michel SALLMANN, *Géopolitique du XVIe siècle. 1490-1618*, Seuil, Paris, 2003, p. 334.

Nous avons oublié d'ailleurs aujourd'hui que la notion d'Occident, qui marque si fortement notre XXIe siècle politique et continue d'être un moteur puissant d'hostilité géopolitique, remonte à la cassure entre Église d'Orient byzantine et Église d'Occident. Comme l'écrit Jacques Le Goff : « Là est la grande césure que le Moyen Âge a livrée, aggravée depuis l'Empire romain, entre une Europe de l'Est et une Europe de l'Ouest, césure linguistique, religieuse, politique. Le caractère "occidental" de l'Europe chrétienne latine qui est à l'origine de l'Europe actuelle a été encore accentué par une théorie de certains intellectuels chrétiens aux XIIe et XIIIe siècles. C'est l'idée d'un transfert du pouvoir et de la civilisation, de l'est vers l'ouest — *translatio imperii, translatio studii* —, qui souligne le transfert du pouvoir de l'Empire byzantin à l'Empire germanique, et celui du savoir d'Athènes et de Rome à Paris. Cette marche vers l'ouest de la civilisation a certainement contribué à l'idée d'une suprématie de la culture européenne occidentale chez beaucoup d'Européens des siècles suivants [16]. »

On peut aussi estimer, avec l'historien des croisades Jean Flori [17], que celles-ci seront un « creuset d'idéologies », celle de la théocratie qu'entend établir l'Église, celle de la chevalerie, celle de la guerre sainte, mais aussi celle de l'Occident chrétien excluant autant les Turcs que les Grecs et tout le christianisme oriental, intégrant tous les peuples divers de l'Europe chrétienne, en dépit des antipathies et spécificités provinciales, dans la méga-identité Occident. De son côté, Kurt Flasch, spécialiste de la philosophie médiévale, ramène la cassure entre l'Église d'Orient et celle d'Occident à une « rationalité carolingienne face au culte byzantin des images [18] ». Il s'agit là d'une affirmation outrancière quand on connaît l'importance des images religieuses dans la chrétienté occidentale (et surtout dans le développement de l'art pictural) et les querelles qui auront lieu à leur propos, plusieurs siècles après, avec différentes Églises protestantes qui veulent les proscrire. En fait, il s'agit d'établir les frontières imaginaires d'une spécificité et d'une exceptionnalité du génie de l'Occident qui remonteraient très tôt dans l'histoire.

---

16 Jacques LE GOFF, *L'Europe est-elle née au Moyen Âge ?*, Seuil, Paris, 2003, p. 15.

17 Jean FLORI, *La Première Croisade. L'Occident chrétien contre l'islam (aux origines des idéologies occidentales)*, Complexe, Bruxelles, 1992, pp. 231-241.

18 Kurt FLASCH, *Introduction à la philosophie médiévale*, Flammarion, Paris, 1992, p. 14.

Le rôle ambivalent du monothéisme dans la formation de l'Occident

Dans notre effort pour saisir la conscience identitaire du XXIe siècle et en faire la généalogie, il est utile à ce stade d'élargir la réflexion à l'influence de la religion sur les systèmes de pouvoir et de structuration de l'identité. Là encore, le rôle du monothéisme forge une spécificité occidentale.

En effet, la méga-identité à base religieuse n'est pas une nouveauté dans le monde méditerranéen. C'est toutefois le monothéisme qui lui donnera un caractère particulièrement intolérant et englobant, à la différence des méga-systèmes de pouvoir que furent les grands empires mésopotamiens ou l'Empire romain. Ces derniers n'étaient pas structurés sur une idéologie identitaire religieuse, sinon très marginalement. Comme nous l'avons évoqué en introduction, le monothéisme, à la différence du paganisme, introduit un élément fort de rigidité dans la construction identitaire, sitôt qu'il devient religion d'État.

En contraste, on peut évoquer les grands enseignements religieux dans le continent indien et en Extrême-Orient, qui sont éthiques, mystiques et organisateurs de la société, tels le confucianisme et le taoïsme ou les bouddhismes et le védisme, mais qui circulent librement entre les tribus, les peuples, les empires. Ils se mélangent dans des alliages divers, sont dissous, puis reconstitués différemment quelques siècles plus tard avec d'autant plus de facilité que la notion de Dieu unique fixé sur un peuple n'existe pas dans ces continents. Seuls les Chinois et les Japonais auront des empereurs parlant au nom du Ciel, conçu comme puissance divine ordonnatrice du monde, sans que cela implique les notions de salut et de Révélation propres au monothéisme.

Dans le monde monothéiste, après le modèle du royaume biblique d'Israël où religion, pouvoir et sainteté sont étroitement confondus, le christianisme triomphant — et à sa suite l'islam — installe la religion au cœur du système identitaire de l'homme, repoussant les origines ancestrales, et donc ethniques, à un niveau inférieur de la conscience de soi. Progressivement, le système de pouvoir qui organise et contrôle l'identité s'appuie de plus en plus sur la religion, donnant naissance à l'Empire byzantin, au Saint-Empire romain germanique, au système du califat musulman. Si l'Empire byzantin conserve sa forte coloration ethnique et culturelle grecque, le Saint-Empire romain germanique donnera à l'Europe, même après sa disparition, un caractère multiethnique et multiculturel qui ne commencera à s'effacer qu'avec les guerres de religion entre catholiques et protestants et la montée des monarchies centralisées et unificatrices. Le latin sera longtemps la langue savante de l'Europe, jusqu'à l'affirmation des langues nationales, et le français deviendra la langue de l'Europe cosmopolite et raffinée [19] jusqu'à ce que la langue anglaise s'impose au XXe siècle comme langue internationale et scientifique.

On ne s'étonnera pas de trouver un système similaire dans l'islam, où la langue arabe enrichie d'apports grecs, persans et syriaques devient la haute langue de culture des peuples conquis et convertis. Tout comme le christianisme qui, en déclarant qu'il n'y avait plus de frontières entre Juifs et gentils ou Grecs et barbares, posait les premiers canons d'universalité, l'islam abolit lui aussi dans la parole coranique la différence entre Arabes et non-Arabes, décrétant l'égalité de tous les hommes et leurs mérites égaux auprès de Dieu dans le respect de la Révélation.

L'Europe des nations modernes au XIXe siècle semble faire tomber toute idéologie politique fondée sur une méga-identité. L'Empire des Habsbourg ou le sultanat ottoman, qui gouvernent encore des peuples divers, ethniquement et linguistiquement différents, apparaissent désuets avec leur système de légitimité à base de religion et de fidélité à une dynastie, un monarque père de ses peuples. Au lendemain de la Première Guerre mondiale, la Société des Nations (SDN), magnifique appellation, est établie [20]. À l'issue de la Seconde Guerre mondiale, c'est l'Organisation des Nations unies (ONU), appellation tout aussi significative, qui est créée. Le monde est désormais uniquement composé d'États représentant des nations souveraines ou appelées à le devenir ; signe de leur haut degré de

---

19 Voir Louis RÉAU, *L'Europe française au siècle des Lumières*, Albin Michel, Paris, 1951.

20 Le concept de « société des nations » est directement inspiré par l'œuvre de Kant : dans un écrit paru en 1784 sous le titre « Idée d'une histoire universelle au point de vue cosmopolitique », il avait préconisé la constitution d'une société des nations qui, « après bien des ruines, bien des naufrages, après même un épuisement intérieur radical de leur force, pousse les États à faire ce que la raison aurait aussi bien pu leur apprendre sans qu'il leur en coûtât d'aussi tristes épreuves, c'est-à-dire sortir de l'état anarchique de sauvagerie, pour entrer dans une *société des nations* » (voir Emmanuel KANT, *Opuscules sur l'histoire*, Flammarion, Paris, 1990, p. 79).

civilisation, elles forment entre elles une « société », puis organisent un système de représentation manifestant leur union et leur solidarité après les nouvelles boucheries de la Seconde Guerre mondiale.

Mais la nostalgie de la méga-identité qui a dominé l'Europe pendant plusieurs siècles, n'avait pas vraiment disparu avec l'ère des nationalismes au XIXe siècle. Déguisée en prétention scientifique, elle avait conduit, par le développement des théories sur l'identification et le classement des races humaines, à la tentative de fonder à nouveau une supra-identité sur les décombres de la chrétienté européenne, irrémédiablement déchirée par la Réforme et la Contre-Réforme et les ravages des guerres de religion. La division du monde entre Aryens et Sémites [21] ainsi que la théorie de Darwin sur l'évolution furent utilisées pour développer la conscience d'une supériorité de la race blanche et de la civilisation européenne. Dans la perception du monde divisé entre Aryens et Sémites, la linguistique servit de socle au racisme qui s'installait dans la culture européenne : ceux-ci seraient dynamiques, créateurs, artistes, porteurs de civilisation ; ceux-là seraient marqués par leurs origines bédouines et tribales, par le monde du désert dont ils étaient issus et sur lequel rien ne peut être bâti. La présence des Juifs en Europe aryenne fut ainsi considérée par tous ceux qui se laissaient prendre à cette mythologie fantaisiste comme une espèce de tare à combattre, ce qui donna naissance aux formes diverses d'antisémitisme moderne, dont le nazisme constituera la forme la plus extrême.

Si l'idéologie de la race comme matrice identitaire servant à construire une méga-identité mythique perd relativement sa force avec la disparition de l'Allemagne hitlérienne, en revanche, on assiste après la fin de la Seconde Guerre mondiale à un investissement politique majeur dans la construction d'une autre méga-identité, similaire dans son fonctionnement. Il s'agit du concept politique et militaire d'Occident, non plus comme simple idéologie méga-identitaire, mais comme un système de pouvoir avec ses institutions supranationales, telles l'Organisation du Traité de l'Atlantique Nord (OTAN) et l'Organisation de la coopération et du développement économique (OCDE), qui donnent corps à une

21 On rappellera ici la très belle description de l'émergence de cette division du monde par Maurice OLENDER, *Les Langues du paradis. Aryens et Sémites, un couple providentiel*, Seuil, Paris, 1989.

« Alliance atlantique » entre les États-Unis et l'Europe, instituant une communauté de destin des sociétés libérales et démocratiques pour faire face au danger totalitaire incarné par l'URSS, après l'effondrement du nazisme.

Certes, le concept d'Occident, tout à la fois identitaire et culturel, n'est pas nouveau. Nous avons vu que nous pouvons le faire remonter à la fracture de l'Empire romain, tout comme à celle de l'Église, entre Église d'Orient et Église d'Occident. Toutefois, la conscience répandue d'une identité occidentale nous vient surtout de la pensée philosophique et sociologique allemande, mais aussi des réflexions de la philosophie des Lumières, en particulier celle de Montesquieu « sur les causes de la grandeur et de la décadence des Romains ». Devenue puissante et dynamique, la culture européenne, qui découvre son nouveau génie et philosophe sur l'histoire du monde, sait que les grandes civilisations sont périssables et que la puissance politique et économique peut être éphémère. D'où ces frissons de crainte sur la décadence qui guetterait la civilisation occidentale, devenue trop raffinée et affadie par la généralisation de l'urbanisation et l'affaiblissement des terroirs paysans, réservoirs d'énergie et de puissance.

C'est le cri d'alarme que jette en 1916 le philosophe allemand Oswald Spengler (1880-1936), dans un magnifique ouvrage d'érudition au titre évocateur, *Le Déclin de l'Occident* : l'Occident, méga-identité mythique par excellence, ne sera-t-il pas abattu, tout comme l'Empire romain, au sommet de sa gloire et de sa puissance par des hordes barbares, surgies d'un horizon qu'il aurait cessé de surveiller ?

La peur des barbares fut longtemps celle de la race jaune — le « péril jaune », disait-on alors. Elle sera plus tard celle du bolchevisme russe, qui servit si bien de prétexte au nazisme et que le président américain Ronald Reagan désignera comme l'« empire du mal ». La « subversion communiste », après la chute de l'Union soviétique, ayant cessé d'être une menace et un épouvantail qui maintiennent la solidarité atlantique, c'est l'« islam » qui est ensuite devenu le barbare menaçant pour l'Amérique de George W. Bush, après les attentats du 11 septembre 2001 aux États-Unis — nous y reviendrons.

Le concept d'une méga-identité « Occident », avec ses valeurs dites démocratiques et individualistes, le sentiment profond d'une supériorité absolue sur le reste de l'humanité, est bien l'héritier de diverses traditions, mais plus spécifiquement celle, peut-être inconsciente, de la supériorité de la chrétienté et des traditions dites « judéo-chrétiennes » — mises aujourd'hui à toutes les sauces historiques, philosophiques et politiques —, sans oublier les anciens délires sur la supériorité de la race aryenne, qui ne sont pas si loin de nous dans le temps. À l'heure où les nations européennes donnent à certains l'impression de chercher à s'auto-dissoudre dans l'Europe du marché et de la monnaie uniques, à l'heure où les États-Unis ont définitivement oublié la doctrine de Monroe et l'isolationnisme pour s'affirmer plus que jamais république impériale, il est normal d'assister au spectacle paradoxal de vieilles micro-identités qui se refusent à mourir, tels les Basques ou les Corses. Cependant que l'identité individuelle et collective, en Europe, privée du référent national, ne peut que se raccrocher à la nébuleuse identitaire qu'est l'Occident.

La disparition des nationalismes modernes laïques est donc loin d'avoir épuisé ses effets. En Europe, le vide politique créé par cette disparition est loin d'être remplacé par le discours libre-échangiste dont la bureaucratie de l'Union européenne et ses partisans dans les partis politiques des États membres se font les champions (les résultats des deux référendums français et hollandais en 2005 sur le projet de Constitution européenne en sont une preuve éclatante).

Revenant au nationalisme moderne, et continuant notre réflexion sur la formation des systèmes de construction identitaire, en ce début du XXIe siècle, il nous faut voir maintenant comment les idées nationales modernes ont circulé hors d'Europe.

Colonialisme et instrumentalisation des « minorités nationales » au Proche-Orient

Phénomène aux conséquences incalculables, le concept de nation sera employé par les puissances coloniales européennes pour désigner, dans un mélange ambigu du sens ancien et du sens moderne du terme, les sociétés qu'ils colonisent ou font entrer dans l'orbite de leur puissance. En pratique, le concept est employé indistinctement pour désigner des communautés religieuses, chrétiennes ou musulmanes. Ainsi, les récits des voyageurs en Orient, les rapports de diplomates européens en poste dans l'Empire ottoman n'hésitent pas à parler de la « nation maronite » ou de la « nation druze » au Liban, de la « nation orthodoxe » pour désigner les Grecs de l'Empire, de la nation kurde, berbère, etc. Ces « nations » sont, en même temps, qualifiées de minorités opprimées, que les puissances européennes se doivent de protéger.

Cette tradition a la vie dure. Elle se perpétuera sous différentes formes, y compris chez un aussi fin spécialiste du monde arabe que Maxime Rodinson, qui parlera des maronites ou autres groupes humains de cette région du monde comme des « quasi-nations [22] ». En 2003, un ambassadeur de France en poste à Beyrouth, rendant visite au patriarche de la communauté maronite, évoquait encore les « relations profondes qui lient la nation maronite au peuple français [23] » !

La protection des minorités deviendra ainsi une branche importante du droit international que forgent les puissances européennes et un instrument redoutable d'intervention d'une puissance dans les affaires des autres ; elle servira de base au droit d'intervention humanitaire qui s'est développé au cours du dernier demi-siècle. André Cahuet, un observateur attentif des affaires d'Orient et des rivalités européennes dans les Balkans au début du siècle passé, évoquant les « raisons d'humanité » mises en avant par la triple alliance anglo-franco-russe pour intervenir dans les affaires de l'Empire ottoman en Grèce, écrivait dès 1905 : « Dès qu'on se place sur le terrain de l'intervention, les considérations d'humanité peuvent, en effet, donner lieu à l'arbitraire le plus révoltant et servir les intérêts les moins respectables. Aussi les gouvernements européens ne sont-ils jamais intervenus dans les affaires d'Orient au

---

22 Maxime RODINSON, « Sociologie du monde musulman », *L'Année sociologique*, PUF, Paris, vol. 23, 1972 (article en partie consacré à un exposé critique de mon ouvrage *Histoire du pluralisme religieux*..., *op. cit.*, où le grand orientaliste disparu en 2004 me reprochait de n'avoir pas compris que l'Église maronite à laquelle je suis rattaché par la naissance est une « quasi-nation » et non une simple communauté religieuse, une Église, comme me l'avait enseigné la tradition familiale ; je continue, évidemment, d'être tout à fait en désaccord avec cette opinion).

23 Remarquons que le représentant de la France ne parle plus de « nation française », mais uniquement de « peuple », cependant que l'Église maronite continue d'être qualifiée de « nation », comme le faisaient les documents diplomatiques français depuis Louis XIV. Le mot « nation », tombé en désuétude dans le langage qu'un Européen applique aux sociétés européennes, est maintenu pour désigner une des composantes partielles de la société au Liban. Le diplomate français évoque aussi dans sa déclaration le fait que « les relations entre le président de la France et le chef de l'Église maronite d'Antioche ne se limitent pas au seul volet spirituel » (voir le texte de la déclaration dans le quotidien libanais *L'Orient-Le Jour*, 6 novembre 2003).

nom du seul principe d'humanité. D'autres causes diverses, meurtres de résidents étrangers ou assassinats de consuls, ont justifié l'action des puissances. Indirectement, les troubles intérieurs prolongés dans un pays, surtout lorsque ce pays est la Turquie, peuvent d'ailleurs causer un malaise général au point de vue économique en paralysant les relations commerciales et constituer un motif plausible d'intervention [24]. »

De plus, dans la vogue romantique des voyages d'Orient, on peut trouver aussi bien la nostalgie de l'Empire romain ou du génie des cités grecques à travers la visite des grands sites archéologiques témoignant de leur grandeur passée et à jamais disparue, que celle de la pureté des origines chrétiennes de l'Occident situées en Palestine, au Liban et en Syrie : Jérusalem, le lac de Tibériade, le mont des Oliviers, Antioche, les cèdres du Liban mentionnés dans l'Ancien Testament... On y retrouve les restes des chrétientés orientales, si longtemps effacées de la mémoire du christianisme occidental. Ces communautés seront alors totalement instrumentalisées par les politiques coloniales européennes, justifiant leurs interventions dans les affaires de l'Empire ottoman déclinant. Ces interventions n'auront d'ailleurs pour résultat que d'exposer dangereusement ces communautés dans un environnement musulman où, désormais, l'ordre des choses est à son tour ébranlé. La « passion » européenne pour les chrétiens dits d'Orient, plutôt que de servir de base à une réflexion philosophique, historique et théologique sur ce qui a provoqué les premiers schismes dans l'Église universelle, se transforme en intérêt très profane pour légitimer la course au démantèlement de l'Empire ottoman, voisin séculaire, ami ou ennemi familier de la chrétienté européenne et des États nationaux modernes — et pour préparer aussi l'effondrement de la monarchie austro-hongroise, condamnée par la montée des nationalismes modernes. Dans ces rivalités européennes, l'Angleterre fait jouer ses missionnaires protestants pour faire reculer l'influence française ou russe qui s'exerce en Orient, à travers les maronites du Liban ou les communautés grecques orthodoxes.

C'est ainsi que l'historien du Liban Adel Ismaïl, s'appuyant sur les archives diplomatiques françaises, a retracé l'exploitation pratiquée

---

24 André CAHUET, *La Question d'Orient dans l'histoire contemporaine, 1821-1905*, Dujarric et Cie, Paris, 1905.

par les puissances coloniales européennes des différentes allégeances religieuses en Orient[25]. L'influence française, à son apogée en Égypte, est provisoirement mise en échec au Liban et en Syrie par l'Angleterre qui, en 1840, réussit à obtenir l'évacuation du Liban des troupes égyptiennes entrées dans ce pays en 1830 à la demande de l'émir Béchir Chéhab, en défi à la présence tutélaire ottomane. Les raisons de l'intervention anglaise, outre le désir de faire reculer l'influence française en Égypte et au Liban, étaient nombreuses, l'une d'entre elles étant que le patriarche de la communauté maronite empêchait les missionnaires protestants de convertir les maronites et avait fait brûler des bibles protestantes publiquement. Cet exemple amena les grecs-orthodoxes, poussés par la Russie, à excommunier tout membre de la communauté qui laisserait ses enfants entre les mains des « biblistes ». Comme l'explique Adel Ismaïl, ces déconvenues britanniques en Orient amenèrent la diplomatie anglaise à concevoir le projet d'un retour des Juifs d'Europe en Palestine[26], puis, devant l'insuccès de ce projet, à tenter une alliance étroite avec la communauté druze qui n'avait pas de protecteur européen.

Cet épisode de la rivalité des puissances européennes en Orient montre bien l'instrumentalisation géopolitique éhontée qui est alors faite de la diversité religieuse du Proche-Orient par les puissances européennes, y compris le projet britannique de transférer les « huit millions d'Israélites européens » en Palestine pour y assurer l'influence du Royaume-Uni — projet que les horreurs du nazisme légitimeront un siècle plus tard, dans les conditions les plus dramatiques pour les rescapés du génocide des communautés juives en Europe.

---

25 Adel ISMAÏL, *Histoire du Liban du XVIIe siècle à nos jours*, tome IV, *Redressement et déclin du féodalisme libanais (1840-1861)*, s.e., Beyrouth, 1958.

26 « Lassés des obstacles de tout genre que leurs agents et missionnaires avaient rencontrés auprès des chrétiens, rebutés et découragés pour un éventuel rapprochement avec ceux-ci — leurs avances étant demeurées stériles —, les Anglais se tournèrent vers de nouveaux partis à protéger. Ils jetèrent leur dévolu sur les Juifs pour l'instauration du royaume d'Israël. Ce projet eut un commencement d'exécution et une commission présidée par le docteur Keith se rendit en Syrie, avec ordre de recueillir des renseignements sur l'état des Juifs en Palestine et la possibilité de ramener dans ce pays les Israélites disséminés à travers l'Europe. Et J. de Bertou, qui rapporta cette nouvelle à Thiers, alors président du Conseil, termina ainsi son rapport : "La Montagne affranchie par l'Angleterre. [...] La Palestine ouverte par l'Angleterre aux huit millions d'Israélites qui sont en Europe. [...] Tels sont les moyens par lesquels la Grande-Bretagne veut substituer son influence à celle dont nous jouissons ici" » (Adel ISMAÏL, *Histoire du Liban du XVIIe siècle à nos jours*, *op. cit.*, pp. 160-161).

Le résultat de ces interventions européennes en Orient sera catastrophique pour les chrétiens d'Orient. L'Asie Mineure, à la fin du XIXe siècle et au début du XXe siècle, sera progressivement vidée de son importante population chrétienne — grecque, arménienne, assyrienne, arabe chrétienne du sud de la Turquie, maronites du Liban — par les massacres, déplacements forcés de population ou émigration vers l'Europe et les États-Unis. Les importantes colonies de Levantins ayant fait souche depuis des siècles dans les grands ports de la Méditerranée depuis le temps des croisades et des capitulations, en particulier en Égypte, disparaîtront elles aussi progressivement dans le contexte des violences provoquées par les guerres de décolonisation et la malheureuse expédition franco-israélienne et britannique de Suez en 1956. La création de l'État d'Israël en 1948 a également entraîné le déclin très rapide des différentes communautés juives ethniquement d'origine arabe, berbère ou espagnole, enracinées dès l'origine des temps dans ces différents terroirs méditerranéens. Parallèlement, les musulmans des Balkans et de la Grèce quittent tout au long du XXe siècle leurs terroirs et leur nombre se réduit comme une peau de chagrin [27].

La circulation du nationalisme européen hors d'Europe

Autre phénomène remarquable, celui de la réception du concept de nation dans les élites des sociétés soumises à la domination européenne directe ou subissant intensément son influence culturelle et politique. Se voir qualifier de nation — au sens sacré, mystique et noble acquis par ce concept en Europe, sans parler de la puissance militaire qui y est alors associée — a provoqué de profondes mutations dans la conscience sociale et politique de ces élites. Nous y reviendrons souvent, car dans certaines parties du monde les effets du nationalisme classique à l'européenne sont loin d'être épuisés

---

27 Nous avons longuement décrit l'origine de tous ces drames dans notre ouvrage *L'Europe et l'Orient, op. cit.* Il serait peut-être temps aujourd'hui de cesser de dénoncer la seule responsabilité des gouvernements locaux de l'époque et de reconnaître celle des puissances européennes, pour qui ces minorités n'ont été qu'un instrument facile à manipuler dans leur rivalité échevelée, de nature coloniale, lors du démantèlement de l'Empire ottoman (cela est particulièrement vrai du génocide des Arméniens de Turquie entre 1905 et 1920).

aujourd'hui — et ils ne sont sans doute pas définitivement enterrés en Europe ou aux États-Unis, où le « retour du religieux » exprime dans une certaine mesure un retour. sous d'autres formes, du sentiment national.

Les différentes formes de nationalisme nées en Europe, de même que le marxisme, ont profondément pénétré les autres parties du monde. Partout ou presque, nationalisme, chauvinisme, xénophobie vont devenir des mélanges d'autant plus violents que la plupart de ces sociétés ont eu à subir une forme ou une autre de la domination européenne : les sociétés balkaniques, la Russie, le monde arabe, l'Iran, l'Afghanistan, l'Inde, la Chine et la péninsule indochinoise, le Japon, l'Indonésie, la Malaisie...

Les réactions les plus spectaculaires viendront de la Russie. Son occidentalisation, au sens culturel du terme, donnera à la littérature russe ce contenu enfiévré et tourmenté, une méditation métaphysique profonde à travers ses grands romans, en particulier ceux de Dostoïevski, qui expriment une « âme » russe marquée par l'attachement aux valeurs traditionnelles, la foi en Dieu, l'attachement aux institutions sociales historiques, devenues désuètes par rapport à l'évolution de l'Europe voisine. L'élite russe sera ainsi profondément divisée, tout au long du XIXe siècle, entre « slavophiles », soucieux de préserver la spécificité de la civilisation russe et d'éviter l'effet corrosif de la civilisation matérialiste européenne, et « occidentaux », partisans d'une européanisation-modernisation accélérée des institutions russes.

La Russie donnera ainsi naissance à un modèle de tension culturelle forte que l'on retrouvera par la suite à l'œuvre dans d'autres parties du monde, en Inde, chez les Japonais, les Chinois [28], les Arabes. En Russie comme ailleurs, ces tensions dégénèrent en déstabilisations politiques plus ou moins fortes ou continues. Le terrorisme déchirera la Russie durant la seconde moitié du XIXe siècle [29] — de

28 Voir l'ouvrage classique de Kavalam M. PANIKKAR, *L'Asie et la domination occidentale*, Seuil, Paris, 1965 ; on verra aussi l'étude détaillée de l'impact des idées européennes sur l'Asie dans l'ouvrage de François LÉGER, *Les Influences occidentales dans la révolution de l'Orient. Inde-Malaisie-Chine, 1850-1950*, 2 vol., Plon, Paris, 1955. Pour le réveil nationaliste des Arabes sous l'impact des idées européennes, l'ouvrage classique est celui de George ANTONIUS, *The Arab Awakening*, Capricorn Books, New York, 1965 (publié en 1946).

29 Voir Deborah HARDY, *Land and Freedom. The Origins of Russian Terrorism, 1876-1879*, Greenwood Press, New York, 1987 ; et Anna GEIFMAN, *Thou Shall Kill. Revolutionary Terrorism in Russia, 1894-1917*, Princeton University Press, Princeton, 1993.

même, dans un contexte différent, que les Balkans. Ce sera ensuite la Révolution de 1917, qui se veut en même temps fondation d'une ère nouvelle et accomplissement de la mission assignée par la philosophie de l'Histoire sur le modèle hégélo-marxiste. L'occidentalisation philosophique et politique de la Russie débouche ainsi sur un modèle révolutionnaire nouveau, qui fascinera longtemps une grande partie des intellectuels européens, déçus de ne pas l'avoir vu se réaliser au cœur même de la modernité européenne.

Le Japon a lui aussi réagi avec un dynamisme qui, après avoir été défensif durant la révolution du Meiji, est devenu offensif, d'abord vis-à-vis de ses voisins plus faibles, puis vis-à-vis des États-Unis, formant un axe avec l'Allemagne nazie contre l'Europe de la démocratie et du colonialisme. La Chine communiste, quant à elle, se débarrassa des traités inégaux que le pays avait été forcé de signer avec les principales puissances européennes au XIXe siècle : elle est entrée en conflit, elle aussi, avec les États-Unis, ce qui provoqua la guerre de Corée (et la division de ce pays en deux). Puis, plus tard, ce climat de guerre en Asie conduira à celle du Viêt-nam et à l'affreux génocide cambodgien.

Dans les pays arabes devenus indépendants au XXe siècle, plusieurs coups d'État militaires dégénéreront en dictatures nationalistes, dans le contexte fiévreux et compliqué de la guerre froide et de la naissance d'Israël. Les défaites militaires arabes successives ont déconsidéré les différents types de nationalisme arabe, ce qui stimulera la contestation islamiste, y compris la naissance de différents types de terrorisme qui prennent une couleur islamique à partir de la guerre d'Afghanistan.

L'Inde n'a gagné son indépendance en 1947 qu'au prix de la sécession d'une large partie de ses habitants musulmans, ce qui a entraîné la création du Pakistan (« Terre des purs »), qui ne définit son identité que par la religion. Comme nous le verrons, nous n'avons pas beaucoup réfléchi, à l'époque, à cette curiosité que pouvait être la création d'un nouvel État sur la base exclusive de l'identité religieuse. Nous n'avons pas davantage réfléchi sur l'usage des idées nationales modernes dans des terreaux culturels très différents du contexte historique européen dans lequel elles sont nées. Un peu plus tard, en 1971, lorsque les Bengalis feront à leur tour sécession du Pakistan pour ne plus subir la domination de la partie nord du pays, culturellement et linguistiquement différente malgré une religion commune, nous n'avons pas davantage été entraînés à réfléchir sur le rapport qu'entretient la religion à l'identité politique et culturelle.

Mais avons-nous davantage réfléchi à la naissance du nationalisme juif, désigné par l'étiquette très religieuse de « sionisme », se référant au pays biblique de Sion, tout en invoquant la laïcité du nationalisme moderne pour se donner une légitimité aux yeux de la culture européenne dont il est effectivement issu [30] ? L'État d'Israël a été créé en 1948, un an après le Pakistan. Arabes et Indiens protestèrent avec véhémence, mais sans aucun succès, contre ces sécessions justifiées exclusivement par la différence religieuse. Des nationalismes s'accomplissent alors dans la création d'États souverains et la culture politique européenne n'y trouve donc rien à redire. Le Pakistan est, en tout cas, bien trop loin ; Israël, par contre, est trop près des horreurs des camps de la mort et le christianisme européen se sent trop coupable pour regarder encore vers ce qui fut sa Terre sainte — pour laquelle il avait autrefois mené les « croisades » contre l'occupation du tombeau du Christ par les musulmans.

Au fond, dans la culture européenne d'après la Seconde Guerre mondiale commence à se développer l'horreur du nationalisme, sauf pour celui des peuples opprimés ou menacés. Les Israéliens bénéficient de cette exception, le nationalisme musulman des Pakistanais aussi. Curieusement, il n'en sera pas de même pour le nationalisme arabe, qui adopte à la même époque avec enthousiasme la pensée européenne et trouve son héros en la personne du chef de l'État égyptien, Gamal Abdel Nasser. La France et l'Angleterre combattront et mépriseront avec virulence ce nationalisme qui s'oppose au nationalisme israélien. En 1956, l'expédition franco-britannique et israélienne contre l'Égypte, dite de Suez, consacre cette hostilité. Au-delà des circonstances du moment qui poussent à cette alliance, peut-être y a-t-il alors pour la France et l'Angleterre la peur de voir resurgir un panislamisme qui fut un « ennemi » bien commode au XIXe siècle pour justifier les interventions de nature coloniale dans l'Empire ottoman ou aux Indes.

30 Voir Alain Dieckhoff, *L'Invention d'une nation. Israël et la modernité politique*, Gallimard, Paris, 1993.

Du colonialisme à la guerre froide : l'instrumentalisation de la religion

Car le nationalisme européen moderne et laïque qui organise le monde à partir de la moitié du XIXe siècle a eu comme effet paradoxal de réveiller les sentiments d'identité religieuse. Pour le judaïsme, l'affaire Dreyfus et les pogromes russes expliquent le sionisme, qui se dira longtemps laïque avant d'accepter de s'inscrire dans une légitimité religieuse. Pour l'islam, c'est indubitablement l'expansion coloniale européenne qui amena le sultan ottoman et certains intellectuels à vouloir instrumentaliser la religion pour organiser une résistance solidaire de toutes les sociétés concernées. Les puissances européennes, nous l'avons déjà évoqué pour la France, toutes laïques qu'elles soient devenues tout au long du XIXe siècle, ne se privèrent d'ailleurs pas de stimuler ce panislamisme en mettant en avant dans leurs entreprises coloniales leurs missionnaires et leur souci de « protéger » les sujets non musulmans du sultan ottoman, voire de les aider à former des nations indépendantes [31]. Elles offrirent ainsi au panislamisme la meilleure des justifications.

Quelles étaient alors les origines de ce panislamisme ? Il est intéressant de les évoquer un instant, tant l'« islam » est devenu aujourd'hui un facteur clé de la politique internationale et un problème intérieur dans les sociétés dont la religion principale est l'islam ou dans celles qui ont des communautés de musulmans en leur sein, notamment en Europe. C'est dans l'Empire ottoman, en particulier sous le sultan Abdel Hamid (1876-1909), que fut développé le panislamisme [32]. L'islam, en dépit du nombre considérable de ressortissants non musulmans que comptait l'empire dans les Balkans, au Caucase et en Asie Mineure, était considéré comme l'élément central de légitimité du pouvoir impérial, qui se voyait

---

31 Nombre des idéologues panislamistes vivaient en Europe ou en Égypte et étaient de fins connaisseurs de la culture européenne, tels Jamal-el-Dine El-Afghani ou le prince druze libanais, l'émir Chékib Arslan, ou encore un maronite libanais converti à l'islam et fin lettré en langue arabe, Ahmad Farés El-Chidiac.

32 Une très belle et pertinente description du panislamisme et de ses fonctions sous l'Empire ottoman peut être trouvée chez Adeeb KHALID, « Pan-Islamism in practice. The rethoric of muslim unity and its use », *in* Elisabeth ÖZDALGA (dir.), *Late Ottoman Society. The Intellectual Legacy*, Routledge/Curzon, New York, 2005, pp. 201-224.

comme une perpétuation des anciens califats prestigieux autour desquels s'était bâtie la civilisation islamique classique.

Or, depuis le début du XIXe siècle, l'empire décadent perdait de plus en plus de territoires au profit des Russes, des Anglais et des Français. Aussi, face aux percées européennes et russes qui rognaient implacablement les marches de l'empire, le sultan Abdel Hamid eut recours à une agitation visant à stimuler, autour de la référence religieuse, des sentiments nationalistes. L'expansion des puissances européennes dans l'empire fut dénoncée en invoquant le fait que ces puissances étaient chrétiennes et que leurs agressions constituaient une atteinte et une menace pour les peuples musulmans. De là l'appel à l'unité des musulmans pour faire face à une nouvelle croisade chrétienne. Le panislamisme était né.

Il a été aidé idéologiquement par l'œuvre politique de plusieurs penseurs de qualité, tout à la fois modernisants et panislamistes. Leur attachement à la modernité provenait de leur conscience laïque de la décadence des sociétés musulmanes et de la nécessité de profondes réformes à la mode européenne. Leur panislamisme, lui, n'était pas dû à une forme quelconque de fanatisme religieux, mais à la conviction de la nécessité de créer un front commun face à l'agression multiforme des sociétés européennes, qui touchait l'ensemble des sociétés musulmanes : arabe, turque, iranienne, afghane, indonésienne, malaisienne... Le panislamisme se voulait aussi une idéologie de résistance transnationale contre un impérialisme européen multinational (français, anglais, russe, autrichien). Le rassemblement autour du sultan ottoman, autodésigné calife, apparaissait comme la seule planche de salut [33].

Il est plaisant de constater que suite à la disparition du califat turc en 1924, les puissances européennes, principalement l'Angleterre, chercheront à trouver un nouveau calife qui puisse avoir de l'autorité sur le monde musulman, ce qui déclenchera une seconde rivalité entre deux souverains arabes, prétendants à ce titre [34]. La France, aussi, dans ses entreprises en Orient ou en Méditerranée occidentale, avait toujours rêvé de régénérer et contrôler l'islam [35]. On se

33 *Ibid.*

34 Voir Georges CORM, « Grandes puissances recherchent calife », *Annales de l'autre Islam*, n° 2, INALCO, Paris, 1994 (numéro consacré à « La question du califat »).

35 Voir Henry LAURENS, *Le Royaume impossible. La France et la genèse du monde arabe*, Armand Colin, Paris, 1990.

souviendra de Napoléon Bonaparte arrivant en Égypte et se présentant comme un ami et sympathisant de cette religion [36]. Plus récemment, à la fin du XXe siècle, les États-Unis œuvreront eux aussi à une mobilisation de l'islam pour contrer l'expansion soviétique dans le tiers monde (contribuant ainsi au processus de radicalisation qui conduira aux attentats du 11 septembre 2001). Cette instrumentalisation, que nous avons décrite dans d'autres ouvrages, est longtemps restée ignorée par les grands médias occidentaux et par les recherches académiques sur l'islam. L'Arabie saoudite et le Pakistan, propagateurs actifs du fondamentalisme musulman dans le tiers monde, étaient alors à la pointe de la lutte anticommuniste, non seulement en plein accord avec les États-Unis, mais stimulés et encouragés par eux. Ce n'est donc que depuis peu que le voile a commencé à être levé, notamment dans la presse anglo-saxonne, qui s'est penchée sur le phénomène de l'extension du wahhabisme avec l'appui des États-Unis [37].

Mais si le panislamisme est toujours là aujourd'hui, à travers une abondante littérature répétitive et monotone (que nous examinerons au chapitre 5), après un effacement provisoire dû à l'affirmation du panarabisme laïque durant sa période d'apogée entre 1950 et 1967, il n'a plus la même nature que celui du XIXe siècle et du début du XXe siècle — lequel était imprégné de philosophie moderniste et de désir de réforme profonde des institutions religieuses et politiques des pays musulmans, et n'a inspiré aucune forme de terrorisme. Comme nous le verrons plus loin, le panislamisme que portent aujourd'hui les mouvements islamiques d'inspiration

---

36 Voir l'ouvrage remarquable de Christian CHERFILS, *Bonaparte et l'islam d'après les documents français et arabes*, A. Pedone, Paris, 1914.

37 Voir par exemple : David B. OTTAWAY, « US eyes money trails of saudi-backed charities », *The Washington Post*, 19 août 2004. Cet article très documenté décrit comment le wahhabisme, « forme d'islam puritain autrefois marginal avec très peu d'adhérents en dehors de la Péninsule arabique », s'est transformé « en la doctrine dominante dans le monde islamique ». Le journaliste a recensé dans son enquête la création par le royaume saoudien, depuis le début des années 1980, de 200 collèges islamiques, 210 centres islamiques, 1 500 mosquées et 2 000 écoles coraniques, ainsi que la distribution de 138 millions de copies du Coran ; selon l'article, un représentant du Trésor américain a déclaré au Congrès que le royaume a dépensé plus de 75 milliards de dollars en vingt ans pour répandre la doctrine wahhabite dans le monde.
Un autre article très bien documenté du même journal (repris par le *Guardian Weekly*, 28 mars-3 avril 2002) décrit l'importance des subventions de la CIA à l'élaboration de manuels d'éducation religieuse préconisant le *jihâd* violent et armé contre les infidèles soviétiques en Afghanistan.

jihadiste est, tout au contraire, antimoderniste, anti-occidental (notamment contre ce que l'on appelle désormais la tradition judéo-chrétienne) et replié sur une image fermée et imaginaire d'une cité musulmane idéale.

Toutefois, on peut affirmer aussi que, les mêmes causes produisant les mêmes effets, l'expansion impériale américaine au Moyen-Orient a pris le relais de l'ancienne expansion européenne en Orient musulman [38]. Si la morphologie de ce panislamisme a bien changé, dans le sens de la fermeture intellectuelle, c'est aussi parce qu'elle reflète le changement d'atmosphère intellectuelle à l'échelle du monde, caractérisé par la montée des idéologies antimodernistes dont l'Occident a donné le ton dans le contexte de la guerre froide.

Mais l'instrumentalisation de la religion à des fins de géopolitique internationale ne concerne pas que l'islam. Le judaïsme a lui aussi été mobilisé, dans le cadre de la guerre froide, pour embarrasser l'Union soviétique déclinante, en encourageant les dissidents russes de confession juive. En 1972, les États-Unis sont même allés jusqu'à conditionner l'application à l'URSS de la clause de la nation la plus favorisée en matière commerciale au respect du droit des citoyens soviétiques à l'émigration, en fait les citoyens de confession juive [39]. À la fin du XIXe siècle, les dirigeants du mouvement sioniste naissant avaient mis aussi en avant, auprès des dirigeants européens, leur capacité supposée à mobiliser leurs coreligionnaires dans toute l'Europe au service de l'Angleterre et de ses intérêts ailleurs dans le monde [40] ; c'est ce qui contribuera à la fameuse déclaration de Lord Balfour en 1917, par laquelle le ministre des Affaires étrangères britannique attribuait aux Juifs un

38 Depuis l'invasion de l'Irak, le désir des États-Unis et des pays européens d'accélérer des réformes démocratiques des sociétés arabes et de leurs régimes politiques apparaît comme une réplique de l'ère dite des « Tanzimat » (1830-1856), lorsque l'Empire ottoman fut forcé de moderniser son régime politique et ses institutions publiques sous la haute influence des puissances coloniales européennes, alors qu'elles-mêmes encourageaient le démantèlement de l'empire ou s'emparaient directement de ses territoires.

39 Il s'agit du fameux amendement de deux parlementaires américains, dit amendement Jackson-Vanick, à l'*East-West Trade Reform Act* permettant de ratifier le traité commercial qui avait été conclu avec l'Union soviétique le 18 octobre 1972. Pour plus de détails, voir Peter HAGEL et Pauline PERETZ, « Israël et le mouvement international d'aide aux Juifs soviétiques. Pour une relecture des relations entre États et acteurs transnationaux », *Journées d'études Science politique/Histoire*, organisée par l'Association française de sciences politiques, le Centre de recherches politiques de la Sorbonne (Paris-I) et l'Institut d'histoire du temps présent (CNRS), 4-6 mars 2004, texte disponible sur le site <www.afsp.msh-paris.fr>.

40 Voir les Mémoires de Chaïm WEIZMANN, *Naissance d'Israël*, Gallimard, Paris, 1957.

« foyer national » en Palestine, ce qui constituera l'embryon du futur État d'Israël.

En dépit de tous les progrès de la laïcité dans le monde de la culture politique européenne et de son rôle central dans le développement des nationalismes, la confusion entre religion et nationalité n'a pas concerné que les politiques coloniales ou impériales. L'Union soviétique, dès sa naissance, en appliquant une politique de reconnaissance des nationalités, a créé une nationalité juive et lui a attribué un État de 42 000 km^2, situé à la frontière russo-chinoise, le Birobidjan [41]. Un peu plus tard dans le siècle, le maréchal Tito, qui transformait la Yougoslavie en pays communiste, a créé une « nationalité musulmane » pour les Bosniaques.

En 1969, lorsque se crée l'Organisation de la Conférence islamique (OCI), ce nouveau recours à l'identité religieuse dans l'ordre international ne suscite aucune controverse ni aucun froncement de sourcil, comme s'il était normal de regrouper des États dont les citoyens ont la même religion, mais ni la même langue, ni la même culture, ni les mêmes régimes politiques, ni les mêmes niveaux de développement.

C'est sans doute parce que cette confusion entre religion et nationalité, que la culture européenne démocratique répudie lorsqu'il s'agit de ses propres sociétés, a été un genre politique pratiqué intensément par les pays de l'Europe de l'Ouest hors de leurs propres frontières.

Incontestablement, cependant, au-delà de ces nouveaux phénomènes identitaires religieux, stimulés fortement par le colonialisme puis par l'évolution géopolitique de la fin du XXe siècle, l'un des signes les plus évidents de la renaissance de la mémoire religieuse en Occident est le rôle, qui tend à devenir central dans le système identitaire occidental, joué par la construction de la mémoire de l'Holocauste.

---

41 Le nom provient de deux affluents du fleuve Amour, le Biro et le Bidjan. Voir Walker Kolarz, *La Russie et ses colonies*, Fasquelle, Paris, 1954, où l'on trouve un chapitre sur « Les Juifs, un peuple de l'Union soviétique », pp. 223-244.

La mémoire de l'Holocauste, acte fondateur du retour du religieux ?

Au fond, l'Europe de cette période historique vivait une double identité, celle du sentiment national coloré plus ou moins fortement de marxisme ou d'antimarxisme. L'hystérie du nationalisme allemand, sous le nazisme, fusionnera totalement la conviction de la supériorité de la nation allemande sur toutes les autres et l'impératif d'extirper d'Europe le « bolchevisme malfaisant ». C'est pourquoi d'ailleurs, dans les autres sociétés européennes, l'idéologie nazie trouvera des sympathies qui, à notre sens, expliquent son succès foudroyant, lequel ne sera pas seulement plus tard celui de sa machine militaire. Il y a là un point crucial, sur lequel nous reviendrons pour mieux expliciter la dynamique du retour du religieux à la fin du XXe siècle et en ce début de XXIe siècle (voir *infra*, chapitre 4).

La destruction des Juifs d'Europe par le nazisme a-t-elle une signification religieuse ? L'emploi même du terme Holocauste (longtemps préféré à celui de Shoah, qui prévaut aujourd'hui), issu de la terminologie sacrificielle de l'Ancien Testament, ne le suggère-t-il pas ? À quel genre de phénomène répondent cet événement majeur et les répercussions qu'il ne cesse d'avoir ? Le mode singulier de formation de la mémoire de l'Holocauste — événement produit par ce mélange détonnant de nationalisme raciste et d'antimarxisme devenu une composante majeure de l'antisémitisme moderne, qui ne relève plus, dès lors, de la seule tradition chrétienne — est-il inconsciemment l'acte fondateur du « retour du religieux » dans notre histoire ? La construction de cette mémoire ne sert-elle pas de modèle, devenu quasi universel, à la célébration de nouvelles racines identitaires ou d'anciennes racines enfouies dans le passé lointain, en même temps que de socle d'un nouvel ordre historique et de nouvelles façons d'écrire l'Histoire [42] ? Cet ordre historique, décrit avec acuité par l'historien François Hartog comme « présentisme », est tout à fait adapté à l'ordre de la globalisation qui « marchandise » le temps lui-même et à l'économie médiatique du présent qui « ne cesse de produire et de consommer de

42 Voir Paul RICŒUR, *La Mémoire, l'Histoire, l'Oubli*, Seuil, Paris, 2000 ; ainsi que Jacques LE GOFF, *Histoire et mémoire*, Gallimard, Paris, 1977.

l'événement ». L'histoire est de la sorte « consultée » sans arrêt par les médias, « mandatés comme experts de la mémoire[43] ».

Dans le même ordre d'idées, l'historienne israélienne Idith Zertal considère qu'« on pourrait soutenir que si "Auschwitz" et les autres grandes catastrophes du XXe siècle ont plus que jamais fait du souvenir — en particulier du souvenir des victimes et des survivants des atrocités historiques — une obligation morale universelle, il semble bien que la pathologie de la mémoire et l'obsession pour les rites de commémoration qui caractérisent notre époque constituent en fait une agression concertée contre notre capacité même à nous remémorer le passé. Au vu de cette contradiction entre le besoin de se souvenir et les forces de l'oubli, et de la dialectique de dénégation et d'amnésie immanente aux excès rituels de la commémoration, une série d'interrogations se posent avec insistance : quelle est l'économie pertinente du souvenir et de l'oubli ? De quelle quantité d'histoire ou de mémoire avons-nous besoin ? Quel genre de mémoire, et pour quoi faire[44] ? ». Voilà une série de questions clés sur le chemin de notre enquête, auxquelles nous tenterons de répondre au fur et à mesure du développement de notre réflexion.

Nous ne rentrerons pas ici dans les controverses suscitées par ceux qui estiment que le souvenir de l'Holocauste est instrumentalisé, ultramédiatisé, utilisé à diverses fins[45]. Ce n'est pas notre propos, car la question ici est de comprendre sur quel terreau réel s'est développée la mémoire de cet événement exceptionnel de cruauté la plus brute et la plus repoussante. Nous devrons en revanche nous interroger sur les lectures historiques présentant le nazisme comme un « accident de l'histoire », spécifiquement allemand, voire encore plus restrictivement attribuable à la personnalité monstrueuse d'un seul homme, Adolf Hitler. Sans oublier les efforts de tous ceux qui font remonter la généalogie du nazisme à une simple réaction quasi biologique à la barbarie marxiste incarnée dans la dictature des

---

43 François HARTOG, *Régimes d'historicité. Présentisme et expérience du temps*, Seuil, Paris, 2004.

44 Idith ZERTAL, *La Nation et la Mort. La Shoah dans le discours et la politique d'Israël*, La Découverte, Paris, 2004, p. 129. Rappelons que le 1er novembre 2005, l'Assemblée générale des Nations unies a adopté une résolution sur la mémoire de l'Holocauste qui proclame le 27 janvier « Journée internationale de commémoration en mémoire des victimes de l'Holocauste ».

45 En particulier Norman FINKELSTEIN, *L'Industrie de l'Holocauste. Réflexions sur l'exploitation de la souffrance des Juifs*, La Fabrique, Paris, 2001.

soviets, qui a fait trembler le monde européen civilisé [46]. Dans cette optique, les crimes nazis ne seraient que le résultat des crimes bolcheviques, commis dans cette Russie encore peu européanisée, et donc peu civilisée, qui a menacé tous ses voisins (nous y reviendrons dans le chapitre 4).

Mais revenons à l'instant historique qui marque la fondation de la mémoire de l'Holocauste dans l'imaginaire occidental contemporain. Comme nous l'avons rappelé en introduction, c'est en janvier 1979 que le président américain Jimmy Carter a créé aux États-Unis la commission pour l'édification d'un monument à la mémoire des survivants de l'Holocauste. Elie Wiesel, futur prix Nobel de la paix en 1986, fut nommé président de cette commission ; à travers une œuvre abondante, ce rescapé des camps de la mort a contribué à faire connaître la souffrance juive et à en souligner le caractère exceptionnel.

Pourtant, on pouvait penser à l'époque que le jugement des crimes nazis par le Tribunal de Nuremberg, en 1945, avait clos la séquence des horreurs de la Seconde Guerre mondiale. De fait, la question nazie ayant été jugée définitivement close, la géopolitique mondiale et les humeurs intellectuelles qui l'ont accompagnée et encadrée avaient été polarisées ensuite par la guerre froide et les guerres de la décolonisation. Mais Raul Hilberg, l'historien aujourd'hui le plus réputé du génocide des Juifs d'Europe, nous a éclairés considérablement sur ce tournant majeur qui a contribué à changer massivement les décors du monde : « On peut escamoter des sujets ou au contraire les catapulter à l'attention du public, mais toujours pour des motifs qui reflètent les problèmes et disent les besoins d'une société. Aux États-Unis, le phénomène connu sous le nom de l'Holocauste ne trouva de terreau fertile qu'après les affres de la guerre du Viêt-nam, lorsqu'une nouvelle génération d'Américains fut en quête de certitudes morales, et que l'Holocauste devint l'aune du mal absolu à travers laquelle mesurer et juger toutes les autres transgressions dans le comportement des nations. Pour l'Allemagne, il fallut attendre le début des années 1980, quand les exécuteurs furent morts ou à l'hospice et que, pour la première fois, leurs fils et leurs filles, leurs petits-fils et petites-filles purent poser

46 Notamment Ernst NOLTE, *Les Fondements historiques du national-socialisme*, Le Rocher, Monaco, 2004.

ouvertement des questions sur les activités de leurs aînés pendant l'ère nazie. En France, pays compliqué où d'anciens résistants vivent porte à porte avec d'anciens collaborateurs, il fallut encore attendre. Plusieurs dizaines d'années s'écoulèrent, en France comme en Allemagne, avant que mon ouvrage y fût traduit, mais il reçut alors un accueil qui dépassa toutes mes attentes [47]. »

Ce n'est en effet qu'en 1988 qu'est parue la traduction française de l'ouvrage monumental et décisif de Raul Hilberg — initialement publié en 1961 aux États-Unis, dans l'indifférence générale. Et c'est aussi dans les années 1980 qu'Israël et son destin sont devenus partout en Occident un sujet de passion. Le journaliste Denis Sieffert l'a bien montré pour la France [48] — et sa grille d'analyse de cette passion pourrait aussi être utilisée pour décrire les mécanismes des passions hollandaise, allemande ou italienne pour Israël, son sommet se situant aux États-Unis où, dans le credo de la droite religieuse, « être contre Israël, c'est être contre Dieu [49] ».

Comme 1978, l'année 1979, où le président Carter nomme la commission pour la création d'un monument à la mémoire de l'Holocauste, est riche en événements internationaux majeurs, cristallisant des évolutions convergentes : signature à Camp David, en septembre 1978, de la paix sous égide américaine entre l'Égypte et Israël, après la fameuse visite du président égyptien Anouar El-Sadate à Jérusalem en 1977 ; élection, en octobre 1978, du pape polonais Jean-Paul II ; arrivée au pouvoir en Chine de Deng Xiaoping en décembre 1978, marquant le début de la fin de l'ère maoïste ; révolution religieuse en Iran en février 1979, qui met à bas la monarchie laïque et autoritaire des Pahlavi ; invasion en décembre 1979 de l'Afghanistan par l'URSS, qui craint la contagion khomeyniste dans les républiques musulmanes d'Asie centrale ; crise des « euromissiles » entre l'OTAN et l'URSS en décembre 1979 ; révélation de l'ampleur du génocide commis contre leur propre peuple par les communistes cambodgiens arrivés au pouvoir en 1975. L'année 1978, on l'a vu, fut aussi celle de la publication de la

47 Raul HILBERG, *La Destruction des Juifs d'Europe*, *op. cit.*, vol. 2, pp. 117-118 ; du même auteur, on lira avec profit le récit de son propre itinéraire dans *La Politique de la mémoire*, Gallimard, Paris, 1996.

48 Denis SIEFFERT, *Israël-Palestine, une passion française*, La Découverte, Paris, 2004.

49 Propos du révérend Jerry Falwell, cité par Anatol LIEVEN, *Le Nouveau Nationalisme américain*, *op. cit.*, chapitre 6, « Le nationalisme américain, Israël, et le Moyen-Orient », p. 392.

réflexion critique de l'historien François Furet sur la Révolution française (*Penser la Révolution française*), consacrant le glissement de la pensée politique jusque-là dominante en Europe hors de la tradition historiographique valorisant cette Révolution comme acte fondateur de la démocratie et de l'humanisme moderne.

Cette étonnante conjonction d'événements historiques importants en 1978-1979 — confirmée par d'autres événements à portée plus locale [50] — marque assurément un tournant idéologique décisif, inaugural de la période de « retour du religieux » que nous tentons d'élucider dans ce livre. L'invasion de l'Afghanistan et le génocide cambodgien ont ainsi mis à nu ce qui pouvait rester d'illusion sur le caractère libérateur et progressiste du « socialisme réel », fournissant une crédibilité nouvelle aux thèses dénigrant la Révolution française, de Louis de Bonald et Joseph de Maistre jusqu'à François Furet. Du coup, toute forme de pensée marxiste, mais aussi bien les écrits de Sartre et ceux de tous les grands intellectuels ou écrivains qui avaient pu croire aux « vérités » du marxisme sont tombés en désuétude. Le champ était désormais ouvert au refroidissement et à l'enterrement de la mémoire révolutionnaire, nationaliste et humaniste, au profit du « retour du religieux » et d'autres mémoires disparues ou délaissées.

L'énormité des violences modernes déchaînées par les deux guerres mondiales a été évacuée dans les imprécations contre le fascisme et le communisme, dont la généalogie a été principalement attribuée à la Révolution française. Quant à la mémoire de ces violences, elle s'est vue réfractée et consacrée dans la célébration de l'Holocauste. Mais la généalogie de la violence totalitaire moderne est-elle ainsi correctement et véritablement établie ? Ou bien nos mémoires modernes se gardent-elles de fouiller un lieu de mémoire oublié, enseveli sous les couches épaisses d'un oubli significatif, celui des guerres de religion en Europe ? C'est cette archéologie des violences modernes que nous allons maintenant aborder.

50 Pour n'en citer que quelques-uns : échec de la gauche française divisée aux élections législatives de mars 1978 ; révolution sandiniste de juillet 1979 au Nicaragua ; basculement vers le libéralisme affairiste du régime socialiste algérien après le décès du colonel Houari Boumediene en décembre 1978…

3

Archéologie des violences modernes : les guerres de religion en Europe

Il n'est pas besoin de disposer d'une grande culture pour comprendre que notre besoin de religion et de transcendance provient de notre peur devant la mort, mais aussi de notre perplexité intellectuelle devant le cosmos et les mystères de sa création que les théories les plus scientifiques et les plus savantes ne parviennent pas à percer. Un monde sans créateur ou sans principe d'explication de nos existences périssables et du mouvement perpétuel des astres provoque chez beaucoup d'entre nous une forte répulsion. Les dieux et divinités, le Dieu unique des trois monothéismes, les religions-sagesses ou les religions cosmiques d'Extrême-Orient : tout cela nous rend le monde et ses mystères moins terrifiants. Ce sont les angoisses existentielles profondes qui fondent la croyance en l'existence de « forces supérieures » réglant ou déréglant l'ordre du monde, ce qui permet au commun des mortels de ne pas avoir à s'interroger sans cesse sur le pourquoi et le comment de l'existence.

Comme le résume fort bien l'anthropologue des religions Angelo Brelich, « malgré leur extrême variété, ces dernières nous sont apparues comme les produits d'un type particulier d'effort créateur des différentes sociétés humaines, grâce auquel celles-ci tendent à acquérir le contrôle de ce qui, dans leur expérience concrète de la réalité, semble échapper à tous les autres moyens humains de contrôle. Manifestement, il ne s'agit pas d'un contrôle de caractère purement technique (qui se révélerait tôt ou tard illusoire), il s'agit surtout de ramener à la portée de l'homme ce qui est humainement incontrôlable, de l'investir de valeurs humaines, de lui donner un sens, afin de justifier et, par là, de rendre possibles et soutenables les efforts nécessaires à l'existence[1] ». Dans une optique d'étude comparée des religions, ce spécialiste montre que, suivant les mentalités à diverses périodes historiques, on assiste à des changements dans la façon de considérer la séparation du profane et du religieux dans les différents aspects de l'action humaine, d'en être conscient ou de se contenter de suivre la tradition des ancêtres.

Besoin du religieux, religions instituées et systèmes de pouvoir

Les problèmes liés à l'inscription du fait religieux dans la société naissent toujours de l'exploitation de ce besoin vital par les systèmes de pouvoir et leurs dirigeants. En effet, un gouffre sépare la foi individuelle dans les vérités transcendantes révélées par les prophètes ou les grands sages des religions orientales, ou même le totem des tribus, d'un côté, et les religions instituées, dogmatisées et ritualisées de façon complexe et envahissante, de l'autre. Entre le message religieux qui tente d'expliquer le monde et d'apaiser l'angoisse, et son institution dans l'ordre social, il est souvent bien difficile de faire le lien. L'institutionnalisation de la réponse au besoin religieux à une époque historique donnée est le plus souvent totalement détachée de son contenu originel, du « génie » de celui dont la parole et les actes ont fait le fondateur d'une religion qui se construit bien après sa disparition.

L'histoire des religions montre bien d'ailleurs les métamorphoses qu'elles subissent une fois qu'elles sont coulées dans le moule des systèmes de pouvoir qui organisent et gèrent les sociétés. Ainsi le christianisme institutionnalisé pourra contribuer à légitimer la violence la plus brute, oubliant l'enseignement principal du Christ, symbole fort de la non-violence : refus des discriminations entre les hommes, mais aussi refus de la lecture dogmatique et rituelle des livres de l'Ancien Testament. Il ne supprimera point l'esclavage et légitimera les conversions forcées et les conquêtes coloniales. On rappellera aussi tous les schismes et déchirements, souvent violents, qui ont accompagné la fixation des dogmes de l'Église.

---

1 Angelo BRELICH, *Histoire des religions*, Gallimard, coll. « La Pléiade », Paris, 1970, 3 volumes, vol. 1, p. 33 (« Prolégomènes »).

Ce furent d'abord, au IVe siècle, les querelles meurtrières sur la question de la nature divine du Christ — unique (monophysisme) ou double (nestorianisme) —, qui ont ravagé le christianisme oriental [2], affaiblissant ses Églises et sa cohésion et préparant le terrain à l'apparition de l'islam, lequel a voulu clore ces querelles théologiques par un retour à un monothéisme dépouillé de la complexité trinitaire du dogme chrétien et du mystère de l'incarnation. Vint ensuite, au XIe siècle, le schisme entre l'Église byzantine d'Orient (dite orthodoxe) et l'Église romaine (dite catholique), qui prépara le terrain aux conquêtes des Turcs ottomans en Asie Mineure et en Europe ; cependant que, du XIIe au XVIe siècle, la lutte contre les hérésies dans le sud de la France (Albigeois, Cathares, Vaudois) et le développement de l'Inquisition, ainsi que les croisades et l'expulsion des musulmans d'Europe, marquèrent profondément la chrétienté européenne [3]. Enfin, l'apparition du protestantisme, au début du XVIe siècle, a remis en cause l'institution papale, considérée comme dégénérée et corrompue.

Cette crise — nous allons y revenir — provoqua une série de révolutions religieuses, accompagnées de nouvelles violences, à une échelle inconnue jusqu'alors. D'où de véritables guerres civiles au sein des différentes entités politiques européennes, qui acquirent aussi une dimension géopolitique plus large par les guerres entre souverains pour la prépondérance de leurs royaumes ou empires. Religion, politique et géopolitique furent étroitement mêlées durant tous ces siècles de guerres et de violences, qui déchirèrent définitivement la méga-identité que constituait la chrétienté européenne, ouvrant la voie à l'universalisme du siècle des Lumières — lesquelles vont définitivement dépasser le fanatisme religieux et l'emploi politique qui en a été fait durant de longs siècles en Europe.

L'inévitable imbrication, par divers arrangements, entre politique et religion au sein de toute institution qui prétend satisfaire au besoin religieux est en effet à la source d'un autre phénomène paradoxal, aux conséquences majeures. La religion instituée devient soumise à l'usure naturelle que le temps exerce sur toute institution : elle devient historique et donc changeante, alors qu'elle porte un message d'absolu et

---

2 Voir Richard E. RUBENSTEIN, *Le Jour où Jésus devint Dieu. L'« affaire Arius » ou la grande querelle sur la divinité du Christ au dernier siècle de l'Empire romain*, La Découverte, Paris, 2001.

3 Voir Jean-Paul MOREAU, *Disputes et conflits du christianisme. Dans l'Empire romain et l'Occident médiéval*, L'Harmattan, Paris, 2005.

de transcendance, plus particulièrement dans le monothéisme. D'où la propension nouvelle à considérer que le message religieux, la « Révélation » de l'existence du divin, n'est lui-même qu'un événement historique, certes plus important que d'autres, mais non moins soumis aux changements qu'entraîne toute histoire, avec son commencement et sa fin ; nous entrons ainsi dans le domaine du doute sur la validité de l'absolue transcendance du message.

D'où aussi ces refus souvent violents du changement, qui touchent aussi bien les institutions religieuses que les institutions de pouvoir politique dans lesquelles elles sont imbriquées ou qu'elles ont pu façonner (la monarchie de droit divin chez les chrétiens, le califat chez les musulmans). D'où enfin les déphasages qui peuvent s'établir entre les institutions et la vie réelle, qui s'expriment par l'émergence et l'affirmation des mouvements « hérétiques », violents ou pacifiques, qui refusent l'ordre établi. Dès lors, le recours aux textes fondateurs devient la clé des oppositions et des luttes. Mais ce recours ne règle rien, bien au contraire, les textes étant susceptibles des interprétations les plus diverses et contenant eux-mêmes des prescriptions contradictoires. (Notons au passage que les religions de sagesse et de contemplation d'Extrême-Orient, moins directement impliquées dans l'ordre politique que les religions dites « révélées » et prophétiques, ont été moins sujettes à ces convulsions.)

Dans la mesure où la morale, à la différence de l'identité, doit beaucoup aux conceptions religieuses, on peut comprendre les violences provoquées par la remise en cause d'institutions religieuses séculaires, voire par la naissance d'un regard distancié qui inscrit la religion dans l'ordre des faits historiques et non plus dans celui de la transcendance. Paradoxalement, nombre de mouvements de contestation de la religion établie sont ainsi des mouvements fondamentalistes au sens du retour aux fondements de la foi — que l'institution de la religion, devenue en même temps institution de pouvoir, aurait corrompue par le développement de diverses superstitions exploitant la naïveté humaine. En parallèle, nombre de mouvements de contestation politique auront recours à la religion pour justifier les changements qu'ils veulent introduire dans l'organisation du pouvoir.

En fait, sitôt instituée, organisée et donc gérée, la religion entre paradoxalement dans le monde de l'usure historique et perd son caractère premier de transcendance. Elle est immanquablement happée par le « politique », au sens des systèmes de pouvoir et des institutions de gestion de la société. Aussi, nombre de croyants (ou de politiques) déçus invoqueront-ils la nécessité du « retour aux sources », aux racines. On confondra alors allégrement identité religieuse et identité nationale ou appartenance à une civilisation. C'est la « nostalgie des origines », si bien décrite par Mircea Eliade, spécialiste de l'histoire des religions [4]. Le recours à la religion vient ici aider à combler une insatisfaction politique profonde, qui provoque un vide existentiel et donc identitaire — d'autant plus profond aujourd'hui que le système de formation des identités nationales modernes, comme dépassement des ethnicismes ou des spécificités religieuses, est en voie de dissolution.

C'est donc bien un recours — et non un retour — au religieux que manifeste ce mode de réaction au désenchantement du monde. Parler du « retour du religieux » est d'ailleurs absurde, si l'on veut bien admettre que le besoin de religion et de transcendance est une caractéristique permanente de la nature humaine, mais que ce besoin s'exprime de façon différente suivant la diversité des lieux, des milieux et des époques historiques. Au sein d'une religion, l'interprétation du message d'origine est elle-même changeante et diverse : le christianisme de l'Empire byzantin ou celui du Saint-Empire romain germanique ne ressemblent guère à celui des deux premiers siècles, et celui de la Réforme et de la Contre-Réforme est encore autre chose. Il en est de même dans l'islam, mais aussi dans le judaïsme — sans parler des formes innombrables de bouddhisme, d'hindouisme, de taoïsme et shintoïsme, pour ce qui concerne les religions du continent indien et de l'Extrême-Orient.

Ce qui est en cause, bien sûr, ce sont les religions instituées, qui se défendent avec d'autant plus de férocité qu'elles sont étroitement mariées avec le pouvoir politique ou que le pouvoir politique les utilise pour refuser des changements dont il ne veut pas — ou, au contraire, pour accélérer un changement estimé indispensable afin d'éviter la dégradation du corps social. Cela est particulièrement vrai dans les religions monothéistes, où l'idéal de la transcendance religieuse incarnée en un Dieu unique et exclusif, porteur d'un projet eschatologique qui doit sauver l'humanité, crée des

4 Mircea Eliade, *La Nostalgie des origines*, *op. cit.*

relations particulièrement complexes et fortes entre la religion et le pouvoir séculier.

Les déchirements de la chrétienté européenne

C'est bien ce que montrent, en particulier, les très nombreux avatars de la chrétienté européenne, déchirée à partir du XIIe siècle par une série d'hérésies, l'Inquisition puis des guerres de religion ravageuses qui brisent définitivement l'unité de civilisation de l'Europe fondée sur la religion. L'Europe des nations émerge alors progressivement, avec ses cultures différentes (anglaise, française, italienne, allemande, hispanique) puis ses régimes politiques nouveaux à partir de la Révolution française, souvent antagonistes (monarchies et républiques, systèmes démocratiques et systèmes autoritaires fascistes ou communistes). Rarement une religion aura été le prétexte de tant de déchirements violents sur une aussi longue période. Des déchirements enfouis profondément dans la « mémoire dogmatique » de l'Occident, au profit d'une magnification-mythologisation de son génie propre, celui de ses sources dites judéo-chrétiennes qui l'auraient richement doté à son berceau des valeurs individualistes et humanistes affirmées lors du siècle de la Réforme religieuse, puis du siècle des Lumières.

En réalité, les craquements dans la chrétienté européenne commencent donc très tôt. Outre le développement des hérésies à partir du XIIe siècle au sud de l'Europe, au nord deux figures majeures préparent le mouvement de la Réforme : l'évêque anglais John Wycliff (1324-1381) et le moine Jean Hus (1369-1415), adepte de Wycliff en Bohême, qui meurt sur le bûcher. De plus, l'Église est rongée de l'intérieur et connaît pendant plus d'un demi-siècle (entre 1294 et 1349) une série de schismes internes qui voient l'institution pontificale se déchirer et devenir même tricéphale pendant un certain temps. Derrière cette ruine du crédit de la papauté, se profilent déjà les rivalités futures des puissances européennes, qui tenteront d'instrumentaliser la papauté à leur profit, refusant de fait la soumission du pouvoir temporel à celui du spirituel.

Jean Chelini, spécialiste de l'histoire religieuse de l'Occident, décrit ainsi certains traits de cette crise : « Chez les plus simples, les catastrophes naturelles comme la peste noire (1348), les ravages de la guerre de Cent Ans en France, le déchirement de la papauté suscitent le désarroi. L'angoisse existentielle présente à chaque époque, mais le plus souvent contenue par les structures religieuses et les contraintes sociales, se libère et se manifeste avec force. Le problème du salut prend un caractère tragique, absent du XIIIe siècle. La matérialité de la mort avec son cortège de cadavres décharnés hante les esprits, que seules apaisent les dévotions nouvelles ou la recherche effrénée du plaisir. L'usage et le découpage chronologique veulent que ces siècles soient la fin du Moyen Âge, avec ce que cela implique de décadence supposée. Cette vue pessimiste, contestable en ce qui concerne l'ensemble de la civilisation, paraît justifiée à l'égard des structures de l'Église catholique. En fait, l'équilibre de la chrétienté médiévale se rompit, d'autres éléments apparurent qui contribuèrent à la mise en place d'un nouvel équilibre où la religion joua un rôle social et personnel aussi important qu'au Moyen Âge, mais dans des cadres sociopolitiques différents, à l'intérieur de nouvelles structures ecclésiastiques, à travers des mentalités religieuses partiellement modifiées. Les XIVe et XVe siècles présentent, sur le plan des phénomènes religieux, l'intérêt des périodes de non-conformisme [5]. »

Quelques décennies après le rétablissement de l'autorité papale, commence ce qu'on peut appeler le « long siècle des guerres de religion » (1517-1648). Ce siècle sera constitué d'une suite ininterrompue de violences d'une rare cruauté qui secouent l'Europe, aujourd'hui effacée de nos mémoires en raison d'une « historiographie irénique du temps des Réformes », explique Pierre Chaunu. « L'histoire est fille de son temps », rappelle-t-il : « On a projeté dans l'intelligence du passé une volonté de conciliation qui n'existait pas à l'époque du *Kulturkampf* et du Syllabus, pas plus sans doute qu'à l'époque de l'Intérim et du Colloque de Poissy [6]. »

Aujourd'hui, on l'a vu, c'est la condamnation solennelle des violences du totalitarisme moderne qui est célébrée de façon obsessionnelle. La généalogie de ces violences, qui a occulté les violences religieuses antérieures, est exclusivement attribuée à la Révolution française et au siècle des Lumières, facilitant ainsi dans les imaginaires la consécration du « retour du religieux » comme un phénomène bienfaisant, rétablissant une normalité que l'humanisme de

5 Jean CHELINI, *Histoire religieuse de l'Occident médiéval*, Hachette, Paris, 1991, p. 466.

6 Pierre CHAUNU, *Le Temps des réformes*, Fayard, Paris, 1975, p. 10.

la Renaissance, la philosophie des Lumières puis la Révolution française auraient brisée. C'est pourquoi il nous apparaît indispensable de décrire ce que notre mémoire historique atrophiée refuse de retrouver. Nous allons ici remonter en sens inverse ces violences occultées, en commençant par les plus longues et les plus oubliées, celles qui ont caractérisé l'Angleterre dont l'histoire dogmatisée a fait un modèle d'équilibre politique et de modération.

Pour en mesurer l'ampleur, il faut évidemment tenir compte de la différence de population entre l'Europe de l'époque et celle du XXe siècle, mais aussi des moyens de porter la mort à l'ennemi, individuellement ou collectivement, encore primitifs par rapport à ceux dont on dispose aujourd'hui. Les innombrables bûchers où périrent, durant plusieurs siècles, des dizaines de milliers de personnes déclarées hérétiques ne sont-ils pas les ancêtres des gaz de combat et des camps d'extermination inventés plus tard par la cruauté humaine ? Les crimes des totalitarismes modernes, mais aussi les cruautés exercées durant les deux guerres mondiales contre les populations civiles, n'ont-ils pas reproduit à une échelle industrielle moderne la politique d'extermination de l'Autre pratiquée durant les guerres de religion, ce dont l'Europe civilisée pensait s'être définitivement débarrassée ? À nouveau, il nous apparaît bien réducteur de charger exclusivement la Révolution française comme source essentielle des violences modernes, en occultant les longs siècles de persécutions religieuses, puis de révolutions religieuses violentes et cruelles, couronnées par les guerres de religion.

Comme nous allons le voir, toutes les formes modernes de répression de la libre pensée, toutes les formes du fanatisme dogmatique et idéologique, de l'usage pervers des textes fondateurs, d'accusation d'intelligence avec l'étranger pour nier la légitimité des nouvelles doctrines, ont été pratiquées durant les longs siècles de l'Inquisition puis des guerres de religion sur le continent européen entre les différentes puissances « catholiques » ou « protestantes » de l'époque couronnées par la guerre de Trente Ans (1618-1648). La religion n'y sera plus qu'un prétexte aux heurts entre appétits de puissance, tout comme le deviendront, trois siècles plus tard, les idéologies laïques prônées par les différentes entités politiques à vocation impériale et couronnées par la « guerre de Quarante Ans » que fut la guerre froide (1948-1989).

L'oubli des violences anglaises (1534-1668)

Avec l'Allemagne et les Pays-Bas, l'Angleterre constitue le premier modèle de violences religieuses, inaugurées par la rupture d'Henry VIII avec la papauté en 1534 et l'adoption de l'« Acte de suprématie », qui faisait du roi le chef suprême de l'Église d'Angleterre, détenteur du droit de juger de toute hérésie, erreur ou abus, droit jusque-là réservé à l'Église romaine. Un peu plus tard, un second acte exigeait de tous les sujets du roi un serment de fidélité, serment que beaucoup de prêtres, comme plus tard en France lors de l'établissement de la République, refuseront de prononcer, ce qui leur vaudra la mort. Par ailleurs, la Couronne saisit à son profit les biens des couvents. Devant la prolifération des différentes opinions protestantes, Henry VIII promulgue en 1539 un « Acte pour abolir la diversité d'opinion », qui établit « six articles » définissant le dogme religieux. Catholiques comme protestants sont persécutés s'ils ne se plient pas au nouveau dogme.

Cette double persécution continua jusqu'à la mort d'Henry VIII en 1547 : « Si elle ne fit pas un très grand nombre de victimes, écrit Joseph Lecler, spécialiste de la crise religieuse des XVIe et XVIIe siècles, elle maintint le pays sous un lourd régime d'espionnage et de délation [7]. » Par la suite, l'Angleterre connaîtra sous différents règnes des périodes de poussées protestantes imposant de nouveaux catéchismes, tel le *Prayer Book* de 1549, ou pratiquant un « vandalisme méthodique et concerté », selon Joseph Lecler, par la destruction des statues, des images religieuses ou des autels, avec saisie du mobilier précieux des églises au profit de la Couronne, et de réactions catholiques, telle celle de Marie Tudor (1553-1558), suivies à nouveau de restaurations protestantes sous le long règne d'Elizabeth (1558-1603), entraînant la persécution des catholiques [8].

C'est sous ce règne que sera définitivement établie l'Église anglicane comme Église officielle du pays, dont le dogme et la structure seront un compromis entre le catholicisme et le calvinisme. Il fallut alors faire face à l'apparition des « séparatistes » puritains qui contestaient le principe d'une Église d'État, ce qui entraîna de nouvelles vagues de persécutions religieuses. Sous les deux premiers

7 Joseph Lecler, *Histoire de la tolérance au siècle de la Réforme, op. cit.*, p. 685.

8 *Ibid.*, pp. 689-719.

Stuart, la réconciliation avec les catholiques devint impossible, notamment après le célèbre *Gunpowder Plot* (Complot des poudres, 1605), premier acte terroriste moderne : imaginaire ou réel, ce complot fut attribué aux catholiques, qui auraient voulu dynamiter le bâtiment du Parlement en pleine session et en présence du roi. Les amendes payées par les sujets du roi s'obstinant à rester catholiques devinrent prohibitives. En 1606, sous le roi Jacques Ier, plusieurs *bills* vont attiser les persécutions contre les catholiques : obligation de participer au moins une fois par an à la communion anglicane, serment d'allégeance antipapal renforcé, attributions de primes aux délateurs de prêtres catholiques, limitation des déplacements des catholiques, obligation de se marier à l'église protestante et d'y faire baptiser les enfants [9].

Contrairement à l'image répandue d'une plus grande tolérance des Églises réformées par rapport à l'Église catholique, c'est en Angleterre que, dès 1534, « la loi punissait la fidélité au Saint-Siège comme un crime de haute trahison », rappelle l'historien Joseph Lecler, qui précise que « les événements de notre siècle nous permettent d'apprécier la gravité de la malfaisance » des pratiques initiées par la Réforme : « C'est ce régime de police et d'espionnage, d'emprisonnements et d'amendes, qui a permis à une minorité habile et résolue d'étrangler progressivement dans le royaume toutes les activités catholiques. On a eu grand soin de ne pas trop multiplier les martyrs, mais on a fini par imposer aux catholiques fidèles une condition de paria [10]. »

Et il ajoute : « On parlera beaucoup de tolérance dans l'Angleterre des Stuart et de Cromwell ; par malheur, exactement comme en Hollande au temps de la controverse arminienne, la tolérance mutuelle que réclameront les apologistes ne concernera que les confessions protestantes, à l'exclusion des catholiques. À quelques exceptions près — Robert Cotton, John Selden, John Goodwin, Roger Williams et quelques baptistes —, ce sera l'opinion générale des publicistes. John Locke, dans sa *Lettre sur la tolérance* (1689), ne fera que l'enregistrer. Comme le remarque J. W. Allen, c'est une « conviction "naïve et sincère" dans l'Angleterre des Stuart, que "la tolérance des protestants par les catholiques est une chose tout à

9 *Ibid.*, p. 746.
10 *Ibid.*, p. 820-821.

fait différente de la tolérance des catholiques par les protestants". La première est due en justice, et l'on trouve tout naturel que le roi de France tolère les huguenots. La seconde doit rester interdite, car les catholiques obéissent à deux puissances étrangères : l'Espagne et la papauté. Toujours ce même prétexte politique qui a donné si bonne conscience aux anglicans, aux puritains, aux hommes des sectes, en face des lois d'exception [11] ».

En 1610, l'assassinat du roi Henri IV en France relancera l'agitation anticatholique en Grande-Bretagne. S'il ne s'agit pas encore d'un régicide officiel, celui-ci interviendra lors de la révolution anglaise de Cromwell, que les historiens considèrent comme la première révolution moderne. Cent quarante ans avant les révolutionnaires français, en 1649, elle entraîne la décapitation du roi Charles Ier, en invoquant des versets de la Bible, la bénédiction divine et la providence tout au long de son parcours [12]. C'est aussi, en fait, la première dictature moderne. Les longs troubles religieux que connaît le royaume ne se terminent qu'avec la nouvelle révolution de 1688, appelée la « glorieuse », qui entraîne un changement de dynastie et consolide les acquis constitutionnels de la longue période de désordres religieux révolutionnaires [13]. Quant à la situation des catholiques, elle n'est normalisée qu'en 1791, lorsque le *Public Worship Act* rétablit la liberté de culte, qui sera confortée en 1829 par l'Acte d'émancipation.

---

11 *Ibid.*, p. 821.

12 Il est intéressant ici de citer l'un des nombreux propos de Cromwell légitimant son action par la religion, dans son discours à l'ouverture du petit Parlement, le 4 juillet 1653 : « Mais [...] ces très grandes manifestations de Dieu, traversant et contrecarrant les desseins des hommes, pour faire agir une pauvre et misérable réunion d'hommes ignorant les affaires militaires, ni ayant pour elles beaucoup de propension naturelle ! [...] Cela, simplement grâce à un principe de piété et de religion qu'ils reconnaissaient, et comment, sitôt qu'il en vint à être reconnu et que les affaires furent mises sur cette base, Dieu les bénit, favorisant toutes les entreprises, tout en usant des plus invraisemblables, des plus pauvres et misérables moyens. [...] Et vraiment Dieu ne voulut pas s'en tenir là — car, soit dit en passant, s'il nous convient d'attribuer à nous-mêmes nos fautes et nos échecs, la gloire de l'œuvre, en revanche, peut bien être attribuée à Dieu Lui-même et peut être dit Son merveilleux ouvrage » (cité par Gérard WALTER, *La Révolution anglaise. L'exécution de Charles Ier et l'ascension de Cromwell*, Marabout, Paris, 1963, pp. 238-239). On rappellera que l'invocation de l'autorité de la Bible, qui est une constante des controverses politico-religieuses des XVIe et XVIIe siècles, a été magnifiquement décrite par Victor Hugo dans les dialogues de sa célèbre pièce de théâtre, *Cromwell* (1827) ; on pourra aussi se reporter à Jean-Pierre POUSSOU, *Cromwell, la révolution d'Angleterre et la guerre civile*, PUF, Paris, 1993, qui décrit très bien les motifs religieux de Cromwell.

13 Voir Gerald M. STRAKA (dir.), *The Revolution of 1688 and the Birth of the English Political Nation*, D.C. Heath and Company, Lexington, 1973.

Mais les désordres religieux et les violences en Angleterre ne furent pas seulement ceux qui se déchaînèrent entre protestants et catholiques ; ils furent aussi ceux, non moins cruels, entre anglicans et presbytériens. En 1662, rappelle Jean Delumeau, le Parlement anglais « vota un Acte d'uniformité obligeant les ecclésiastiques à accepter la totalité du *Prayer Book* et à déclarer illégale toute insurrection armée. Le mois d'août fut marqué par la "Saint-Barthélemy des puritains" : 1 760 ministres qui refusèrent d'obéir à l'Acte d'uniformité, durent quitter leur paroisse et furent privés de leur traitement. En 1665, ils reçurent interdiction d'approcher à moins de cinq miles de leur ancienne paroisse ou d'une ville. Parce qu'ils étaient favorables au catholicisme, Charles II et Jacques II penchaient vers une politique de tolérance religieuse qui aurait certes favorisé tous les dissidents de l'anglicanisme — presbytériens ou membres des sectes —, mais aurait redonné un statut légal aux catholiques. Ainsi s'expliquent les déclarations d'indulgence de 1672 et de 1687. Mais le Parlement contrecarra cette politique et, luttant sur deux fronts, vota, contre les dissidents, l'Acte contre les conventicules (1670) et, contre tous les non-conformistes et notamment les catholiques, le *bill* du Test (1673) qui exigeait des fonctionnaires une profession de foi anglicane [14] ».

« En Écosse, précise Jean Delumeau, le retour des Stuart provoqua vingt-huit ans de lutte entre les presbytériens et l'autorité, qui crut devoir établir l'épiscopat. La majorité de la population repoussa même des évêques réduits au rôle de simples présidents et administrateurs. L'archevêque primat, Robert Leighton, devant cet échec, quitta le pays. La persécution se déchaîna alors sur l'Écosse : emprisonnements, insurrections inspirées par le désespoir, répressions sanglantes, tortures, noyades et exécutions remplirent cette période néfaste, connue en Écosse sous le nom de "temps de la tuerie" (*the killing time*). On compte que 18 000 personnes furent mises à mort [15]... Expulsés de leurs paroisses et remplacés par de misérables mercenaires, les pasteurs qui ne tombèrent pas victimes de la persécution s'enfuirent dans les montagnes et dans les bois, où ils rassemblaient les fidèles dépossédés de leurs temples [16]. »

---

14 Jean Delumeau, *Naissance et affirmation de la Réforme*, PUF, Paris, 1965, pp. 237-238.

15 « Il faut sans doute n'accepter ce chiffre qu'avec des réserves », ajoute en note Jean Delumeau.

16 Jean Delumeau, *Naissance et affirmation de la Réforme*, *op. cit.*, pp. 238-239.

Bien plus, comme nous le rappelle Jean Delumeau : « L'intolérance religieuse eut la vie dure. Tandis que la politique extérieure se laïcisait après 1648 et que la catholique Espagne s'alliait contre la France aux puissances protestantes, l'Angleterre de la fin du XVIIe siècle continuait d'opprimer les catholiques et la France les protestants. À la faveur du "complot" dénoncé par Titus Oates (1678), plusieurs lords furent jetés à la tour de Londres, 2 000 suspects arrêtés, tous les catholiques chassés de la capitale, cinq jésuites exécutés. Quelques années plus tôt, le *bill* du Test (1673), qui visait spécialement les catholiques, avait écarté tous les non-conformistes des fonctions publiques. Au même moment, en France, de multiples règlements, une interprétation sans cesse plus rigoureuse de l'édit de Nantes et bientôt les dragonnades s'efforçaient de rendre la vie intenable aux calvinistes [17]. »

On doit rappeler aussi que les premières saisies des biens de l'Église n'ont pas eu lieu en France lors de la Révolution française, mais bien en Angleterre dès le XVIe siècle, lorsque la puissance de l'Église catholique fut abattue par Henry VIII. La vente de ces biens saisis donnera naissance à l'expression de la « sécularisation » de cette richesse dont l'Église était jusque-là propriétaire ; il en résultera une redistribution de richesses fort importante (le même phénomène s'était produit dans les États allemands ayant adopté le protestantisme comme religion officielle). Rappelons également que les premiers mouvements égalitaristes violents apparurent en Allemagne au début du XVIe siècle avec les anabaptistes [18], puis surtout en Angleterre, un siècle plus tard, avec les fameux *levellers*, *diggers* et *ranters*, qui contestaient la propriété de type nobiliaire et réclamaient le droit des paysans à posséder la terre [19]. Les premières

---

17 *Ibid.*, p. 162.

18 Il s'agissait d'une secte fondée par un disciple de Luther, Thomas Müntzer, qui déclencha la célèbre révolte des paysans de Thuringe en Allemagne en 1524-1525 et qui prétendait préparer ses adeptes à la fin du monde par la mise en communauté de tous les biens et par un baptême pour les adultes. Une seconde vague de révoltes anabaptistes eut lieu en 1533-1536 à Münster en Westphalie. Luther se déclara tout à fait hostile à ces révoltes et devint, de ce fait, un partisan de la religion d'État, niant ainsi la possibilité du pluralisme religieux, ce qui inspira le fameux principe du *cujus regio, ejus religio* obligeant tous les sujets d'un prince à suivre les dogmes de l'Église officielle, dont il devient le chef temporel.

19 Voir à ce sujet le très bel ouvrage de Christopher HILL, *The World Turned Upside Down. Radical Ideas during the English Revolution*, Penguin Books, Londres, 1974. Son auteur y propose un panorama exhaustif des doctrines égalitaristes des différentes sectes et groupes de partisans de changements sociaux radicaux qui, à l'instar des anabaptistes, préconisaient la communauté de biens. Hill n'hésite pas à parler de théories communistes déguisées en christianisme

idées égalitaristes ne trouvent donc pas leur origine dans la philosophie des Lumières et la Révolution française, mais bien dans le tourbillon déclenché par la contestation protestante en différentes régions d'Europe.

Pourtant, aujourd'hui, à la différence de la Révolution française, la révolution anglaise n'est pas soumise à la même révision critique ; elle n'est pas incluse dans la généalogie des formes de violence et de terreur pratiquées au XXe siècle par les régimes fascistes ou communistes. Est-ce le fait qu'il s'agit d'une révolution opérée dans le contexte du protestantisme triomphant en Angleterre et que ce dernier sera considéré dans la perception commune européenne comme un facteur majeur — encore peu déconstruit, sinon pas du tout — du décollage économique et du développement ? Nous aurons l'occasion d'y revenir. Mais le protestantisme anglais, une fois devenu religion d'État, n'a pas été moins persécuteur que l'avait été le catholicisme. Comme le dit si bien le grand historien Jacques Pirenne, « Luther n'a renoncé au principe de l'autorité romaine que pour le transporter entre les mains du prince, qui devient ainsi le maître absolu de la conscience de ses sujets. Loin de supprimer l'autoritarisme religieux, il le morcelle et le rend, par le fait même, plus étroit et plus tyrannique, tandis qu'en soumettant la religion à la toute-puissance temporelle, il la matérialise [20] ».

Si l'horreur des guerres de religion est donc bien rapportée par plusieurs ouvrages contemporains [21], nous n'en avons en général qu'une mémoire tronquée. Dans la glorification de la Révolution française comme dans le dénigrement dont elle est l'objet aujourd'hui en tant qu'archétype de la violence moderne, nous avons oublié la filiation qui peut être établie entre les formes de cette violence et celles inaugurées par les guerres de religion. La volonté de subvertir l'ordre établi, de lutter pour l'établissement d'un nouvel ordre plus juste, plus authentique, plus conforme à une

---

utopique à la recherche de l'égalité originelle des hommes (p. 115). Les termes de *levellers* et *diggers* se réfèrent au refus par ces groupes de la clôture des domaines par les nobles (les *enclosures*, qui marquent le début de la réforme agraire et industrielle en Angleterre).

20 Jacques PIRENNE, *Les Grands Courants de l'histoire universelle*, tome 2, *De l'expansion musulmane aux traités de Westphalie*, Éditions de la Baconnière, Neuchâtel, 1959, p. 470.

21 Voir en particulier Denis CROUZET, *Les Guerriers de Dieu. La violence au temps des troubles de religion. Vers 1525-1610*, 2 vol., Champ Vallon, Seyssel, 1990 ; Arlette JOUANNA, Jacqueline BOUCHER, Dominique BILOGHI, Guy LETHIEC, *Histoire et Dictionnaire des guerres de religion*, Robert Laffont, Paris, 1998 ; Pierre MIQUEL, *Les Guerres de religion*, Fayard, Paris, 1980.

idée de transcendance, fût-ce au prix des violences collectives les plus meurtrières, n'a pas été inaugurée par la Révolution française. C'est plutôt cette dernière, avec les vives réactions qu'elle a provoquées dans toute l'Europe monarchique, qui a renoué avec le long siècle des guerres de religion, de 1517, date des fameuses quatre-vingt-quinze thèses de Luther (contre le principe des indulgences papales), à 1648, date du Traité de Westphalie qui avait clos la guerre de Trente Ans et le cycle de ces guerres ayant déchiré l'Europe — en particulier l'Allemagne, dont la division entre diverses principautés affaiblies était désormais consacrée au profit des autres puissances européennes [22]. Certains historiens allemands expliquent d'ailleurs par les conséquences de ces guerres le retard de ce pays jusqu'à son unification quelques siècles plus tard [23].

Le long siècle des guerres de religion (1517-1648)

La révolution anglaise, saluée comme le début de l'évolution vers le constitutionnalisme moderne et l'équilibre des pouvoirs si vanté par Montesquieu, fut donc profondément inscrite dans les violences fortes du long siècle des guerres de religion, que nous devons maintenant décrire.

Il s'agit bien, en effet, d'un nouveau type de violences jusque-là inconnues en Europe, violences qui traversent toutes les couches de la société et qui ont pour but d'extirper au sens le plus littéral du terme tous ceux qui sont devenus « différents », autres, subversifs et dangereux pour le maintien de l'intégrité du corps social et la paix des royaumes et principautés. « La guerre des religions, explique fort bien Pierre Miquel, n'est pas une guerre civile comme celle des Armagnacs et des Bourguignons. Elle est inexorable, elle dresse l'homme contre l'homme. Elle n'a pas pour but de dominer

22 Voir Geoffrey Parker, *La Guerre de Trente Ans*, Aubier, Paris, 1987.

23 Voir Thomas Nipperdey, *Réflexions sur l'histoire allemande*, *op. cit.* Cet auteur considère que Luther, qui mène une « révolte prémoderne contre le Moyen Âge, [...] a étouffé une tendance à la modernité déjà présente aux alentours de 1500 : il a replacé au centre des préoccupations vitales et avec toute sa force originaire le problème religieux de la grâce et du salut qui est justement celui d'un moine du Moyen Âge, à l'encontre de toutes les tendances rationalistes, humanistes et séculières ; il a en quelque sorte retardé de deux siècles et demi l'explosion de ces dernières » (p. 43).

l'adversaire, mais de le détruire, de le réduire — comme le font les inquisiteurs — en cendres[24]. »

De fait, la rupture de l'unité de l'Église s'accomplit dans un déchaînement peu commun de violences, assorti de tous les types de justification et de légitimation que donneront par la suite les révolutionnaires de tous les temps et sous tous les cieux, en France, en Russie, en Allemagne, en Chine et en de nombreux autres lieux. C'est l'éclatement de la méga-identité chrétienne occidentale qui est à l'origine de ces phénomènes, précédés par les siècles de l'institution inquisitoriale, portée à son summum dans l'Espagne très catholique.

À travers les citations qui suivent, on va réaliser à quel point les violences révolutionnaires modernes, qu'elles soient françaises, russes ou chinoises, tout comme le contrôle de la pensée par la délation et l'espionnage à travers un appareil institutionnel étatique ou para-étatique, ne constituent pas des innovations : tout a déjà eu lieu à grande échelle dans l'Europe des guerres de religion. Les notions mêmes de « subversion », de « cinquième colonne » au service de l'étranger, de minorité malfaisante corrompant le corps social, aujourd'hui associées exclusivement aux lexiques des dictatures modernes pour justifier la chasse aux opposants, sont bien présentes dans l'Europe du Moyen Âge et de la Renaissance.

Cela commence par l'extirpation des restes de paganisme, puis se poursuit dans la volonté de réduire les poches de communautés musulmanes et juives restantes en Espagne, dans les croisades contre les hérétiques, en particulier les Albigeois, enfin dans les interminables violences entre catholiques et protestants, qui provoquent de nombreuses migrations pour échapper aux persécutions. C'est le début de ce que nous appelons aujourd'hui le « nettoyage ethnique », pratiqué alors à grande échelle en Europe puis dans les deux parties de l'Amérique — un principe de domination consacré par la paix d'Augsbourg (1555), qui instituait le détestable principe du *cujus regio ejus religio*, en vertu duquel les sujets du prince régnant sur une région devaient adopter la même religion que lui ou bien la quitter pour une autre province gouvernée par un prince pratiquant officiellement leur culte.

---

24 Pierre MIQUEL, *Les Guerres de religion*, *op. cit.*, p. 22.

La radicalité révolutionnaire des huguenots

C'est aussi la consécration, en dépit de la cassure de l'Église et de la montée de l'humanisme, de l'idée que le salut est toujours collectif, que le corps social doit rester tribal, avoir son totem, son alliance avec un dieu. La modernité n'innovera pas vraiment : le besoin de transcendance restera aussi virulent qu'auparavant, mais plutôt que de se fixer sur un dieu, un lien totémique, il se fixera sur la raison et l'esprit qui produisent des idéaux transcendants dont Hegel posera les premiers fondements, et qui vont dégénérer à leur tour dans l'écrasement de la liberté individuelle au profit de la tribu devenue nation, peuple, classe sociale ou civilisation.

L'historien Denis Crouzet, dans sa remarquable analyse de la violence au temps des troubles de religion en France, a reconstitué la montée de l'angoisse eschatologique au XVIe siècle face à la rupture de l'unité de l'Église. Celle-ci, explique-t-il, « faisait dramatiquement vivre les hommes dans l'angoisse du Jugement dernier imminent, dans un monde surenchanté de signes de Dieu avertissant l'humanité de Sa violence proche. C'est dans ce monde qu'ils vécurent en leurs violences et dans les événements qui exigèrent la violence[25] ». Et d'ajouter : « Les guerres de religion ne doivent-elles pas être pensées historiquement comme des guerres de confrontation entre une culture traditionnelle fondée sur la présence de Dieu au monde, et une culture de la modernité axée sur l'autonomisation de la sphère mondaine, une culture du désangoissement ? Telles sont les interrogations auxquelles conduira l'analyse comparée des systèmes de représentations qui sous-tendent les violences. [...] La victoire d'Henri IV, victoire de la raison politique sur l'enchantement mystique, n'était-elle pas inscrite dans la logique déstabilisante de l'histoire qui avait vu monter en puissance une violence d'angoisse et un rêve d'accomplissement spirituel de l'humanité[26]. »

En s'appuyant sur de très nombreux textes, Denis Crouzet fait vivre sous nos yeux les mécanismes psychologiques qui font adhérer l'individu à un système parce qu'il « satisfait son angoisse existentielle, la lui fait supporter dans la jubilation ou l'exaltation, ou la lui cache en paraissant la refouler hors de lui, également dans

---

25 Denis Crouzet, *Les Guerriers de Dieu*, *op. cit.*, tome 1, p. 51.
26 *Ibid.*, pp. 51-52.

la jubilation et l'exaltation, mais d'une délivrance [27] ». N'avons-nous pas ici déjà l'archétype des violences modernes et la description de leur cause : la sortie d'un système d'autorité usé et la conception d'un autre système sur des bases ontologiques et métaphysiques nouvelles se réclamant d'une pureté primitive ? La lutte sans merci des papistes contre les huguenots est bien une guerre d'extermination et d'annihilation de l'Autre, entrecoupée de trêves, de vains essais de compromis, qui n'arrêtent que momentanément les violences collectives et les massacres : assassinats (dont ceux de deux rois de France), profanations et pillages d'églises et de biens du clergé, violations de tombes, contestation de la monarchie, comités populaires qui ne se soumettent plus à aucune autorité, situations d'« hystérie panique » ou de « réactions en chaîne » et d'« exaltations collectives », que décrit Denis Crouzet dans son ouvrage monumental.

« On pourrait m'objecter, bien sûr, dit cet historien, que la permanence de l'actualité de cette part cachée de la Réforme n'est perceptible qu'à travers des exemples ponctuels et que j'ai généralisé artificiellement ce qui pourrait n'être que des phénomènes marginaux de tension, voire des faits normaux en période de bouillonnement religieux. Or je pense que les rituels de violence prouvent que les huguenots des années 1560, qu'ils aient été des militants iconoclastes ou des nobles tentés par le tyrannicide, furent bien des primitifs de la Révolution, dans le refus symbolique de toute sacralité politique et dans le rêve d'une société de saints, une société renouvelée. Si la radicalité reste rationnellement en arrière du combat des protestants de l'Évangile, c'est parce qu'elle use le plus souvent d'un autre langage qui est le langage de la violence collective. [...] Consciemment ou inconsciemment, dans les rituels de l'agression, les huguenots auraient profité des séquences de déchaînements violents pour dire leur rêve d'une société dans laquelle ils seraient le principe régulateur d'ordre. C'est aussi dans la réalité de la violence, par-delà le théâtre du défoulement carnavalesque, que s'exprime de temps à autre une tension régicide [28]. »

Crouzet conclut son premier volume en affirmant : « On le voit, la volonté de refondre un ordre, dont pourtant on sait qu'il restera

27 *Ibid.*, p. 145.
28 *Ibid.*, p. 756.

toujours infecté par la faute originelle, n'est pas sans diriger la conscience collective vers l'imaginaire d'une société plus juste, plus humaine, plus étale pour tous, un ordre provisoire qui serait, selon la formulation de Janine Garrisson-Estèbe, une "image parfaite du paradis perdu"[29]. »

Les guerres de religion déstabiliseront aussi l'institution de la monarchie, pilier de l'ordre de la chrétienté européenne. Elles ouvrent le dossier de la légitimité de la destitution d'un roi tyrannique qui s'est éloigné des commandements de Dieu, voire celui de la nécessité de son élimination physique. La loi de Dieu est supérieure à celle du tyran. Dans la vision protestante, explique Denis Crouzet, « le roi n'a pas autorité pour commander aux consciences, qui ne reconnaissent et ne doivent reconnaître de supérieur que Dieu[30] ». D'où ce paradoxe de l'effet des guerres de religion où les huguenots, tout en s'appuyant sur l'autorité de la Bible pour dénoncer le pouvoir de « droit divin », ouvrent en fait la voie à la sécularisation de sa sphère politique.

Dans cette optique, la Révolution française, loin d'être l'événement fondateur de la modernité et l'archétype de ses violences, ne serait-elle pas plutôt la continuation de ce que certains protagonistes des guerres de religion avaient initié contre la stabilité de l'ordre dans la chrétienté européenne ? Ne doit-on pas la considérer moins comme un avènement que comme un aboutissement, celui du long processus de « sécularisation », abattant (presque) définitivement le pouvoir royal et le pouvoir de l'Église ?

Nous avons déjà évoqué la position de Michelet qui, dans sa magnifique introduction à l'*Histoire de la Révolution française*, tout en reconnaissant le lien entre christianisme et Révolution, met en garde contre les « malentendus ». « La Révolution, dit-il, continue le christianisme et elle le contredit. Elle en est à la fois l'héritière et l'adversaire[31]. » Pour Michelet, le christianisme est à la source du sentiment de fraternité humaine ; mais la Révolution a enseigné ce sentiment « pour le monde, pour toute race, toute religion qui éclaire le soleil », alors que le christianisme est resté prisonnier de l'arbitraire du concept de la grâce et de la prédestination, que le

29 *Ibid.*, p. 772.
30 *Ibid.*, tome 2, p. 40.
31 Jules MICHELET, *Histoire de la Révolution française*, *op. cit.*, tome 1, pp. 54-55.

protestantisme poussera à ses extrêmes, contredisant ainsi la notion de justice. « La Révolution, affirme Michelet, n'est autre chose que la réaction tardive de la justice contre le gouvernement de la faveur et la religion de la grâce [32]. »

À l'adresse de ceux qui — déjà à l'époque — voulaient charger exclusivement la Révolution de crimes exceptionnellement odieux, Michelet rappelle : « Que la terreur révolutionnaire se garde bien de se comparer à l'Inquisition ! Qu'elle ne se vante jamais d'avoir, dans ses deux ou trois ans, rendu au vieux système ce qu'il nous fit six cents ans ! Combien l'Inquisition aurait droit de rire ! Qu'est-ce que c'est que les 16 000 guillotinés de l'une devant ces millions d'hommes égorgés, pendus, rompus, ce pyramidal bûcher, ces masses de chairs brûlées, que l'autre a montées jusqu'au ciel ? La seule Inquisition d'une des provinces d'Espagne établit, dans un moment authentique, qu'en seize années elle brûla 20 000 hommes. [...] Mais pourquoi parler de l'Espagne, plutôt que des Albigeois, plutôt que des Vaudois des Alpes, plutôt que des Beggards de Flandre, que des protestants de France, plutôt que de l'épouvantable croisade des Hussites, et de tant de peuples que le pape livrait à l'épée [33] ? » Nous verrons bientôt plus en détail les mécanismes de violence produits par l'institution de l'Inquisition.

L'hyperviolence du XVIe siècle européen

Jean Delumeau, évoquant le « contexte général de cruelle intolérance », fait un résumé saisissant des cruautés pratiquées à grande échelle en Europe au XVIe siècle et qui continueront en Angleterre et jusqu'aux États-Unis au XVIIe siècle. « En Occident, écrit-il, la haine

---

32 *Ibid.*, p. 58.

33 *Ibid.*, pp. 61-62. Et Michelet d'ajouter : « L'histoire dira que, dans son moment féroce, implacable, la Révolution craignit d'aggraver la mort, qu'elle adoucit les supplices, éloigna la main de l'homme, inventa une machine pour abréger la douleur. [...] Et elle dira aussi que l'Église du Moyen Âge s'épuisa en inventions pour augmenter la souffrance, pour la rendre poignante, pénétrante, qu'elle trouva des arts exquis de torture, des moyens ingénieux pour faire que, sans mourir, on savourât longtemps la mort, et qu'arrêtée dans cette route par l'inflexible nature qui, à tel degré de douleur, fait grâce en donnant la mort, elle pleura de ne pouvoir en faire endurer davantage. Je ne puis, je ne veux pas remuer ici cette mer de sang. Si Dieu me donne d'y toucher un jour, il reprendra ce sang, sa vie bouillonnante, il roulera en torrents, pour noyer la fausse histoire, les flatteurs gagés du meurtre, pour emplir leur bouche menteuse... »

de l'hérétique devint la loi. François Ier laissa massacrer 3 000 Vaudois du Midi. Philippe II liquida en cinq grands *autodafés* tout ce que l'Espagne comptait de protestants et d'érasmisants. Quelque 30 000 réformés furent victimes en France de la Saint-Barthélemy et de ses séquelles, tant à Paris qu'en province. Aux Pays-Bas, à l'automne 1572, le duc d'Albe fit mettre à sac Malines, qui avait auparavant ouvert ses portes au prince d'Orange, et passer par les armes les protestants de Zutphen.

« Mais l'intolérance fut des deux côtés : aux exécutions exigées par Marie la sanglante répondirent en nombre sensiblement égal celles qu'ordonna Elizabeth. Un peu partout, dans l'Europe du XVIe siècle, éclatèrent des *furies iconoclastes* : à Wittenberg, en 1522, en Provence et en Dauphiné en 1560, aux Pays-Bas en 1566. Dans cette dernière région, en 1572, les Gueux enterrèrent vivants des moines, laissant toutefois leurs têtes émerger hors de terre ; ils s'en servirent alors comme cibles pour un sinistre jeu de boules. Dans l'Angleterre d'Elizabeth, on éventra des martyrs catholiques encore vivants pour leur arracher le cœur et les viscères ; une femme qui avait caché un prêtre fut écrasée sous des planches qu'on recouvrit de grosses pierres. En Vivarais, vers 1579, les protestants enfermèrent des catholiques dans des clochers et les y laissèrent mourir de faim ; des enfants furent mis à la broche et rôtis en présence de leurs pères et mères.

« Il est impossible de dire lequel des deux adversaires fut le plus cruel et en quel pays on poussa le plus loin les raffinements de la barbarie. [...] Sur 877 victimes mentionnées par les martyrologes protestants des Pays-Bas, au XVIe siècle, 617 furent des anabaptistes. Vers 1530, Sébastien Franck évaluait à 2 000 les anabaptistes qui, dès cette époque, avaient été exécutés en Allemagne. Les villes et cantons protestants de Suisse furent non moins hostiles aux Indépendants : Genève fit brûler Servet, Mélanchton, Théodore de Bèze, et l'ensemble des Églises helvétiques approuvèrent la condamnation à mort qu'avait demandée Calvin. [...] Un des premiers Indépendants anglais, Robert Browne, connut trente-deux prisons au cours de son existence. Dans le Massachusetts presbytérien, on persécuta les premiers Quakers et certains furent mis à mort [34]. »

34 Jean DELUMEAU, *Naissance et affirmation de la Réforme*, *op. cit.*, pp. 161-162.

En France, Arlette Jouanna, historienne des guerres entre huguenots et catholiques, parle de « violence sauvage » : « Dans les villes où la réaction catholique est particulièrement forte, ont lieu des massacres systématiques de huguenots. Ainsi, à Sens (12-14 avril 1562), à l'issue d'une procession, les catholiques détruisent la grange qui servait de temple et tuent les participants au culte. À Tours, en juillet 1562, quelque deux cents huguenots sont assommés et jetés dans la Loire. La reprise des villes conquises par les réformés est souvent marquée par de terribles représailles, ainsi lors du sac d'Orange en juin, de Blois en juillet, de Sisteron en septembre. La violence catholique se veut l'instrument de la colère divine : l'hérétique incarnant Satan, on s'emploie à lui faire perdre toute figure humaine par la lapidation, l'éventration, la mutilation et le dépècement ; la participation des enfants aux rites de défiguration est censée être le symbole de la pureté de ce combat pour Dieu. Les huguenots sont entraînés aussi dans la violence. Ils souhaitent au début la limiter aux images et aux prêtres, la "rationaliser" en quelque sorte ; mais les prises de villes par leurs troupes donnent lieu à de terribles excès : ainsi, au début de juillet, le sac de Beaugency dans la vallée de la Loire et, en Provence, le massacre des défenseurs catholiques de Mornas, dont les cadavres sont mis dans une barque sur le Rhône avec cet écriteau : "Ô vous, gens d'Avignon ! Laissez passer ces marchands, car ils ont payé le péage à Mornas !" [35] »

C'est en France aussi que survient le fameux massacre de la Saint-Barthélemy, le 24 août 1572 à Paris, qui touche ensuite une quinzaine de villes. « Ces tueries provinciales, écrit Arlette Jouanna, révèlent chez ceux qui les ont perpétrées la même conviction d'accomplir une œuvre de Dieu en purifiant leur cité de l'hérésie qui la souillait ; mais, en particulier dans le Midi, elles trahissent aussi des luttes intestines pour le contrôle du pouvoir urbain. En tout, en France, les "Saint-Barthélemy" ont fait peut-être jusqu'à 10 000 victimes [36]. »

Catholiques en Angleterre et protestants en France sont regardés, avant l'heure, comme des « cinquièmes colonnes » (ce concept, on le sait, ne sera formalisé comme tel qu'au cours de la guerre civile

35 Arlette Jouanna, « Le temps des guerres de religion en France (1559-1598) », *in* Arlette Jouanna *et alii*, *Histoire et Dictionnaire des guerres de religion*, *op. cit.*, p. 117.

36 *Ibid.*, p. 204 ; on remarquera que le chiffre cité par cette historienne pour les différents massacres de huguenots est bien inférieur à celui avancé par Jean Delumeau (30 000 victimes), ce qui montre les limites de la précision en matière historique.

espagnole des années 1930). Les catholiques sont perçus par les réformés non seulement comme des papistes impénitents, mais aussi comme des agents ou espions potentiels de l'Espagne ou de la France, puissances catholiques. Les huguenots sont, en sens inverse, considérés non seulement comme de subversifs hérétiques, mais comme agents ou espions à leur tour de l'Angleterre, de Genève ou des Pays-Bas calvinistes.

Analysant les causes qui amènent Louis XIV à révoquer l'édit de Nantes en 1685, Janine Garrisson écrit : « Au sommet, le pouvoir s'inquiète, de manière sincère ou feinte (?), des relations européennes des protestants français. Cette crainte paraît logique : la guerre est à peine finie qui a vu les Anglais rôder devant La Rochelle et proposer une aide acceptée des religionnaires. La tentative de négociation entre Rohan et l'Espagne semble probablement négligeable au gouvernement, qui redoute bien davantage les alliances fondées sur une communauté religieuse : or, les huguenots n'ont dans ce cas que l'embarras du choix : l'Angleterre, les Provinces-Unies, Genève, les cantons suisses, les villes et principautés allemandes... L'on sait en haut lieu qu'il existe comme un internationalisme réformé ; des ministres suisses, genevois, écossais et même allemands prêchent en France comme ils enseignent la théologie aux académies, alors que des apprentis pasteurs du royaume s'en vont compléter leurs études à Lausanne, à Genève, à Heidelberg, à Leyde. Cette fratrie protestante, le pouvoir souhaite la briser ; elle apparaît dangereuse pour un État qui se cherche dans la force et dont les propagandistes chantonnent le "nationalisme" ; l'aberrant slogan des "frontières naturelles" entame sa carrière dans les années trente du XVIIe siècle, et les manuels de géographie revendiquent le Rhin comme ligne de partage entre la France et l'Allemagne. Sans doute le gouvernement ressent-il déjà comme une menace toute espèce de relations extérieures. Entre 1630 et 1656, un vaste ensemble de mesures tend à faire des protestants des sujets du royaume bien français, et non plus les participants d'une société européenne [37]. »

Par ailleurs, une censure étroite interdit l'importation d'ouvrages étrangers, cependant que les assemblées synodales protestantes sont mises sous étroit contrôle de l'État et que les pasteurs ne peuvent

37 Janine Garrisson, *L'Édit de Nantes et sa révocation*, Seuil, Paris, 1985, p. 82.

employer une certaine terminologie dans leurs sermons. Une censure qui préfigure celle des totalitarismes du XXe siècle, dont l'héritage est donc, encore une fois, loin de pouvoir se résumer à celui de la Révolution française.

Les longs siècles de l'Inquisition (XIIe siècle au XVIIIe siècle) : l'institutionnalisation du délit d'opinion

Nous avons évoqué le drame de la Réforme et de la Contre-Réforme, mais quelques siècles auparavant l'Église d'Occident avait dû faire face au développement d'hérésies qui l'amenèrent à mettre en place les tribunaux de l'Inquisition et à mener croisade contre diverses catégories de personnes déclarées hérétiques. Les *modus operandi* de l'Inquisition se retrouveront à maints égards dans nombre d'épisodes de la Révolution française, de la révolution russe ou même de la révolution culturelle chinoise : les purges, excommunications et liquidations physiques d'opposants aux dogmes de la doctrine dominante dans les régimes politiques issus des révolutions modernes paraissent reproduire assez exactement ce qui s'est passé au sein de l'Église catholique entre le XIIe siècle et le XVIe siècle en Europe et qui finit par dégénérer en guerre de religion généralisée.

Dans son acception moderne, c'est bien dans l'Europe de l'Inquisition — portée à son paroxysme dans l'Espagne de Philippe II (qui régna de 1555 à 1598) — que le délit d'opinion a été institutionnalisé. Ses origines remontent au troisième concile de Latran (1179), qui permit au pouvoir de « droit divin » de s'opposer par la force aux hérétiques. La lutte contre l'hérésie cathare entraîna un durcissement et le pouvoir séculier fut associé par la papauté à la répression, qui devint pour lui une obligation de nature religieuse (concile de Vérone en 1184). En 1200 en Avignon, un concile décida de la création dans chaque paroisse d'une commission formée d'un prêtre et de deux ou trois laïcs intègres, ayant promis sous serment de dénoncer tous ceux qui passeraient à l'hérésie, la soutiendraient ou la dissimuleraient [38]. L'institution inquisitoriale

38 Voir l'ouvrage remarquablement documenté de Guy et Jean TESTAS, *L'Inquisition*, PUF, Paris, 1966, pp. 9-17.

se développera ensuite de façon continue — elle sera même exportée par les Espagnols aux Amériques, où des autodafés se pratiqueront jusqu'en 1815 [39].

Arlette Jouanna explique bien la formidable puissance acquise par la juridiction inquisitoriale dans l'Espagne du XVIe siècle : « Traitant de tout délit d'opinion lié de près ou de loin à la religion, la juridiction inquisitoriale est d'autant plus redoutée qu'elle échappe au droit commun. Très centralisée, l'Inquisition ignore les régimes foraux et tout appel à Rome, Valdés obtenant même l'autorisation pontificale de procéder contre les évêques. Sa procédure d'exception, fondée sur le secret, l'isolement, l'anonymat des délateurs et l'absence d'avocats, hormis ceux commis d'office, la rend plus redoutable encore que tout autre tribunal. Si la torture est rare, et les conditions de détention en général moins dures que dans d'autres prisons, les absolutions et suspensions de procès sont réduites, laissant donc peu de chance d'échapper à une condamnation. Celle-ci est dans l'ensemble moins sévère qu'on ne l'a longtemps cru ; après la phase "terroriste" des premières décennies (1480-1530), le nombre de condamnations à mort tombe à quelques centaines sur plus de 27 900 cas évoqués entre 1560 et 1614. En outre, si d'autres peines sont lourdes, les galères ou la prison à perpétuité, elles sont aussi peu fréquentes. Néanmoins, sont encore durement ressenties les amendes et confiscations de biens, source de revenus des tribunaux [40]. » Suit aussi une description de la « peur de l'infamie » qui frappe tous ceux convoqués devant cette juridiction ; de même que celle que font naître les cérémonies d'autodafé.

« L'imagination du fidèle est d'autant plus marquée, ajoute Arlette Jouanna, que le Saint-Office semble pouvoir frapper les puissants plus encore que les misérables, la noblesse comme la roture, les *letrados* mieux que les ignorants, et même les clercs qui représentent souvent un fort pourcentage d'accusés. L'Inquisition met aussi en accusation de grands seigneurs protecteurs des morisques, comme l'amiral d'Aragon ou le duc de Gandie [41]. »

---

39 *Ibid.*, p. 117-124.

40 Arlette JOUANNA, « Le temps des guerres de religion en France (1559-1598) », *loc. cit.*, p. 482.

41 *Ibid.*, p. 483.

Henry Charles Lea, l'un des meilleurs historiens de l'Inquisition, a tenté d'expliquer « l'horrible férocité et le zèle barbare » avec lesquels les supplices étaient infligés aux hérétiques et les techniques de leur dénonciation. « Non seulement, écrit-il, on enseignait ainsi à tous les chrétiens que leur premier devoir était de contribuer à l'extermination des hérétiques, mais on les poussait sans scrupule à les dénoncer aux autorités, au mépris de toute considération humaine ou divine. Les liens de sang n'étaient pas une excuse pour celui qui dissimulait un hérétique : le fils devait dénoncer son père, le mari était coupable s'il ne livrait pas sa femme à une mort affreuse. Tous les liens humains étaient brisés par le crime d'hérésie ; on apprenait aux enfants qu'ils devaient quitter leurs parents ; même le sacrement du mariage ne pouvait pas unir une femme orthodoxe à un mari hérétique. Les engagements privés n'étaient pas respectés davantage. Innocent III déclare emphatiquement que, suivant les canons, on ne doit point conserver sa foi à celui qui ne la conserve pas envers Dieu. Aucun serment de discrétion n'était valable dans une cause d'hérésie, car "celui qui est fidèle envers un hérétique est infidèle envers Dieu". L'apostasie est le plus grand des crimes, dit l'évêque Lucas de Tuy ; par conséquent, si quelqu'un s'est engagé par serment à garder le secret d'une si horrible perversité, il doit révéler l'hérésie et faire pénitence pour le parjure, avec l'assurance que, la charité pouvant couvrir une multitude de péchés, il sera traité avec indulgence en considération de son zèle [42]. »

Comme le rappelle cet historien, après bien d'autres, les excès iront jusqu'à intenter des procès posthumes, puis à déterrer les corps et à les mutiler. « Aux yeux de tous, écrit-il, la vie n'était qu'un point dans l'éternité et tous les intérêts humains se réduisaient à rien, en comparaison du devoir impérieux de sauver le troupeau en empêchant les brebis infectées de communiquer leur mal. La charité même ne pouvait pas hésiter à recourir aux moyens extrêmes pour remplir la tâche de salut qui lui incombait. La sincérité des hommes qui servaient d'instruments à l'Inquisition, leur conviction profonde qu'ils travaillaient pour la gloire de Dieu, sont attestées, entre autres, par l'habitude qu'on avait prise de les

42 Henry Charles LEA, *Histoire de l'Inquisition au Moyen Âge*, Robert Laffont, Paris, 2004, pp. 167-168.

encourager par des dons d'indulgences, pareils à ceux qui méritaient un pèlerinage en Terre sainte. En dehors de la joie du devoir accompli, c'était là le seul prix de leurs existences de travail et de fatigue et ils le considéraient comme suffisant [43]. »

Lea explicite ainsi le fonctionnement psychologique du fanatisme : « Étant donné l'état d'esprit des fanatiques, écrit-t-il, même des plus charitables et des plus aimants, on ne pouvait guère plus leur commander d'avoir pitié des souffrances des hérétiques que de celles de Satan et de ses démons se débattant dans les tourments sans fin de l'Enfer. Si un Dieu juste et tout-puissant tirait une vengeance atroce de celles de ses créatures qui l'avaient offensé, ce n'était pas à l'homme de mettre en doute l'équité divine, mais il devait humblement suivre l'exemple de son Créateur et se réjouir quand l'occasion s'offrait à lui de l'imiter. [...] À une époque où tous les hommes pensants étaient élevés dans des sentiments pareils et où ils se faisaient, à leur tour, un devoir de les répandre dans le peuple, on conçoit aisément qu'aucun sentiment de pitié pour les victimes ne pût détourner même les plus charitables des plus cruelles rigueurs de la justice. L'extermination sans scrupule des hérétiques était une œuvre qui ne pouvait que réjouir les âmes droites, soit qu'elles en restassent simplement spectatrices, soit que leur conscience ou leur situation leur imposât les devoirs plus élevés de la persécution agissante. Si, malgré cela, quelque hésitation se faisait jour, la théologie scolastique y mettait fin en démontrant que la persécution était une œuvre de charité, éminemment profitable à ceux qu'elle atteignait [44]. »

La fermeture du temps eschatologique religieux et l'ouverture du temps révolutionnaire

Ne retrouve-t-on pas ici les mécanismes modernes de dénonciation et de délation des « contre-révolutionnaires », des « asociaux » ou « subversifs » ? Les inquisitions modernes révolutionnaires apparaissent bien comme un écho direct de cette vieille tradition, où la défense d'un dogme sert aussi de défense d'intérêts acquis, pour

43 *Ibid.*, pp. 175-176.
44 *Ibid.*, pp. 176-177.

lesquels peuvent se mobiliser des hommes de rigueur et de moralité, mais aussi des foules populaires que la cruauté et la souffrance excitent au nom d'un idéal supérieur et abstrait. Ces violences religieuses seraient-elles moins condamnables que celles de la Terreur en France ? L'établissement d'une généalogie des violences révolutionnaires peut-il commencer seulement avec la Révolution de 1789, sans lien aucun avec les violences religieuses du XVIe siècle ?

Patrice Gueniffey, dans son ouvrage déjà cité, rappelle brièvement que Michelet et Quinet avaient tous deux établi ce lien. Il cite ainsi Quinet, pour qui, dans la Révolution française, « la logique sentimentale de Rousseau prend pour instrument la hache de la Saint-Barthélemy » ; de même que, pour Michelet, le projet de loi Le Chapelier sur l'émigration du 28 février 1791 « était copié de l'autre Terreur, de la révocation de l'édit de Nantes[45] ». Quinet, il faut le rappeler, est l'auteur d'un ouvrage magistral, totalement oublié aujourd'hui, qui regroupe ses leçons au Collège de France sur le christianisme et la Révolution française, prononcées en 1845 dans le cadre de la chaire de langue et de littérature de l'Europe qu'il occupait depuis 1842 — cours qui entraîna son éviction du Collège en 1846 par Guizot, en raison de ses vues trop hardies sur la valeur des autres civilisations, mais surtout de ses attaques contre les jésuites[46].

Il faudra attendre la Révolution française pour que les querelles entre protestants et catholiques s'effacent définitivement du paysage et que Juifs, catholiques, protestants jouissent de tous les droits offerts par la notion nouvelle de citoyenneté, enfantée par la Révolution française. Mais celle-ci a-t-elle vraiment réussi à assurer les bases d'une modernité dont l'autorité et la légitimité ne seront plus remises en cause, comme l'ont été celles de la chrétienté médiévale à travers les tourments que nous avons identifiés tout au long de ce chapitre ? La guerre civile généralisée qui caractérisa la fin du Moyen Âge et la Renaissance européenne, aux guerres pratiquement ininterrompues et où la religion fut instrumentalisée

45 Patrice GUENIFFEY, *La Politique de la Terreur*, *op. cit.*, p. 191.

46 Edgar QUINET, *Le Christianisme et la Révolution française*, *op. cit.* On se reportera aussi à l'introduction de Jean-Michel Cornu à l'une des leçons incluses dans cet ouvrage (« De la renaissance orientale ») et publiée par l'Archange Minotaure en 2003, ainsi qu'à celle qu'il a rédigée pour deux autres leçons regroupées dans cet ouvrage (« Deux leçons sur l'islam »), publiée par le même éditeur.

à tous les niveaux — idéologique, dogmatique, théologique, social, politique et culturel — est-elle définitivement close ? Ou bien allons-nous la voir rebondir sous d'autres formes et en d'autres circonstances, mais avec la même intensité et les mêmes furies, compte tenu du progrès de l'utilisation des moyens de violence et d'annihilation de l'ennemi ?

Mais peut-être que la rupture la plus fondamentale qu'entraînent les guerres de religion est celle de la clôture de ce que l'on peut appeler le « temps eschatologique », c'est-à-dire la notion chrétienne du temps, par opposition à la notion cyclique du temps qui était celle de la culture de la Grèce antique. Cette notion chrétienne donne une finalité au temps et un horizon temporel clos par le retour annoncé du Christ sur terre pour mettre un terme aux tourments de l'homme, anéantir définitivement le mal (l'Antéchrist) et réaliser le « jugement dernier ». Les guerres de religion européennes sont apparues à leurs contemporains comme des guerres eschatologiques annonçant la fin des temps ; mais leur résultat a été d'ouvrir la voie à la conception moderne d'un temps « ouvert », décloisonné, sécularisé, en lieu et place de l'attente religieuse de la fin du monde.

Politique et religieux sont désormais autonomes, l'attente eschatologique qui a connu son point culminant durant ce siècle et demi de bouillonnements et de violences religieuses ininterrompues s'efface au profit de l'attente d'un avenir ouvert qui n'est plus bâti sur la prophétie religieuse, mais sur l'attente du progrès de l'humanité vers de meilleures formes d'organisation sociale. Ce processus a été remarquablement décrit par l'un des meilleurs théoriciens de l'histoire, Reinhart Koselleck : « Depuis l'humanisme déjà, les concepts eux-mêmes — cette triade faite de Temps anciens, de Moyen Âge et de Temps modernes — existaient bel et bien, mais ils ne sont imposés à l'histoire dans son ensemble que lentement à partir de la seconde moitié du XVIIe siècle. Dès lors, on commence à vivre dans un temps nouveau et l'on a conscience de le vivre. Ce sentiment varie suivant les nations et les couches sociales, mais c'est là un constat qui doit être compris, pour reprendre l'expression de P. Hazard, comme la crise de la conscience européenne [47]. »

---

47 Reinhart KOSELLECK, *Le Futur passé. Contribution à la sémantique des temps historiques*, Éditions de l'École des hautes études en sciences sociales, Paris, 1990, p. 27.

Nous entrons alors dans le temps des prophéties laïques, ou des « pronostics », selon l'expression de Koselleck, sur la meilleure façon d'organiser et d'accélérer le bonheur de l'humanité. La porte est désormais grande ouverte pour de nouvelles expériences dégagées de l'emprise de la finalité religieuse de l'histoire qui avait dominé jusqu'alors. Ainsi, la Révolution française, loin d'être cet événement isolé et « monstrueux » aux yeux de ses détracteurs, est une conséquence directe de cette révolution majeure dans la conception du temps, devenu ouvert au lieu d'être clos par l'attente eschatologique produit de la culture chrétienne. Aussi, aucune analyse de la crise de légitimité qui affecte aujourd'hui nos conceptions modernes ne peut faire l'économie de ce qu'ont représenté les guerres et violences religieuses dans l'histoire de l'Europe. En tentant d'occulter tout ce patrimoine historique de nos mémoires pour juger et condamner aussi sévèrement les idéologies révolutionnaires, nous nous privons de comprendre la crise multiforme dans laquelle se débat le monde actuel.

Bien plus, comme l'explique si bien Koselleck, les Temps modernes nous ont fait rentrer dans un nouveau temps d'attente, celui de la généralisation de la révolution au bénéfice de la liberté et de l'égalité sociale. Les révolutions doivent bénéficier à tous les hommes : « Appliquée à la situation politique de notre monde d'aujourd'hui, la question se pose de savoir quels sont les rapports entre la légitimité hypostasiée de la guerre civile et la légitimité de fond de la révolution mondiale permanente. Depuis la fin de la Seconde Guerre mondiale, notre terre est la proie d'une avalanche de guerres civiles qui semble se frayer un chemin entre les grandes puissances en dévorant tout sur son passage [48]. »

Dans les deux chapitres qui suivent, nous allons tenter d'expliquer les enjeux des nouveaux conflits qui vont déchirer l'Europe au XIXe et au XXe siècle. Nous nous efforcerons aussi d'identifier les continuités et les ruptures de l'histoire européenne, dont nous avons vu comment elle s'est installée comme moteur de l'histoire universelle à partir du XVe siècle, quand, une fois la religion musulmane chassée de son territoire, elle part à la conquête du monde.

48 *Ibid.*, p. 76.

4

La modernité comme crise de la culture et de l'autorité

Nouveaux philosophes et nouveaux historiens nous ont donc repeint les décors du monde, institué un régime nouveau de vérité où le retour du religieux, l'éthique et le « racial » fusionnent dans le même concept flou de civilisation. À ce concept sont attachés de façon incantatoire les termes de démocratie, liberté, globalisation et loi des marchés. Depuis les attentats du 11 septembre 2001, le discours politique dominant a repris, de plus en plus, la structure qui était la sienne au cours de la guerre froide, en dépit des changements majeurs de la scène internationale. À l'« empire du mal » incarné par l'URSS, expression lancée par Ronald Reagan, a succédé l'« axe du mal » ; à la menace subversive de l'ordre établi constituée par le communisme, est venu se substituer le « terrorisme », dont la couleur islamique ne fait plus de doute, ce qui conforte la thèse de la « guerre des civilisations ».

La crise inachevée de la refondation de l'Occident

Le recours au religieux constitue l'instrument central d'une vision du monde et de l'histoire conçue comme une lutte perpétuelle entre le Bien et le Mal. Toute analyse politique distanciée et fine, qui tenterait de définir les enjeux profanes de puissance à l'œuvre sur le terrain, est écartée d'un revers de la main, comme susceptible de nuire à l'unité indispensable à l'intérieur du bloc civilisationnel pour faire face aux nouveaux dangers définis par les États-Unis : l'axe du mal, le terrorisme, les armes de destruction massive. La méga-identité « Occident », nous l'avons vu, devient exclusivement judéo-chrétienne, abandonnant son humanisme laïque et cosmopolite.

Cette révolution, qui apparaît aberrante et régressive au regard des critères de la raison et de l'humanisme classique, peut cependant être inscrite de façon très logique dans la crise de la modernité et de la culture européennes que la grande philosophe allemande Hannah Arendt a décrite avec beaucoup de science et de bon sens à travers toute son œuvre. En particulier, dans *La Crise de la culture*, Arendt décrit le processus corrosif des philosophies modernes, qu'elle fait remonter à Descartes, pour les notions de tradition, d'autorité, de liberté et de vérité sur lesquelles était fondée la civilisation occidentale. Pour elle, cette civilisation s'est établie sur le mariage de la philosophie grecque et de la sainteté de la notion de « fondation » et d'ancêtres, héritée du droit romain. Dans son analyse, l'Église, au prix d'une rupture avec le message originel du Christ, opérée à partir du Ve siècle, se coule dans ce moule romain décoré de philosophie grecque. Cela explique son succès dans la durée, par la continuation d'une tradition renouvelée qui assure la survie de l'autorité jusqu'à la Renaissance, laquelle se veut retour direct aux sources gréco-romaines. Ce retour aux sources inspire la Révolution française, qui joue des symboles romains antiques et cherche à se constituer en acte fondateur d'un monde nouveau. Il en est de même de la révolution américaine et de la révolution russe. Arendt explique aussi comment les philosophies hégélienne, marxiste et nietzschéenne seraient des tentatives de sauver la tradition sur laquelle la civilisation occidentale était bâtie jusque-là, en y découvrant ou redécouvrant des fondations permettant les changements requis par le développement des sciences et la révolution industrielle, et leur donnant une légitimité.

« Car si j'ai raison de soupçonner que la crise du monde d'aujourd'hui, écrit Arendt, est essentiellement politique, et que le fameux "déclin de l'Occident" consiste essentiellement dans le déclin de la Trinité romaine de la religion, de la tradition et de l'autorité, et dans la dégradation concomitante des fondations spécifiquement romaines du domaine politique, alors les révolutions de l'époque moderne apparaissent comme des tentatives gigantesques pour réparer ces fondations, pour renouer le fil rompu de la tradition, et pour rétablir, en fondant de nouveaux corps politiques, ce qui pendant tant de siècles a donné aux affaires des hommes dignité et grandeur [1]. »

« Quoi qu'il en soit, ajoute-t-elle, les révolutions, que nous considérons communément comme des ruptures radicales avec la tradition, apparaissent dans notre contexte comme des événements où les actions des hommes sont encore inspirées et tirent leur plus grande vigueur des origines de cette tradition. Elles semblent être le seul salut que cette tradition romano-occidentale ait fourni pour les circonstances critiques. Le fait que non seulement les différentes révolutions du XXe siècle mais toutes les révolutions depuis la Révolution française ont tourné mal, finissant dans la restauration ou dans la tyrannie, semble indiquer que même ces derniers moyens de salut fournis par la tradition sont devenus inadéquats. L'autorité comme on l'a connue jadis, qui naquit de l'expérience romaine de la fondation et fut interprétée à la lumière de la philosophie politique grecque, n'a nulle part été réinstituée, ni par les révolutions ni par le moyen encore moins prometteur de la restauration, ni surtout par les états d'esprit et courants conservateurs qui balayent parfois l'opinion publique. Car vivre dans un domaine politique sans l'autorité ni le savoir concomitant que la source de l'autorité transcende le pouvoir et ceux qui sont au pouvoir, veut dire se trouver à nouveau confronté, sans la confiance religieuse en un début sacré ni la protection de normes de conduite traditionnelles et par conséquent évidentes, aux problèmes élémentaires du vivre-ensemble des hommes [2]. »

Si nous adoptons l'analyse d'Arendt pour comprendre le discours politique dominant d'aujourd'hui sur le « retour » du religieux — servant en fait, on l'a vu, à légitimer le recours au religieux sur le mode le plus fondamentaliste et le plus littéral —, il devient possible de comprendre les motivations de ce discours et son audience, non seulement aux États-Unis, mais aussi en Europe, malgré le déclin continu de la pratique religieuse. La crise d'autorité liée à la pratique fonctionnelle du pouvoir façonnée par la science moderne a atteint son point culminant avec l'échec des révolutions récentes (russe, chinoise et autres révolutions du tiers monde) à créer de nouvelles formes d'autorité politique légitimes et durables.

---

1 Hannah Arendt, *La Crise de la culture*, Gallimard, Paris, 1972 (édition originale anglaise, 1954), p. 183.

2 *Ibid.*, p. 184-185.

L'effondrement de l'URSS pourrait alors être considéré comme le dernier de ces échecs, qui stimulent les phénomènes de recours au religieux pour maintenir ou ranimer une tradition disparue depuis longtemps. L'exploit du christianisme institué de se couler dans le monde des institutions romaines et de maintenir actives les notions romaines d'autorité et de tradition n'a pu être renouvelé dans les Temps modernes. Le recours caricatural au religieux dit judéo-chrétien, qui serait en guerre de « civilisation » avec un monde restant enfermé dans la barbarie et le « terrorisme » incarnant des forces du mal, sert de compensation à une perte de sens généralisée propre aux différents processus de la postmodernité. D'où le succès des nouveaux décors qui nous font croire à l'établissement d'une nouvelle refondation sur laquelle bâtir dans la continuité de la tradition religieuse, tout en affirmant la valeur centrale de la liberté individuelle.

Un des symboles centraux de cette refondation s'est tardivement cristallisé autour de l'émergence de l'État d'Israël, véritable icône du retour religieux, au sens fondamentaliste et littéral, alliant la pratique de la science et de la démocratie à la revendication de réincarnation de l'ancêtre premier du monothéisme, le judaïsme. D'où aussi, dans cette nouvelle reconstruction de la tradition, l'évacuation de la tradition romano-chrétienne (et gréco-romaine) au profit d'une « tradition » judéo-chrétienne jusqu'alors inexistante, les deux monothéismes ayant vécu en opposition théologique forte. D'où encore la difficulté de critiquer l'État d'Israël ou de soutenir la résistance palestinienne face à l'occupation et aux grignotages des territoires occupés par l'extension des colonies de peuplement, ou encore d'appliquer à ce conflit les règles classiques du droit international.

Hegel et Weber ont été les premiers à employer dans leur œuvre, quelques rares fois, l'expression de « tradition judéo-chrétienne », en tentant de faire du monothéisme en général, et non plus du christianisme seul, le fondement de la raison moderne et de l'« Esprit ». Toutefois, curieusement, le troisième des monothéismes, l'islam, est toujours écarté de ce champ mythologique et généalogique de l'Occident, alors que son rôle de transmetteur et passeur de la culture raffinée et cosmopolite de l'Orient médiéval à l'Occident ne saurait être passé sous silence. (C'est pourtant ce que font de longue date nombre de penseurs européens, comme par exemple le philosophe français Philippe Nemo, qui a tenté de fixer la mémoire dogmatique de l'Occident et qui écarte d'un revers de la main toute possibilité d'influence du monde musulman sur l'Occident : « Que l'esprit scientifique de l'Occident n'ait rien dû d'essentiel au monde musulman, on en a une preuve indirecte dans le fait que l'averroïsme n'eut guère de lendemain en islam même. Les sociétés musulmanes ne connurent pas, par la suite, le même développement du rationalisme et de la science, ni le même prométhéisme transformateur, caractéristiques des sociétés occidentales. C'est bien le signe qu'il régnait en islam un autre esprit [3]. »)

En ce sens, Israël pourrait être considéré comme une « étape » ultime d'une modernité en quête de légitimité religieuse pour assurer une refondation de la culture européenne jusqu'ici introuvable. Nous avons d'ailleurs évoqué au chapitre 2 la facilité avec laquelle la culture européenne a continué à considérer l'identité religieuse comme critère acceptable de l'existence d'une « nation » ou de principe structurant dans l'ordre international, sitôt que le regard était porté hors d'Europe (création du Pakistan en 1947, création d'Israël en 1948, constitution en 1969 de l'Organisation de la Conférence islamique, révolution religieuse iranienne de 1979, mobilisation dans les années 1980 de milliers de jeunes Arabes sous le signe de la guerre sainte pour aller combattre les troupes soviétiques en Afghanistan).

Le recours contemporain au religieux des puissances occidentales n'est donc pas né d'hier, mais s'inscrit dans la continuité d'antécédents à l'origine de nombreux et interminables conflits, devenus transnationaux. Dans cette optique, c'est l'artificialisation du monde par la technique toute-puissante, la croyance dans la maîtrise possible de l'Histoire pour en accélérer le cours, les efforts intellectuels de pénétrer l'« ordre des choses » pour en expliquer tous les ressorts et le bouleverser qui seraient à l'origine des bouleversements dramatiques et des violences du XXe siècle : bolchevisme, fascisme, nazisme, l'Holocauste et les deux guerres mondiales.

---

3 Voir Philippe NEMO, *Qu'est-ce que l'Occident ?*, *op. cit.*, p. 142. Philippe Nemo ne fait que continuer ici une tradition initiée par Ernest Renan dans son fameux discours d'ouverture du cours de langue hébraïque, chaldaïque et syriaque au Collège de France en 1862 : « L'islam est la plus complète négation de l'Europe. [...] L'islam est le dédain de la science, la suppression de la société civile ; c'est l'épouvantable simplicité de l'esprit sémitique, rétrécissant le cerveau humain, [...] le fermant à toute recherche rationnelle » (voir le texte de ce discours dans Ernest RENAN, *Qu'est-ce qu'une nation*, Presses Pocket/Agora, Paris, 1992, p. 198 ; ainsi que notre analyse détaillée de l'ensemble de ce texte fondateur de l'islamophobie dans Georges CORM, *Le Proche-Orient éclaté*, *op. cit.*, pp. 106-111).

Au-delà de l'opportunisme dans la conduite des affaires internationales, la refondation du monde par le religieux fonctionne pourtant comme un remède illusoire à ce que René Guénon appelait la « crise du monde moderne [4] », ou ce que Hannah Arendt a qualifié de « crise de la culture », crise essentiellement spirituelle chez le premier, essentiellement philosophique et politique chez la seconde.

La crise des philosophies de l'Histoire

Depuis la Renaissance, les philosophies de l'Histoire sont venues se substituer aux grandes constructions théologiques du monde produites depuis saint Augustin par le christianisme institué. Elles constituent le marqueur le plus évident de la modernité, en tant que disparition de la stabilité du monde, de l'ordre des choses voulu par l'acte fondateur d'institution de la religion. Alors que l'effondrement de l'Empire romain était considéré jusque-là comme un acte de la providence divine ayant permis d'assurer l'institution « universelle » du christianisme, cet événement devient l'objet d'un intense questionnement de nature positiviste sur les causes de sa grandeur, mais aussi de son effondrement.

Le monde européen ayant découvert les autres mondes, s'étant frotté à d'autres civilisations (hors de l'aire monothéiste, presque exclusivement musulmane et chrétienne), devient inquiet de la survie de sa propre civilisation. Il se voit bien dans sa fondation par le christianisme, comme l'héritier de l'Empire romain, mais craint un nouveau déclin dû à des causes proprement humaines — puisque Dieu a cessé d'être l'organisateur suprême de l'ordre des choses, où on voit bien désormais que l'intervention de l'homme joue aussi un rôle central. De là, cette ambiguïté de la culture moderne européenne, tiraillée entre ce que Weber appellera le « désenchantement » du monde par la perte de l'effet « magique » de la religion, et la hantise du déclin de la civilisation occidentale ; une civilisation rongée à la fois par cette « perte de sens » et par la fierté sans limite, voire le racisme et le narcissisme, suscités par ses exploits techniciens, l'explosion des forces productives, du bien-être matériel et l'institution de la liberté individuelle au détriment

4 René GUÉNON, *La Crise du monde moderne*, *op. cit.*

de toutes les valeurs traditionnelles. Toutes les philosophies du XXe siècle, qui ont perdu la belle assurance de celles du XIXe siècle, expriment ce mal-être dont le romantisme avait été le précurseur sur le plan littéraire, préconisant des retours aux sources et faisant de l'Orient méditerranéen un lieu de pèlerinage mystique. Comme nous l'avons vu au chapitre 2, ce type de romantisme alimente aussi la fièvre coloniale et contribue à lui donner une légitimité forte, inscrite dans le contexte de l'image narcissique que se fait l'Occident de lui-même et de sa vocation à régénérer le monde.

Il est clair, en tout cas, que les philosophies de l'Histoire produites par la modernité européenne et fondées sur la hiérarchie des civilisations, des religions et des cultures ont partout créé des crises : au cœur même de l'Europe, avec l'émergence du fascisme et du nazisme ; et hors du monde occidental, partout où elles ont circulé et où elles n'ont pas mieux réussi à assurer la stabilité et la prospérité. Mais est-ce vraiment l'abandon de la tradition au sens religieux et fondateur du terme qu'il faut incriminer, ainsi que l'ont fait tous les penseurs conservateurs européens, ennemis acharnés de la Révolution française et de ses principes politiques — et que le font aujourd'hui les nouvelles philosophies politiques en vogue qui tentent de concilier le recours américain à la tradition religieuse avec la démocratie et les libertés individuelles, pour justifier un autoritarisme international par un magistère moral absolu ?

Si nous considérons, avec Hannah Arendt, la modernité comme un moment de crise de la fondation de la tradition assurant la stabilité et la paix, alors il ne fait pas de doute que la situation vécue par la civilisation occidentale au seuil du XXIe siècle est très loin d'avoir réussi à apaiser cette crise. Bien plus, dans une telle conception, on pourrait affirmer que le monde vit aujourd'hui une étape additionnelle, peut-être un paroxysme, dans un environnement intellectuel et culturel de plus en plus appauvri : dictature des marchés économiques, visions politiques rigides et étroites, discours apocalyptiques sur la menace que fait peser le terrorisme sur l'avenir de l'humanité, perte de tout idéal social en dehors des discours techniciens ou économicistes sur la nécessaire éradication de la pauvreté, la lutte contre la corruption, l'établissement de la bonne gouvernance et de la transparence dans la gestion des affaires du monde.

Mais si nous remontons un peu plus loin aux origines de ce malaise, c'est moins la Révolution française et ses succédanés hors d'Europe qu'il faut incriminer, que la conjonction de plusieurs facteurs antérieurs à la Révolution et, plus particulièrement, l'effondrement de l'autorité de l'Église romaine, garante durant des siècles de la continuation de la fondation gréco-romaine, et la découverte du Nouveau Monde. On l'a vu, la forme nouvelle d'extermination de l'Autre par la guerre totale populaire, le citoyen en armes, nous est venue des guerres de religion. Cette forme de violence a été reprise et amplifiée par les guerres révolutionnaires, qui ont d'ailleurs toujours eu une coloration nationaliste, venue elle-même de l'effondrement de la souveraineté de Dieu, transposée sur le peuple transfiguré en nation. Notre réflexion politique, en devenant historique et philosophique, a fait l'impasse sur l'importance des guerres religieuses intestines. Du moins l'analyse s'est-elle fixée de façon presque exclusive sur la nature « libératrice » de ces guerres pour la raison humaine, dans le mouvement de l'Histoire. C'est à ce mouvement que l'hégélianisme a tenté de donner une signification réconciliatrice entre la finalité de l'Histoire définie par la tradition religieuse et celle profane, centrée sur le progrès, élaborée par la philosophie des Lumières.

La philosophie devient ainsi un substitut à la théologie et la philosophie de l'Histoire acquiert avec Hegel le statut de connaissance suprême, jusqu'alors réservé à la théologie. Pour lui, l'Histoire de l'humanité n'est plus celle où le message religieux, la Révélation divine par les prophètes puis par l'incarnation de Dieu dans le Christ, est le moment fondateur : elle est celle du progrès de l'esprit humain, où la Révélation divine est vue comme une étape obligée et nécessaire, et non plus comme la fin de l'Histoire ou comme l'établissement définitif d'un cadre immuable dans lequel la religion fait vivre l'homme. La religion n'est plus une fin « en soi et pour soi » comme aurait dit Hegel, elle est un instrument du progrès de l'Esprit et de la Raison [5].

L'hégélianisme, qui est au cœur de la modernité européenne dans nombre de ses aspects (y compris les plus autoritaires et narcissiques), a opéré vraisemblablement la synthèse la plus réussie entre les tensions nées de la confrontation de l'esprit religieux traditionnel et de l'esprit profane forgé dans les guerres de religion, d'un

5 Voir en particulier Friedrich HEGEL, *Leçons sur l'histoire de la philosophie*, 2 vol., Gallimard, Paris, 1954 ; et *La Raison dans l'Histoire, op. cit.*

côté, et le mouvement concomitant issu de la découverte du Nouveau Monde, des autres civilisations, de la curiosité scientifique qui caractérise le monde de la Renaissance, d'un autre côté. Au monde du doute métaphysique sur le sens de l'existence humaine ouvert par Descartes, la philosophie hégélienne fait succéder une vision se voulant conciliatrice, respectueuse à la fois de la fondation sur la tradition religieuse et du mouvement de développement de la rationalité de l'esprit humain.

D'où, à notre sens, l'énorme succès de cette philosophie, qui donnera naissance, par la suite, aux grandes idéologies profanes du XIXe siècle, positivisme, historicisme et marxisme. Dans la vision hégélienne de l'Histoire, le monothéisme est considéré comme une étape majeure des progrès de l'Esprit humain. C'est lui qui a remplacé la conception cyclique de l'Histoire, chère aux Grecs, par une conception eschatologique où l'attente d'événements futurs (retour du Christ sur terre ou venue du Messie pour le judaïsme) crée une tension permanente, qui permet à travers la théologie les progrès de l'Esprit. À la vision événementielle héroïque de l'Histoire qu'avaient les Grecs, se substitue la vision globale, universelle et supposée rationnelle du monothéisme qui, en même temps, du moins dans la vision chrétienne, aurait installé l'individu, et non plus les ancêtres ou la tribu, au centre de l'Histoire : le salut se gagnerait au niveau individuel et non plus collectif [6].

Ce mouvement de réconciliation de la religion et de la raison dont Hegel a posé les bases imposantes va incontestablement servir de fondation à l'« occidentalité » moderne de la culture européenne, c'est-à-dire à la réécriture de l'histoire européenne pour lui donner une unité et une rationalité depuis le moment monothéiste fondateur. Le Moyen Âge sera progressivement réhabilité pour cesser d'être considéré comme une époque de décadence et d'obscurantisme : il devient l'antichambre où se préparent les progrès futurs ; des théologiens de cette période sont identifiés comme les précurseurs de la laïcité et de la pensée rationaliste. En

6 De nombreux philosophes et anthropologues ont décrit ce processus, en particulier Louis Dumont et Marcel Gauchet en France, et Hans Blumenberg en Allemagne, notamment dans son ouvrage *La Légitimité des Temps modernes*, Gallimard, Paris, 1999. Mais, en fait, contrairement à ce qu'affirment ces auteurs (auxquels on pourrait ajouter Norbert Elias), dans la pensée de Hegel, le salut est moins individuel que collectif, à travers la rationalité incarnée dans l'État. D'où les aspects autoritaires de la pensée de Hegel, que critiquera notamment Karl Popper (Karl POPPER, *La Société ouverte et ses ennemis*, Seuil, Paris, 1979).

dépit de toutes les vicissitudes de l'histoire de l'Europe depuis l'effondrement de l'Empire romain, de l'apparition et de la disparition d'entités politiques de consistance et de nature différentes, la recherche historique depuis Hegel s'efforce de montrer l'unité et la continuité de la civilisation dite occidentale. Les guerres de religion elles-mêmes, en dépit de leurs horreurs et de leur sauvagerie nouvelle, sont perçues comme une étape majeure du progrès de l'humanité, incarné dans l'histoire avant-gardiste de l'Occident. Max Weber complétera la fondation hégélienne de l'histoire ainsi reconstituée de l'Occident, en faisant du protestantisme un élément majeur de la civilisation européenne, notamment dans ses aspects de progrès matériel et économique. Il asservit ainsi encore plus une tradition anthropologique et sociologique initiée par Montesquieu et amplifiée par Hegel, consistant à lier directement religion et progrès de la science et de la raison.

L'idéologie de l'« exceptionnalité » de l'Occident par rapport aux autres peuples, races, nations, civilisations et religions, que nous avons tenté ailleurs de décrire à grands traits [7], prend ainsi sa forme la plus achevée et la plus complète. La fonctionnalité de cette idéologie est multiple : elle sert non seulement à légitimer la puissance universelle acquise (et donc les grandes conquêtes coloniales ou l'hégémonie dans la gestion du système interétatique international moderne), mais aussi à réconcilier, à l'intérieur même du bloc des grands pays « occidentaux », les opinions conservatrices des nostalgiques des formes anciennes d'autorité avec celles des « progressistes », partisans d'un bouleversement de ces formes d'autorité, considérées comme dépassées et comme une entrave au progrès.

La « guerre civile » européenne et ses retombées universelles

Si nous devons attribuer une exceptionnalité à l'histoire de l'Europe par rapport à celle d'autres continents ou civilisations, c'est bien celle de cette « guerre civile » presque perpétuelle qui s'est installée en son sein depuis les guerres de religion et la Renaissance italienne (où Machiavel devient le grand théoricien de la guerre

7 Georges CORM, *Orient-Occident, la fracture imaginaire*, *op. cit.*

étatique et de la raison d'État). La Révolution française n'est qu'une étape, certes majeure, de cette guerre entre conceptions traditionnelles de l'autorité et conceptions nouvelles sous leurs différentes formes — elles-mêmes en perpétuelle évolution. Comme nous l'avons vu, contrairement à ce qu'affirme la nouvelle historiographie que nous avons décrite dans le premier chapitre, elle n'est pas sans lien avec la précédente étape des guerres de religion, mais constitue en quelque sorte son accomplissement et son dépassement, tout comme le christianisme se voyait par rapport au judaïsme.

Aussi, l'histoire de l'Europe du XIXe siècle est-elle jalonnée d'éruptions révolutionnaires qui invoquent les principes de la Révolution française, en préconisant l'application du principe des nationalités, très moderne à l'époque. Ces éruptions ont des retombées dans l'environnement direct de l'Europe, la Russie, les Balkans, l'Empire ottoman et les rivages arabes méditerranéens (voir *supra*, chapitre 2).

Le concert des puissances européennes qui se met en place après l'effondrement de l'empire napoléonien tente de limiter les heurts directs entre ces puissances et d'organiser leur expansion hors d'Europe, qui s'accélère avec le développement de la grande pulsion coloniale. La guerre de Crimée (1853-1856) ou les guerres balkaniques (1912-1913) sont des « dérapages » sanglants que ce concert ne parvient pas à éviter lors de l'effritement progressif de l'Empire ottoman, voisin direct de l'Europe. Ils sont annonciateurs de la Première Guerre mondiale, dont l'étincelle jaillit dans les Balkans. Contrairement à une vision irénique de l'histoire de l'Europe au XIXe siècle, telle qu'on peut la trouver chez Raymond Aron, celle-ci n'a guère été celle d'un siècle de paix [8], mais plutôt la continuation d'une dynamique contradictoire et violente dont Hegel puis Marx se sont voulus les théoriciens « dialectiques ». La dialectique hégéliano-marxiste a été depuis largement vidée de sens : les « ruses de l'Histoire » ou la violence comme « accoucheuse du progrès humain » n'ont débouché que dans la barbarie peu commune des deux guerres mondiales, mais aussi dans les innombrables et cruelles guerres périphériques à l'Europe, entraînées par la décolonisation et la guerre froide.

Ces guerres, sur le modèle des guerres européennes depuis celles de religion, ont été à la fois des guerres civiles idéologiques et des

8 Voir Georges CORM, *L'Europe et l'Orient*, *op. cit.*

guerres nationalistes ou civilisationnelles, mêlant différentes armées régulières ou de partisans, de différents pays (les différentes guerres d'Espagne, depuis l'invasion napoléonienne jusqu'à la guerre civile de 1936, pouvant servir de type idéal, au sens wébérien du terme, de la guerre civile européenne). La première guerre du Golfe suite à l'invasion de Koweït par l'Irak en 1990, puis la guerre d'Afghanistan et l'invasion de l'Irak suite aux attentats du 11 septembre 2001, en dépit de la fin de la guerre froide, conservent les mêmes caractéristiques que les guerres précédentes : l'intensité idéologique se perpétue, même si les formulations et les slogans ont apparemment évolué sous le coup du recours superficiel au religieux, aussi bien par les États-Unis que par les mouvements violents qualifiés de « terroristes », qui contestent cette hégémonie autoqualifiée d'« occidentale » et prétendant tirer sa légitimité du concept explosif de « guerre des civilisations ».

Sur ce point, il est bien difficile d'accepter les thèses simplistes de l'historien allemand Ernst Nolte, que nous avons évoquées, qui circonscrivent la notion de « guerre civile » européenne au combat entre l'Allemagne nazie et la Russie bolchevique[9]. Il contribue ainsi à rendre moins exécrable la monstruosité de la théorie nazie, bricolage indigne d'éléments de la pensée de Nietzsche accommodée au parfum des différentes théories conservatrices européennes et nourri du racisme le plus virulent, puisé par Hitler dans les thèses judéophobes des traditions anti-Révolution française. *Mein Kampf*, on le sait, est en effet un ouvrage débordant d'hystérie haineuse « du Juif », tout à la fois franc-maçon, cosmopolite et bolchevique, dont le seul objectif serait la destruction de la supériorité de la civilisation traditionnelle de l'Europe aryenne ; bien plus, à ses yeux, les Juifs européens ne sont qu'un « déchet » du retard congénital de l'esprit sémite infiltré en Europe, polluant le territoire de la « race aryenne ». Dans cette vision apocalyptique, les Juifs seraient les principaux promoteurs du bolchevisme, dernière incarnation, à l'époque, de l'« hydre » révolutionnaire qui continuerait de ronger les bases de l'autorité traditionnelle, et donc de la grandeur de la civilisation qualifiée d'indo-germanique ou d'aryenne.

Pour Nolte, cependant, la révolution bolchevique sera le principal catalyseur du nazisme, qui se « radicalise » à droite face à la montée

9 Ernst NOLTE, *La Guerre civile européenne, 1917-1945*, *op. cit.*

du communisme et aux moyens totalitaires de mobilisation qu'emploie l'État soviétique à l'intérieur comme à l'extérieur de ses frontières[10]. « Si les mouvements fascistes, affirme-t-il, n'ont pu prendre naissance que sur le terrain du système libéral, cela ne signifie pas pour autant qu'ils soient en eux-mêmes l'expression première de la contestation radicale qui est possible sur ce terrain. Au contraire, ils se manifestent toujours précisément comme la réponse à cette contestation radicale et, au début, ils entreprennent le plus souvent de défendre le système contre une attaque en face de laquelle l'État semble demeurer impuissant. Il n'y a pas de fascisme sans la provocation du bolchevisme[11]. » Bien plus, Nolte estime que même lorsque les tentations bolcheviques de prise de pouvoir en Europe échouent après la Révolution russe de 1917, cela « suscitera une très large sympathie pour la résistance qui lui fut opposée, qui avait puisé son énergie dans les couches profondes de la société et qui semblait avoir sauvé l'État. Sans cette sympathie, le fascisme italien aurait difficilement survécu à la crise de Matteoti, sans elle les discours pacifistes de Hitler n'auraient pas trouvé d'audience[12] ».

Contrairement à cette opinion obsessionnelle de Nolte (à laquelle François Furet a souscrit, à quelques nuances près, exprimées dans leur échange de correspondances cité au chapitre 1), c'est moins la peur du bolchevisme qui anime Hitler que celle des Juifs, en qui il voit les inventeurs diaboliques du marxisme et du bolchevisme. La grande synthèse hégélienne, philosophique et historique, qui a tenté de refonder l'autorité sur la conciliation de la raison et de la religion, a échoué à garantir la paix civile au cœur même de l'Europe : c'est en Allemagne, pays de la grande philosophie et de la haute culture musicale et littéraire, que naît le nazisme, lequel ne réussit à s'imposer que par une autre synthèse, mortifère, entre le racisme débridé par le choix d'une victime expiatoire, enfin clairement identifiée (les Juifs), et le besoin de restauration d'une autorité traditionnelle qui a caractérisé toute l'histoire européenne depuis les guerres de religion et la Contre-Réforme catholique[13].

---

10 Ernst Nolte, *Les Fondements historiques du national-socialisme, op. cit.*

11 Ernst Nolte, *Les Mouvements fascistes. L'Europe de 1919 à 1945*, Calmann-Lévy, Paris, 1991, p. 15.

12 *Ibid.*, p. 16.

13 Il est intéressant ici de citer à nouveau l'historien Jacques Pirenne, qui fait le lien entre le protestantisme et le « tribalisme » germanique : « Tout naturellement, le luthérianisme, par le fait même qu'il marque le retour aux conceptions des origines germaniques, rompt avec tout

C'est bien par ce mélange explosif, parce que fortement émotionnel, que le discours nazi a fédéré autour de lui toutes les opinions conservatrices et traditionalistes en Europe et fait du Juif la facile victime expiatoire des effets corrosifs de la modernité. Cette synthèse a eu un effet magnétique et mobilisateur sur de larges pans du monde politique européen, faisant croire aux dirigeants nazis qu'ils étaient en mesure d'unifier facilement l'Europe sous leur botte. Ils se sont d'abord attaqués militairement aux pays de libéralisme démocratique, pensant les soumettre et les unifier sous leur direction, avant de se lancer contre l'ennemi majeur, la Russie bolchevique. Et, comme l'a bien montré l'historien américain Arno Mayer, c'est l'enlisement de la guerre d'invasion de l'URSS, bataille suprême, qui a entraîné au cours de l'automne 1941 la conception puis la mise en œuvre de la « Solution finale » par les dirigeants nazis [14].

Ne voir dans le nazisme qu'une « monstruosité » tombée du ciel ou restreinte à un accident hors du commun dans la seule histoire allemande, ou pire encore « justifier » le nazisme par le bolchevisme et la folie stalinienne, constitue donc un déni grave de réflexion-expiation de notre incapacité à maîtriser les forces puissantes qui ont fait l'histoire mouvementée et complexe de l'Europe depuis cinq siècles. Les souffles torrides de cette histoire ont atteint tous les coins et

---

ce que le christianisme contient de philosophie hellénistique. Il rejette le dogme pour s'en tenir à la Bible. L'usage constant de l'Ancien Testament, qu'il introduisit, a exercé une action profonde sur la pensée allemande. Le catholicisme, formé dans l'Empire romain, a été beaucoup plus influencé, dans sa dogmatique, par les écoles d'Alexandrie et d'Antioche, toutes pénétrées de pensée antique, que par l'Ancien Testament. Dans l'Ancien Testament — jusqu'à l'époque de l'Exil —, la religion juive possède un caractère essentiellement national qui correspond très exactement à la notion de la religion nationale que le luthérianisme a adaptée à la structure sociale, d'origine tribale, de l'Allemagne. L'influence de l'Ancien Testament ne pouvait que renforcer la conception nécessairement engendrée par le caractère national de la religion, du peuple "élu", idée qui domine l'histoire juive comme elle sera à la base de l'hégélianisme et de la thèse du *Herrenvolk* » (Jacques PIRENNE, *Les Grands Courants de l'histoire universelle, op. cit.*, p. 470). On pourrait d'ailleurs en dire autant du nationalisme de type anglo-saxon, britannique au XIXe siècle, aujourd'hui américain.

14 Arno MAYER, *La « Solution finale » dans l'histoire, op. cit.* Ce livre a soulevé de nombreuses controverses, car il démontre que la décision hitlérienne de procéder à l'extermination des Juifs d'Europe a été prise après que l'échec de la *Blitzkrieg* nazie contre l'URSS ne permettait plus de les expulser hors d'Europe, comme les nazis l'avaient envisagé un moment. L'auteur de l'ouvrage fut traité sans ménagement, et qualifié par certains de « révisionniste ». En fait, au moment même où l'Holocauste devenait, comme nous l'avons expliqué, un élément central et unique de la « mémoire dogmatique » de l'Occident, il avait replacé aussi le génocide dans le contexte de l'histoire européenne, en montrant comment, dans le passé, des circonstances similaires (notamment lors des premières croisades) avaient provoqué des atrocités analogues contre les Juifs, même si elles avaient été infiniment moins massives.

recoins du monde, semant à la fois les germes de progrès et de changement dans la stabilité séculaire des autres civilisations, mais aussi ceux d'autres guerres, d'autres déchirements et d'autres violences.

La guerre des mythologies et des contre-mythologies

Ce n'est donc point la philosophie des Lumières ou la laïcité, encore moins la Révolution française ou le marxisme, qui sont ici en cause, contrairement à une opinion de plus en plus répandue. Car, comme pour la religion, c'est l'institutionnalisation d'un idéal, issu d'un système d'explication du monde, qui se heurte à un autre aspect de la nature humaine, celui de la compétition instinctive, presque biologique, pour le pouvoir, le commandement et la position d'influence sur ses semblables. L'État moderne à l'européenne, stade suprême de la « Raison » et de l'« Esprit », tel que décrit par Hegel, a bel et bien conduit aux boucheries des deux guerres mondiales et à la folie nazie antisémite et antibolchevique. Face à ces événements, faut-il vraiment mettre en accusation les idéologies issues de la Révolution française et du marxisme comme sources de toutes les terreurs et toutes les violences ? Et insinuer que le caractère laïque de ces idéologies, qui se sont détournées de la religion instituée et l'ont marginalisée dans l'ordre politique, ne serait pas étranger à une nouvelle aliénation de l'homme, voire à sa perte d'identité et de racines, et considérer en conséquence le retour du religieux, au sens de la source de l'autorité et donc de la fondation, comme un correctif indispensable ?

Telle est bien en tout cas la nouvelle mythologie qui tend à s'imposer depuis les années 1970 et dont nous avons cherché à retracer les sources intellectuelles. Elle trône déjà largement en ce début du XXIe siècle, comme l'affirme Gilbert Durand, qui se veut spécialiste de la « mythodologie », ou science de construction des mythes. « Car nous sommes entrés, écrit-il, depuis un certain temps — par "nous", j'entends notre civilisation occidentale —, dans ce que l'on peut appeler une zone de haute pression imaginaire [15]. »

15 Gilbert DURAND, *Introduction à la mythodologie. Mythes et sociétés*, Albin Michel, Paris, 1996, p. 17.

Tout comme Furet, qui dénonce la tradition de l'historiographie « mythologique » de la Révolution française attribuée presque exclusivement aux écrivains marxistes, Durand dénonce la mise en place d'un mythe qu'il qualifie de « progressiste », dont il impute la responsabilité au « positivisme » du XIXe siècle (dont la religion industrielle de Saint-Simon), lequel, dit-il, « se pose paradoxalement comme destructeur de mythe [16] ». Plus loin, il ajoute : « Donc, il y a bien une sorte de "rebroussement" causal puisque, pour combattre l'obscurantisme de l'âge du mythe et des images "théologiques", on accentue une mythologie progressiste où triomphe le mythe de Prométhée et, surtout, où l'on entrevoit les "lendemains qui chantent" du règne final de l'Esprit saint [17]. » Enfin, il conclut en affirmant : « Nous avons donc l'exemple d'une émergence très explicite du mythe au sein d'une idéologie qui se croit démystifiante [18]. » Mais cet auteur ne fait-il pas précisément ce qu'il reproche aux autres, en alimentant lui-même le contre-mythe en vertu duquel la Révolution française serait à l'origine de tous les totalitarismes et donc responsable aussi bien des violences fascistes que des crimes nazis et bolcheviques ?

Sans aucun questionnement sur l'origine de ses propres motivations, Durand s'interroge en ces termes sur la dérive du peuple allemand, si cultivé que « Germaine de Staël [le] proposait comme modèle et [l']opposait à la barbarie napoléonienne » : « Comment ce peuple s'est-il précipité dans les bras d'un remythologisation d'opérette, ou plutôt de tragi-comédie, et a-t-il adhéré jusqu'au crime au système si simpliste du *Mythe du XXe siècle* d'Alfred Rosenberg [19] ? » Et de répondre péremptoirement, mettant sur le même plan le nazi Alfred Rosenberg et l'abbé Sieyès (et peut-être Rousseau, Montesquieu ou Voltaire) : « C'est que le nazisme, comme la Révolution française, a fourni à un peuple, avec naïveté et brutalité, un ensemble de rites et de mythes, une prothèse du religieux, dont l'Allemand du *Kulturkampf*, comme le Français des Lumières d'ailleurs, était sevré [20]. » Ce n'est donc pas un hasard si, quelques pages plus loin, Durand, très peu conscient qu'il est lui-même un

16 *Ibid.*, pp. 24-25.
17 *Ibid.*, p. 25.
18 *Ibid.*, p. 26.
19 *Ibid.*, p. 36.
20 *Ibid.*

acteur consentant et actif du renouvellement de la contre-mythologie traditionaliste, expose sans détour son axiome idéologique et philosophique : « L'Occident, sacrifiant aux mythologies démythologisantes des positivismes, a donc perdu à la fois magistère religieux et magistère politique. Ce qui explique qu'il y ait eu dans nos sociétés "modernes" un énorme manque, un énorme et anarchique appel d'air vers tous les merveilleux, tous les rêves, toutes les utopies possibles[21]. » Alors que les utopies révolutionnaires ou humanistes du siècle des Lumières sont dénoncées avec férocité par l'auteur et les autres intellectuels que nous avons cités, pour avoir été à la source du totalitarisme moderne, il conviendrait maintenant de célébrer toutes les utopies, tous les rêves, toutes les demandes de merveilleux des nouveaux désenchantés du millénaire qui s'ouvre ! À nouveau, sous un décor pseudo-scientifique d'initiation à la « mythodologie », nous nous retrouvons tout simplement face à la mythologie traditionaliste antirévolutionnaire et antiutopiste, que veut incarner le néoconservatisme.

Pourtant, toutes les erreurs monumentales de l'Église, en Orient comme en Occident, chez les catholiques comme chez les protestants, n'annulent pas la vérité de la parole christique et la dignité du sentiment religieux. De même, les erreurs de la Révolution française ou les horreurs de la révolution russe sous Staline et des Khmers rouges cambodgiens n'annulent pas la part de vérité forte contenue aussi bien dans la révolution libérale et bourgeoise à la française que dans les révolutions bolchevique et chinoise — intervenues d'ailleurs dans des contextes différents et soumises à un encerclement militaire qui contribua à les radicaliser. Ce fut aussi le cas de la Révolution française et du bonapartisme qui en hérita. Il s'en est suivi une guerre civile européenne tout au long du XIXe siècle, marquée par un mélange explosif d'idéologies nationalistes et d'aspirations populaires fortes, si bien exprimées par la Commune de Paris en 1871. C'est cette guerre qui débouche sur la Première Guerre mondiale, puis, après l'échec de la Société des Nations, sur la Seconde Guerre mondiale où les idéologies nationalistes, mais aussi les idéologies sociales globales qu'ont été le nazisme et le bolchevisme, éclateront dans une folie meurtrière jusqu'alors inconnue dans l'histoire de l'humanité. Cette guerre prépara le

21 *Ibid.*, p. 39.

terrain à la Troisième Guerre mondiale que fut la guerre froide, où les États-Unis puiseront abondamment dans l'instrumentalisation de la religion pour abattre le « monstre » totalitaire soviétique.

Démoniser l'expérience révolutionnaire russe jusqu'à en faire la cause explicative de la violence nazie, comme l'a tenté Ernst Nolte, ou analyser la terreur infligée par Staline au monde paysan sans tenir compte du rôle joué dans les famines par l'encerclement de l'URSS (qui ne justifie évidemment pas pour autant les crimes staliniens), comme le fait le préfacier du *Livre noir du communisme*[22] : tout cela, autant que le « révisionnisme » sur les apports de la Révolution française, relève de la poursuite sous des habits neufs d'un vieux combat intellectuel et idéologique, celui des traditionalistes moralistes, si « modernes » qu'ils se disent aujourd'hui. Ce combat semble trouver son inspiration dans l'*essentialisme*, cette modalité de représentation de l'Autre et du différent aux origines aussi bien de certaines formes de racisme que de l'engouement pour le thème de la guerre des civilisations. On n'hésitait pas autrefois à désigner ce courant par la dénomination de « droite », attachée à l'ordre et à la stabilité à tout prix, refusant de prendre acte que la Terre tourne et que les sociétés changent...

La place du nazisme et de l'Holocauste dans la vision occidentale du monde

C'est cette même idéologie dénonciatrice des violences révolutionnaires modernes qui s'extasie du « retour du religieux », mais oublie toutes les violences commises depuis des siècles au nom de la religion et dont elles sont les héritières, comme on l'a vu au chapitre précédent. Si l'on prend en compte cet héritage, peut-on vraiment s'étonner de la monstruosité du nazisme, en faire une aberration inexplicable en dehors de la folie de son inspirateur, ou une réaction légitime au danger bolchevique ? Doit-on considérer la destruction des Juifs d'Europe par les nazis comme un événement exceptionnel et unique ? Deux attitudes sont ici possibles, qui constituent en fait une ligne de clivage discrète, mais de plus en plus profonde, dans l'opinion européenne et américaine entre

22 Voir Stéphane COURTOIS et *alii*, *Le Livre noir du communisme*, *op. cit.*

néoconservateurs et libéraux. Celle-ci est appelée à notre sens à s'affirmer, car elle coïncide souvent avec la ligne de séparation entre ceux qui tentent autoritairement de faire taire toute critique de l'État d'Israël et de la gestion américaine de la crise permanente du Moyen-Orient, creuset de la nouvelle vague de terrorisme, et ceux qui, au contraire, s'efforcent de maintenir des valeurs universelles, bases du droit international moderne, de plus en plus bafoué par les États-Unis et Israël.

Les premiers tendent à ignorer ou minimiser l'importance historique et les séquelles contemporaines de l'élimination violente des hérétiques, des guerres de religion et des génocides des Indiens des deux Amériques, de la pratique généralisée de l'esclavage avec transfert massif de populations africaines en Amérique ; ils accablent et chargent les événements fondateurs de la modernité laïque, dont Robespierre, Danton, Saint-Just, Jean-Jacques Rousseau et Voltaire seraient les organisateurs et Lénine, Staline, Mao Zedong et Hitler les imitateurs, tous mis dans le même sac. Les seconds, en revanche, tentent de reconstituer tout l'enchaînement des violences qui ont marqué l'expansion de l'Europe chrétienne et conquérante, violences internes à l'Europe aussi bien que violences exportées par l'expansion coloniale et les génocides et massacres qu'elle a entraînés.

Dans la première approche, le génocide des Juifs d'Europe est isolé, considéré comme incommensurable à tous les autres drames qui ont jalonné l'histoire de l'humanité [23] ; comme nous l'avons vu, il peut être considéré comme l'événement fondateur du retour du religieux, concomitant au déploiement de la géopolitique de la puissance américaine, qui influence considérablement l'Europe. Dans la seconde approche, l'Holocauste n'en reste pas moins un événement majeur et même exceptionnel à l'échelle de l'Histoire, par l'ampleur de l'industrie de la mort dont furent victimes des millions de civils désarmés ; mais il devient possible d'en rechercher la généalogie dans le choc des mentalités et des visions associé à la

---

23 On peut penser ici à l'usage qui est fait en France de l'article de la loi sur la liberté de la presse du 13 juillet 1990, dite loi Gayssot, qui renforce la loi plus ancienne du 1er juillet 1972, dite loi Pleven, sur la répression de la contestation de « l'existence d'un ou plusieurs crimes contre l'humanité ». L'application de cette loi est en effet pratiquement restreinte à la contestation de l'Holocauste ou à la critique de l'usage qui en est fait par l'État d'Israël, et ne concerne pratiquement pas celle des autres crimes contre l'humanité (voir *infra*, note 26, à propos du procès fait en 2005 au sociologue Edgar Morin).

guerre civile intellectuelle et politique inaugurée en Europe avec les guerres de religion et dont les communautés juives finiront par être les victimes principales dans l'immense boucherie de la Seconde Guerre mondiale [24].

Dans la première attitude, aujourd'hui dominante en Occident, qui fait du nazisme et de l'Holocauste une phase exceptionnelle *sui generis* de l'Histoire, une nouvelle forme de religion et de morale est instituée, explicitement ou non, au détriment de la religion comme foi et adjuvant spirituel indispensable de l'homme. Du coup, redeviennent légitimes les croyances naïves dans la supériorité de l'« homme blanc », celle de la civilisation occidentale sur toutes les autres cultures, religions et systèmes de valeur. Dans cette vision, en effet, seuls les Occidentaux auraient atteint un stade suprême de moralité, grâce à leur repentance après les boucheries de la Seconde Guerre mondiale, repentance instituée par la dénonciation permanente de l'Holocauste, mais aussi par le fait d'avoir atteint un « stade suprême » de démocratie qui a désormais banni la guerre et la violence entre les États qui se sont autrefois si férocement combattus. La dénonciation du racisme tend alors à se rétrécir comme peau de chagrin, pour se réduire à la seule dénonciation de l'antisémitisme et de l'antisionisme [25], qui lui est désormais systématiquement identifié. Et cela même lorsque cet antisionisme est prôné par des Juifs, au nom d'une éthique humaniste refusant la violence exercée sur les Palestiniens par l'État d'Israël, ou pour des raisons plus spécifiques à la théologie juive elle-même, où tout un courant considère que le retour en Terre promise ne saurait être le

---

24 C'est bien le refus de la première approche qui a amené Hannah Arendt à être si critique du procès d'Eichmann à Jérusalem en 1961 ; elle aurait souhaité, en effet, que ce dernier soit jugé par un tribunal international, afin de donner aux souffrances infligées aux communautés juives européennes une portée universelle de crime contre l'humanité, plutôt que d'en faire un événement étroitement israélien (Hannah ARENDT, *Eichmann à Jérusalem. Rapport sur la banalité du mal, op. cit*).

25 Cette posture est confirmée par le refus de la plupart des grands pays occidentaux d'accepter toute forme de repentance ou toute condamnation explicite du colonialisme et de l'esclavage pratiqué à grande échelle durant plusieurs siècles pour fournir une main-d'œuvre gratuite dans les nouvelles colonies américaines (à l'exception notable de la France : même si elle est encore loin d'avoir totalement soldé les comptes de sa lourde histoire coloniale, son Parlement a reconnu la traite négrière et l'esclavage comme crimes contre l'humanité, avec la « loi Taubira » du 10 mai 2001). Nous y reviendrons en conclusion.

fait de la volonté humaine, mais exclusivement une manifestation de la volonté divine [26].

Bien sûr, la dénonciation de l'antisémitisme doit rester le devoir de tous, mais combien plus efficace serait-elle si elle s'inscrivait dans une problématique plus approfondie des rapports complexes entre violence, morale, religion et politique dans la sphère européenne. Au cours des cinq derniers siècles, les nations européennes, sur la voie du progrès technique et scientifique et de réflexions philosophiques et politiques profondes, ont donné naissance à cette grande aspiration vers l'établissement de valeurs universelles qui s'est répandue dans le monde ; mais elles ont aussi produit les cycles de violences les plus mortifères. C'est bien à cette réflexion que se dérobent les nouveaux idéologues traditionalistes et conservateurs, voire essentialistes, souvent des transfuges des idéologies laïques humanistes, marxistes ou libérales, qui se voient en nouveaux gardiens du temple, celui où se célèbre l'ordre nouveau de la globalisation multiculturelle sur le mode anglo-saxon. Dénonçant avec virulence les mythes révolutionnaires et progressistes, ils fabriquent avec la même virulence les nouveaux mythes du retour du religieux et de la tradition. Le dilemme posé par Leo Strauss entre la rationalité d'un « retour à Jérusalem », c'est-à-dire à la soumission à la loi divine, et celle d'un retour à la raison politique des anciens Grecs, ainsi que nous l'avons évoqué au chapitre 1, a éclipsé la rationalité de la loi issue des conceptions de la Révolution française, de plus en plus remise en question par diverses pratiques qui nient l'égalité de tous devant la loi, que ce soit sur le plan interne des États ou sur le plan international. Le détournement de l'œuvre subtile de Leo Strauss devient ici un élément de légitimation particulièrement fort de la contre-mythologie qui se forge sous nos yeux et dont sont désormais faits nos décors.

Peut-être est-ce vers Hannah Arendt qu'il faut se tourner à nouveau pour tenter de comprendre cette dégénérescence des

26 C'est ce qu'explique remarquablement Yakov M. Rabkin, *Au nom de la Torah. Une histoire de l'opposition juive au sionisme*, Presses de l'Université Laval, Québec, 2004. C'est bien aussi la position d'Edgar Morin, à partir d'une vision humaniste et laïque, dont le propos dans une tribune libre publiée par *Le Monde* en juin 2001 (intitulée « Israël-Palestine : le cancer » et cosignée par Danielle Sallenave et Sami Naïr) a été condamné pour « diffamation raciale » le 27 mai 2005 par la cour d'appel de Versailles. On lira avec le plus grand intérêt l'entretien qu'il a réalisé à ce sujet avec la journaliste italienne Silvia Cattori, le 17 juin 2005 (entretien en copyleft, <silviacattori@yahoo.it>).

idéaux portés par la grande culture européenne du XVIIIe au XIXe siècle. Son *Essai sur la Révolution*, que nous avons déjà cité au début de notre réflexion, attribue de façon convaincante et claire cette dégénérescence à plusieurs causes essentielles en provenance des États-Unis. En particulier, comme nous l'avons vu, leur « incapacité à se souvenir » de leur propre révolution, ainsi que leur « aversion pour la pensée conceptualisée » ; mais aussi leur « déplorable inclination à succomber, en l'exagérant au besoin, à n'importe quelle marotte et à n'importe quelle mystification, que la désintégration non de la pensée occidentale mais du tissu politique et social de l'Europe d'après la Première Guerre mondiale met en vue [27] ».

Curieusement, c'est bien cette même aversion pour la pensée abstraite que nous avons retrouvée chez Furet et ses prédécesseurs traditionalistes et antirévolutionnaires (voir *supra*, chapitre 1), qui veulent voir en elle le maléfice de la Révolution française. Alors que Hannah Arendt n'hésite pas à affirmer, invalidant toute la démonstration des fabricateurs de contre-mythes traditionalistes : « Je pense, comme je l'ai indiqué, que cette perte d'un intérêt prétendument purement théorique dans les questions politiques n'a pas été le "génie" de l'histoire américaine, mais, au contraire, la cause essentielle expliquant que la Révolution américaine soit restée stérile en matière de politique mondiale. De même, je serais tentée de croire que c'est précisément la vivacité théorique et l'ampleur de la pensée conceptuelle déployée lors de la Révolution française par les penseurs et philosophes de l'Europe entière qui ont contribué de façon décisive à son succès mondial, malgré sa fin désastreuse. L'incapacité à se souvenir des Américains remonte au déplorable échec de la pensée postrévolutionnaire [28]. »

La grande philosophe allemande, rescapée du nazisme, elle aussi critique de la politique israélienne et ayant pris ses distances avec le sionisme, connaissait bien les États-Unis où elle avait refait sa vie et enseigné. Ce n'est donc pas à la légère qu'elle analysait les ressorts de cet oubli historique monumental qui a frappé l'intelligentsia américaine sur sa propre révolution, remplacée par l'utilitarisme et le fonctionnalisme anglo-saxon et les « idées tirées par les

27 Hannah ARENDT, *Essai sur la Révolution*, *op. cit.*, p. 324.
28 *Ibid.*

cheveux » ou les « notions les plus grotesques ». Son analyse du rôle des États-Unis dans le monde prend aujourd'hui, plus que jamais, un relief et une actualité saisissants. Cependant, son œuvre immense, encore largement inexploitée, n'occupe plus le devant de la scène intellectuelle et de la réflexion historique sur les grands problèmes de philosophie politique auxquels est douloureusement confronté notre XXIe siècle.

C'est l'œuvre de Leo Strauss qui est aujourd'hui à l'honneur et qui nous enferme dans le dilemme pervers entre deux choix exclusifs : celui de la soumission à la loi divine révélée et celui de la soumission à la raison philosophique. Comme s'il n'était pas possible de distinguer entre la foi et le besoin de transcendance, d'un côté, et les situations qu'imposent toujours ceux qui mettent en application la loi divine comme fondation de la cité, de l'autre. Comme si encore, en dépit des longs siècles de pratique des trois différentes formes de monothéisme, avec leurs innombrables querelles internes, il nous serait toujours interdit d'effectuer une lecture symbolique de la signification des textes religieux « révélés [29] ». Au fil de l'Histoire, cette lecture s'est progressivement réfugiée dans la gnose chrétienne ou le mysticisme, dans la Kabbale juive et dans le soufisme musulman, pour échapper au carcan de la lecture littérale, au premier degré, des textes. Tous les efforts des humanistes européens, d'Érasme à Descartes et à Spinoza, consisteront justement à nous aider à nous distancier de ce type de lecture ; cependant que l'humanisme moderne et les révolutions qui en sont issues tenteront une refondation de l'Europe, si finement analysée par Arendt.

Aujourd'hui, la guerre des mythologies défondatrices et refondatrices fait rage, en parallèle à la dangereuse montée des fanatismes civilisationnels et des différents types de fondamentalismes, chrétien, juif et musulman, que les systèmes politiques et socioéconomiques en déroute de façon « globalisée », plus spécialement dans les sociétés monothéistes, sollicitent de la façon la plus grotesque.

Comme nous allons le voir dans le chapitre suivant, c'est précisément ce recours au religieux dans l'espace politique — dont nous avons vu qu'il n'avait jamais entièrement disparu, notamment à l'ère coloniale et pendant la guerre froide — qui aggrave la crise

---

29 On pourra se reporter sur ce point à l'analyse fine de Rémi BRAGUE, *La Loi de Dieu. Histoire philosophique d'une alliance*, Gallimard, Paris, 2005.

spécifiquement religieuse que connaissent, au seuil du XXIe siècle, les trois monothéismes. Sans cette réflexion, nous aurons peu de chances de rétablir la cohérence de notre langage, de nos façons de concevoir et de projeter un monde dans lequel l'aspiration à l'universel échapperait à ce théâtre d'ombres d'aujourd'hui, où la fraternité, l'égalité et la liberté restent plus que jamais introuvables. Le pari raté jusqu'ici de l'Occident tout-puissant, en dépit des malheurs nés des violences qu'il a portées en son sein, c'est bien ce mirage universel de la globalisation multiculturelle, qui rabaisse les grandes idées philosophiques et morales de la culture européenne à des pamphlets idéologiques d'aussi mauvaise qualité que ceux inspirés par la « guerre des civilisations » ou le « retour du religieux ».

Le « cosmopolitisme » éclairé de la philosophie des Lumières et les essais d'Emmanuel Kant de penser la paix universelle qui ont inspiré l'établissement de la Société des Nations puis de l'Organisation des Nations unies ne constituent-ils pas une base autrement plus solide et plus acceptable pour tenter de généraliser des règles de morale internationale [30] ? C'est ce que nous verrons dans le dernier chapitre et la conclusion de cet ouvrage, après avoir examiné les liens complexes reliant les deux crises politiques et religieuses qui secouent les sociétés monothéistes.

---

30 La relecture de la logique kantienne pour l'établissement d'une morale universelle est très stimulante. Comme nous l'avons évoqué au chapitre 2, c'est essentiellement dans la septième proposition de l'opuscule « Idée d'une histoire universelle au point de vue cosmopolitique » que l'on trouve la suggestion de créer une « société des nations » (Emmanuel KANT, *Opuscules sur l'histoire, op. cit.* ; on se reportera aussi à son ouvrage *Fondements de la métaphysique des mœurs*, publié en 1785, qui établit les bases logiques d'une morale qui pourrait être de type universel).

5

La double crise religieuse et politique dans les sociétés monothéistes contemporaines

Au seuil du XXIe siècle, la religion et son autorité se retrouvent au centre des débats, tout comme le problème de la liberté individuelle, dont l'Occident se veut aussi porteur. Il n'est pas évident qu'un ordre nouveau puisse advenir qui pacifiera notre planète, en l'absence d'un consensus sur un système de valeurs politiques susceptible d'organiser les rapports entre sociétés et individus, entre le collectif et l'individuel, enfin entre les formes différentes que prennent le pouvoir et l'autorité dans un monde à la recherche d'une stabilité jusqu'ici introuvable.

Notons que ces questions, centrales dans la conscience européenne d'aujourd'hui, demeurent étrangères au reste du monde. Si elles peuvent concerner, sans aucun doute, les sociétés du Moyen-Orient arabe, turc ou iranien, du fait notamment de leurs rapports conflictuels avec l'État d'Israël, il n'en est pas de même en Afrique subsaharienne, dans la péninsule indienne et dans le monde de l'Extrême-Orient, qui pratiquent des religions tout à fait étrangères à la culture biblique et à la notion de Révélation propre aux religions monothéistes.

L'usage politique du religieux, traduction de la crise d'autorité dans les sociétés monothéistes

Comme nous l'avons vu, le recours au religieux traduit le plus souvent une crise de légitimité du pouvoir politique. Mais ce qui est moins mis en lumière, c'est la crise du religieux lui-même, qui amène le pouvoir religieux à avoir recours au pouvoir politique dans l'espoir d'endiguer sa propre crise. Cette double crise nous paraît frapper de façon plus spécifique les sociétés à tradition religieuse monothéiste, c'est-à-dire le monde islamo-chrétien et juif, où les tensions politico-religieuses sont de plus en plus fortes, créant un état de désordre, de tensions et souvent de violences. Le nouveau « prêt-à-penser » qui a envahi notre univers culturel et qui s'efforce d'ériger en théorie doctrinale, en nouvelle idéologie, la légitimité de cet état de désordre, est bien celui de la guerre des civilisations, entendue au sens de guerre religieuse et culturelle. Dans cette théorie, le conflit majeur du XXIe siècle n'est plus celui de l'affrontement des grands nationalismes qui a débuté au XIXe siècle pour se perpétuer et exploser en deux guerres mondiales majeures au XXe siècle ; ce n'est plus celui de l'affrontement entre deux grandes idéologies laïques, le capitalisme libéral et le socialisme, qui s'est traduit par la guerre froide à la fin du XXe siècle. Le conflit majeur serait celui opposant un monde judéo-chrétien libéral, tolérant et ouvert, porteur du flambeau du progrès, et le monde de l'islam, retardataire, autoritaire, violent et fermé sur lui-même.

En fait, c'est la morale, tout à la fois religieuse et politique, qui se développe à l'intérieur du monde des sociétés monothéistes, avec ses variantes et ses différences au sein de chaque groupe en cause (juif, musulman ou chrétien), ce qui amène à une rationalisation simpliste des effets corrosifs complexes de la modernité, que nous avons analysés dans les chapitres précédents. Le recours au religieux, qu'il s'agisse du judaïsme, de l'islam ou de la nouvelle idéologie civilisationnelle du judéo-christianisme, semble n'être qu'un effet de cette crise, une nouvelle étape, plus politique que religieuse, de la désintégration des cadres traditionnels de l'autorité à l'intérieur des nations, comme dans les rapports des nations entre elles. Le recours politique intensif à la religion dans le cadre de la guerre froide, par la mobilisation du catholicisme polonais, de l'islam fondamentaliste à la mode saoudo-pakistanaise ou du judaïsme « israélianisé », a eu pour résultat d'aggraver en même temps la crise manifeste des trois religions monothéistes, semant une confusion politique peu commune dans la perception des nouveaux désordres du monde.

La résurgence des convulsions terroristes qui avaient caractérisé le XIXe siècle finissant, en particulier en Russie et dans les Balkans, la désintégration rapide et violente de la Yougoslavie, les guerres d'Afghanistan et d'Irak, la montée en puissance des États-Unis comme pôle unique d'autorité morale, politique et militaire dans le monde et qui s'affirment comme une nation de croyants : autant de phénomènes inquiétants traduisant la double crise religieuse et politique qui affecte les sociétés monothéistes. Les sociétés où dominent des religions fondées sur l'éthique, l'ascèse et la contemplation, comme en Chine et dans la péninsule indochinoise ou au Japon, semblent jusqu'ici immunisées de ce mal. L'Inde, qui a longtemps su accommoder le pluralisme religieux, plus particulièrement entre le védisme et le bouddhisme puis entre l'islam et l'hindouisme, connaît à une échelle limitée jusqu'ici les symptômes de cette crise, hérités de la sécession pakistanaise en 1947 et des développements de la crise du Cachemire.

Il est d'ailleurs très difficile de séparer, dans l'analyse qui sera faite ici, l'élément proprement religieux de la crise de ses expressions politiques multiformes. En fait, c'est l'usage politique du religieux qui est en cause ; le recours au religieux au cours du dernier demi-siècle en est la dernière manifestation. Ce recours, comme nous allons le voir, aggrave la crise d'autorité causée par l'effondrement de la tradition et provoque des changements désordonnés et aberrants dans la façon d'exprimer la foi religieuse elle-même. Si cette évolution est particulièrement visible dans la religion musulmane, elle affecte tout autant la religion chrétienne et le judaïsme. L'élément politique est responsable de la crise religieuse et lui imprime sa marque forte ; à son tour, la crise religieuse affecte l'élément politique et exerce une influence déterminante, culturelle, psychologique et sociale sur la crise politique.

Comme nous l'avons montré ailleurs, l'archétype biblique (un seul dieu, un prophète ou messie, une Révélation à visée universelle) a marqué d'une empreinte indélébile le fonctionnement des sociétés qui ont été soumises à l'une ou l'autre des expressions monothéistes (judaïsme, christianisme ou islam) : la séparation du religieux et du politique que la philosophie des Lumières puis la Révolution française avaient cru avoir réalisée pleinement au début du XXe siècle, la loi française de 1905 pouvant être considérée comme le sommet de cette évolution, a constitué un trompe-l'œil [1]. En effet, les sociétés dites « laïcisées » ont continué d'être mues par

1 Voir Georges Corm, *Orient-Occident, la fracture imaginaire, op. cit.*

l'archétype de l'idéal unique, de la mission à prêcher à l'univers, d'une révélation d'ordre philosophique et politique, la recherche passionnée et la découverte d'une « terre promise ».

La foi dans un idéal unique ne s'est pas altérée ; elle n'a plus porté sur la conception du Dieu unique à adorer, mais sur la conception du bonheur social et politique et les moyens de le réaliser. Cette foi nouvelle a fonctionné sur le même mode que les « Révélations » religieuses constituées dans l'ordre politique : intolérance, fermeture, racisme à l'égard de l'autre non converti et non touché par la grâce, et légitimation de la violence exercée contre lui ; division binaire de l'histoire du monde en « temps des ténèbres et de l'ignorance » auquel succède le « temps de la Révélation et de la connaissance » ; division binaire de l'espace géographique aussi entre espace du « Temple », de la paix et du bonheur, et espaces de la barbarie et des ténèbres. Si l'idéal divin a été sécularisé par la Renaissance européenne et ses développements subséquents, son fonctionnement transposé en idéal humain ne change pas. Bien plus, les progrès réalisés dans la pensée théologique pour accommoder l'idéal unique à la diversité du monde et créer des règles un peu plus humaines et tolérantes pour encadrer la guerre et en limiter les dégâts et pour assurer la paix, seront remis en cause par l'apparition d'idéaux sécularisés qui s'expriment avec la même ferveur que l'idéal divin.

La laïcité, qui constitue dans le christianisme un progrès majeur, hérite cependant du monothéisme l'unicité de l'idéal supérieur et perpétue, de la sorte, la tradition monothéiste sous une forme sécularisée[2]. Comme nous l'avons vu au chapitre 3, les guerres de religion nous avaient fait quitter le temps eschatologique et prophétique fermé qui caractérisait la chrétienté du Moyen Âge pour entrer dans un temps ouvert à l'action de l'homme et à ses anticipations de progrès, celui de la modernité. C'est ce temps ouvert, celui de la liberté et du libre arbitre, qui est peut-être

2 À l'inverse, comme nous l'avons évoqué en introduction, en faisant vivre l'homme dans un univers où évoluent ensemble plusieurs dieux et où les dieux des peuples conquis sont intégrés au panthéon du peuple conquérant, le paganisme de l'Antiquité avait supprimé tout « choc des cultures », toute collision de croyances que provoque nécessairement le contact, pacifique ou violent, des peuples et des tribus et de leurs conceptions du monde. La dichotomie installée par les Grecs anciens entre « civilisation » (la leur) et « barbarie » (celle des peuples non hellénisés) n'avait pas vraisemblablement la même consonance émotionnelle et guerrière que celle qu'elle a acquise avec l'apparition et le développement du monothéisme transformé en religion d'État.

aujourd'hui menacé par ce recours intensif au religieux et l'effondrement progressif des valeurs laïques.

La dynamique historique complexe des affrontements entre les trois monothéismes et au sein de chacun d'eux

Si nous jetons un regard rapide sur l'histoire des trois monothéismes, nous constatons la crise presque permanente qui les a affectés et qui rebondit aujourd'hui plus fortement que jamais, car elle est à nouveau intimement mêlée à une crise politique grave (qu'elle soit nommée crise de la modernité ou de la postmodernité). En effet, le monothéisme, en tant que Révélation scripturaire, a toujours suscité la controverse sur l'interprétation des textes et les implications politiques et sociales de la Révélation. Le christianisme ne constitue-t-il pas une scission, voire une rupture, une nouvelle lecture révolutionnaire de l'Ancien Testament par rapport au judaïsme ? L'islam ne va-t-il pas se présenter lui-même non seulement comme un dépassement des querelles stériles entre Juifs et chrétiens, mais aussi entre les différentes conceptions théologiques chrétiennes, concernant en particulier la nature exclusivement divine ou double — divine et humaine — du Christ, ce qui peut expliquer son succès foudroyant dans un Orient déchiré par les querelles christologiques ? Le judaïsme considère le Christ comme un faux messie et pas même comme un prophète, et il fera face tout au long de son histoire, après l'avènement de l'ère chrétienne, aux prétentions de certains de ses adeptes à être le messie attendu. L'islam, lui, fera du Christ un prophète particulièrement honoré, ainsi que sa mère, Marie, dont la virginité est clairement affirmée dans le Coran ; le souffle de Dieu, suivant le texte coranique, a présidé à la naissance et la vie du Christ[3]. Dans la vision musul-

3. Le dogme musulman sur le Christ et la Vierge Marie se trouve dans la sourate 19 du Coran, dite Sourate de Marie, versets 16 à 41 : « Et, dans l'Écriture, mentionne Marie quand elle se retira de sa famille dans un lieu oriental et qu'elle disposa un voile en deçà d'eux. Nous lui envoyâmes Notre Esprit et il s'offrit à elle (sous la forme) d'un mortel accompli. "Je me réfugie dans le Bienfaiteur, contre toi, dit Marie. Puisses-tu être pieux !" "Je ne suis, répondit-il, que l'émissaire de ton Seigneur, (venu) pour que je te donne un garçon pur." "Comment aurais-je un garçon, demanda-t-elle, alors que nul mortel ne m'a touchée et que je ne suis point femme ?" "Ainsi sera-t-il, dit l'Ange. Ton Seigneur a dit : 'Cela est pour Moi facile et Nous ferons certes de lui un

mane de la Révélation, Juifs, chrétiens et musulmans sont tous les fils d'Abraham, à qui est faite la Révélation de l'existence du Dieu unique, Révélation confirmée par la série des grands prophètes juifs, puis par le Christ, puis, enfin, par Mohammed. Ce dernier, sceau des prophètes, clôt le cycle prophétique du monothéisme, puisque la Révélation coranique est la parole directe de Dieu par la bouche du Prophète. Le christianisme, quant à lui, tout comme le judaïsme, considérera Mohammed comme un faux prophète, voire un antéchrist venu détruire la religion chrétienne.

Le christianisme, une fois institutionnalisé, tentera en vain de réduire le judaïsme par tous les moyens, puis se résoudra à la « conservation » de ses adeptes, comme témoins de ses propres origines (en particulier les Juifs de Rome, protégés directs de la papauté) ; mais les Juifs européens resteront toujours menacés par des colères populaires et soumis à différentes restrictions dans l'exercice de leur vie quotidienne. Peut-être la « chance » du judaïsme, à travers toutes les vicissitudes qu'il eut à connaître une fois le christianisme institutionnalisé dans les structures fortes de l'Empire romain, fut-elle de n'être plus une religion institutionnalisée sur un territoire délimité et géré par un État se réclamant de cette religion, et cela depuis la destruction du Temple de Jérusalem en 70. L'eût-il été, les risques de sa disparition complète auraient vraisemblablement été plus grands. L'islam, en revanche, admettra en son sein la permanence des « gens du Livre », c'est-à-dire les adeptes des deux Révélations juive et chrétienne, ancêtres de l'islam. Sujet à controverse, le fameux régime de la *dhimma* assurera, en tout cas, des droits civils complets aux Juifs et aux chrétiens vivant dans une société musulmane, ainsi que la liberté du culte [4].

Mais les querelles entre les trois monothéismes se réclamant d'un même Dieu et donc d'une même Révélation ne sont pas les seules. À ces dernières, il faut ajouter les dissidences, les hérésies, voire les guerres religieuses intestines et particulièrement sanglantes qui

---

signe pour les gens et une grâce de Nous'"... » (voir ce texte dans la traduction du Coran par Régis BLACHÈRE, tome 2, Éditions Maisonneuve et C°, Paris, 1951, pp. 228-229).

4 Voir Georges CORM, *Histoire du pluralisme religieux..., op. cit.* Évidemment, toute une série d'ouvrages très prisés des islamophobes s'efforce de nier cette réalité, en particulier : Bat YE'OR, *Chrétientés d'Orient entre jihâd et dhimmitude, VIIe-XXe siècle*, Cerf, Paris, 1991 ; ou, plus ancien, Antoine FATTAL, *Le Statut légal des non-musulmans en pays d'islam*, Imprimerie catholique, Beyrouth, 1958. Voir notre revue critique de cette littérature dans notre *Proche-Orient éclaté, op. cit.*, chapitre 3.

vont jalonner la vie interne des sociétés se réclamant de l'un ou l'autre de ces monothéismes. Elles seront, évidemment, beaucoup plus spectaculaires dans le christianisme et l'islam, en raison de leur institutionnalisation politique ; ce qui n'empêchera pas dans le judaïsme une pluralité permanente d'opinions et de visions. Les religions dites révélées par Dieu à l'homme à travers prophètes ou messies entraînent, en effet, une tension permanente entre deux pôles : d'un côté, la nécessité de fixer un dogme unique, correspondant à l'idée même du Dieu unique, et d'en faire une loi contraignante pour assurer le salut de l'homme ; et, de l'autre, la complexité et la variété de la pensée humaine qui interprétera à travers des lectures différentes un même événement et développera des lectures dogmatiques différentes des textes de la Révélation.

Les passions seront d'autant plus violentes dans l'affirmation de ces différences que le monothéisme délimite de façon rigide le besoin mystique de l'homme et ferme la vision historique sur un processus unique de nature métaphysique (l'attente de la fin du monde par la venue du messie ou son retour [5]). Le besoin d'une institutionnalisation de la loi religieuse devient impérieux pour assurer la marche de l'histoire et la réalisation de sa finalité ; l'autonomie de l'activité politique y devient impossible. D'où cette ampleur des querelles religieuses qui envahissent la vie politique et sociale, mais aussi le recours des ambitions politiques à la vision religieuse et à ses dogmes pour triompher d'ambitions adverses. D'où les notions d'« hérésie », d'« excommunication » et d'« exclusion », qui entraînent la dissidence et la guerre ouverte ou larvée entre adeptes d'une même religion et de la même conception du Dieu unique. Le schisme et la dissidence proviennent souvent du besoin de briser ou d'atténuer l'absolutisme du pouvoir légitimé par le recours au religieux ; ils peuvent aussi résulter du désir d'affirmation d'une identité collective brimée par un conquérant étranger.

Comme on l'a vu au chapitre 3, l'histoire du christianisme est jalonnée de telles querelles, où les passions théologiques contradictoires dégénèrent en guerres ouvertes et en schismes au sein même de l'Église unique. Le christianisme d'Orient, sitôt constitué à

5 Dans le judaïsme, l'attente est celle du retour en Terre promise, cependant que dans l'islam chiite, il s'agit du retour de l'imam caché ou, dans certaines formes de l'islam sunnite, la venue d'un *mahdi* (un nouvel envoyé de Dieu).

Antioche, fut secoué d'innombrables dissidences, focalisées sur des débats furieux concernant les différentes natures du Christ. Puis, l'Empire byzantin ayant consolidé sa domination sur toute l'Asie Mineure, il tentera d'assurer par la force l'unité du dogme religieux, ce qui suscitera de vives réactions dans toute la région, où les différentes Églises locales n'entendaient pas abandonner leurs particularismes et leur liberté d'exégèse religieuse. Cela donnera naissance à des Églises qui prendront leur autonomie et s'installeront dans l'hostilité réciproque. Puis vint le temps du schisme entre l'Église de Rome et celle de Byzance, entre catholiques romains et orthodoxes grecs, qu'Edgar Quinet analysait ainsi : « Si vous entrez au fond de ce schisme, vous trouvez de la part des Grecs cette pensée obstinée qu'ils ont travaillé plus que personne à constituer le dogme, et qu'ils ne veulent déférer à aucun autre la pleine autorité sur ce qui est en grande partie leur œuvre. Révolte de l'orgueil, au moins autant que de la conscience ! Il est certain que toute la terre de Grèce se soulevait à l'idée que sa langue, son génie disparaîtraient devant la parole et l'autorité de l'Italie. Athènes, toute convertie qu'elle était, ne put descendre à cette humilité : les villes d'Homère, qui avaient nourri tant de martyrs, n'allèrent pas jusqu'à se flageller dans leur gloire passée [6]. »

Avec la fulgurance de son regard, Quinet, réfléchissant sur les ressorts de ce premier grand schisme dans la chrétienté [7], affirmait : « Je l'avoue volontiers ; plus je considère ce fameux schisme du IXe siècle, moins je peux y trouver l'explosion d'une pensée impétueuse, d'une conviction spontanée, qui s'élance sans calcul. Il me semble que la Grèce cherche elle-même une occasion de rupture, qu'elle essaie pendant plusieurs siècles, avec un rare esprit de politique, sur quel sujet elle pourra se brouiller avec les Latins sans se compromettre avec le Ciel. À la fin elle y réussit ; mais ces schismes volontaires, où la diplomatie entre de moitié, font des docteurs, non des martyrs, des Photius, non des Luther. »

Lorsque l'Empire byzantin entre dans le déclin, s'installera un fossé profond dont aujourd'hui nous ne savons même plus les

6 Edgar QUINET, *Christianisme et révolution*, *op. cit.*, p. 157.

7 On peut remarquer ici que l'expression « premier schisme » est inadéquate et résulte d'une vision de l'histoire de l'Église à partir de l'Europe, car l'Église copte égyptienne ou l'Église syriaque antiochienne ont fait sécession par rapport à l'Église grecque de Byzance bien avant la rupture entre Rome et Byzance.

causes et les enjeux en dehors de la querelle de la primauté des sièges de gouvernement de l'Église. Mais la haine sera telle que le patriarche de Constantinople préférera le « turban du Turc » qui s'apprête à conquérir Constantinople à la « tiare du pape » de l'Église de Rome. Nous sommes alors en 1453, une rupture est consommée et c'est l'Église de Moscou qui hérite du prestige de Byzance disparue. Mais une autre rupture s'annonce déjà, quelques décennies plus tard, au sein de l'Église : c'est celle que provoqueront les fameuses « quatre-vingt-quinze thèses » de Martin Luther en 1517. Comme nous l'avons vu aux chapitres 3 et 4, l'Europe est alors secouée par un siècle de violences, inaugurant un cycle de guerres inexpiables qui culminera bien plus tard avec les deux guerres mondiales.

Le protestantisme, ou le religieux dans *la société et non au-dessus*

Le protestantisme, véritable révolution religieuse qui réussit dans de larges parties de l'Europe du Nord, peut être considéré comme le modèle de révolution fondamentaliste, en ce sens qu'il entend opérer un retour aux fondations, aux sources de l'autorité divine révélée par les textes sacrés. Cette révolution fondamentaliste redécouvre donc l'Ancien Testament, en fait parfois une lecture littérale, fait revivre les espoirs eschatologiques de Terre promise et de retour du Messie et, dans la foulée, développe la croyance dans la prédestination qui résulte de la toute-puissance divine ; elle allège et simplifie la construction complexe de la théologie catholique qui fait de l'Église de Rome la source unique de l'interprétation de la Révélation christique et de la souveraineté politique qui en découle. On ne s'étonnera donc pas qu'aujourd'hui le recours au religieux que pratiquent les États-Unis se manifeste sous la forme fondamentaliste de retour aux sources comme renouveau (*revival*) et de lecture littérale du premier texte révélé, l'Ancien Testament. Ce renouveau fondamentaliste permet aussi au judaïsme, qui dispose désormais du centre de rayonnement que constitue l'État d'Israël, de rétablir sa place perdue au cœur de l'Histoire dans sa conception religieuse.

De plus, le protestantisme, en brisant l'unité religieuse de l'Europe, et donc celle de la culture de l'élite lettrée encore largement fondée sur le latin, ouvre la voie à l'explosion des nationalismes modernes et leurs différentes doctrines, anglaise, allemande et française. La langue devient un élément clé de l'identité, la culture savante unificatrice du Moyen Âge disparaît au profit de ce qu'on appellera des cultures nationales, teintées des différentes formes de protestantisme au nord de l'Europe ou de l'attachement au catholicisme romain au sud — dont on n'oubliera pas pourtant les anciennes rébellions « hérétiques », ni plus tard le succès du protestantisme dans le sud de la France.

Le protestantisme institue la relation directe de l'homme à Dieu, supprime les médiateurs, prophètes, prêtres, papes, évêques ; il institue aussi chez Calvin la nécessaire souveraineté directe de Dieu sur le peuple chrétien (problématique que nous retrouverons curieusement dans l'œuvre du fondamentaliste musulman moderne Sayyid Qutb). En supprimant les intermédiaires et les autorités centrales qui disent le dogme, le protestantisme est forcé de reconnaître la liberté de former différentes Églises, ce que l'on peut nommer la sécularisation à l'anglo-saxonne, véritable révolution dans la conception monolithique du monothéisme chrétien pratiquée depuis des siècles.

Mais le protestantisme, en même temps, redonne vigueur à la pratique religieuse et maintient une présence forte du religieux dans la vie quotidienne : les pasteurs, à la différence des prêtres, ne sont plus isolés ou spécialisés dans le statut de clerc astreint au célibat, mais deviennent des membres à part entière de la société laïque, au sein de laquelle ils vivent désormais, et peuvent se marier et procréer. Le religieux est désormais *dans* la société et non plus au-dessus d'elle. C'est une révolution majeure de la vie sociale par rapport au modèle chrétien du Moyen Âge, caractérisé par la stricte séparation des clercs et des laïcs et par le célibat à l'intérieur des ordres religieux et leur vie séparée dans les couvents et les abbayes. Les Églises protestantes suppriment aussi tout l'apparat des cérémonies religieuses, considéré comme une survivance du paganisme et comme une affirmation de la séparation du monde religieux par rapport à la société passive des laïcs. C'est la société qui devient un espace religieux unifié, alors que le catholicisme y avait opéré une césure profonde, où l'ordre religieux fortement hiérarchisé et séparé de l'ordre laïc prétendait dominer l'ensemble et asservir le pouvoir temporel.

Aussi la laïcité qui se développera plus tard en pays catholique aura-t-elle une tout autre radicalité, en visant, au contraire du protestantisme, à séparer l'espace religieux de l'espace public et à confiner la foi et la pratique religieuse à la sphère du privé, qui ne doit pas interférer dans la gestion des affaires de la cité. Cette différence majeure resurgit aujourd'hui avec force : les débats et polémiques font rage sur les mérites comparés de la laïcité « à la française » et de la « sécularisation » à l'anglo-saxonne pour accommoder la diversité des identités religieuses et le « retour du religieux ». Au sein même de la France laïque [8], on trouve au cœur des débats le problème de l'émergence et de l'expansion des communautés musulmanes, qui font de l'islam la seconde religion du pays. Ce débat n'aurait pas eu de raison d'être si cette religion n'était pas elle-même secouée par une crise multiforme, politique autant que religieuse. Les aspects « corrosifs » de la modernité y font des ravages majeurs, revivifiant notamment des clivages anciens au sein de l'islam.

La crise fondamentaliste de l'islam est celle de sa faible institutionnalisation

À la différence du catholicisme, l'islam est une religion peu instituée politiquement, ce qui est souvent ignoré ou oublié, y compris par les jeunes générations des pays musulmans les plus frappés par la crise d'autorité que nous avons décrite au chapitre 3. Certes, la théorie du califat, qui fait du monarque régnant le gardien de la Loi révélée, peut rappeler certains aspects de la théologie politique catholique qui fait du chef de l'Église de Rome le gardien de l'unité des chrétiens et le souverain universel ; de même, le droit canon musulman, la *charia*, rassemble-t-il toute une série de prescriptions normatives, bâties sur l'exégèse du texte coranique et les faits et gestes du Prophète et des quatre califes, dits « Justes », qui lui ont succédé (ce qui en fait l'équivalent du droit canon chrétien, byzantin ou romain, qui avait autrefois tout autant vocation à

8 On se reportera utilement à Jean Baubérot et Séverine Mathieu, *Religion, modernité et culture au Royaume-Uni et en France, 1800-1914*, Seuil, Paris, 2002, qui fait le point aussi bien sur le rôle du sécularisme protestant et de la laïcité catholique dans le développement politique de l'Europe, que sur les querelles actuelles sur la laïcité.

régler tous les comportements de la vie quotidienne, jusque dans leur moindre détail).

Mais l'islam fut frappé aussi rapidement que le christianisme par les phénomènes de scission, d'exclusion et d'interprétations différentes du texte sacré[9]. En effet, Mohammed, prophète législateur dans la tradition de Moïse, qui reçut lui aussi la Loi sacrée, initia l'instrumentalisation de la nouvelle religion. À sa mort, débuta la lutte pour sa succession à la tête de la nouvelle communauté des croyants, d'où naquit le grand schisme entre sunnites et chiites, qui perdure depuis lors (opposition exacerbée aujourd'hui par la déstabilisation géopolitique que connaissent les sociétés musulmanes). La théologie chiite développa alors une spécificité forte de nature eschatologique, absente du sunnisme, à travers la croyance dans la sainteté des descendants d'Ali, cousin et gendre du Prophète, le martyre de son fils Hussein et le retour sur terre de l'« imam caché » (septième ou douzième dans la lignée des imams, selon les deux écoles principales du chiisme).

La floraison des écoles d'interprétation et d'exégèse du Coran connaîtra son épanouissement sous le régime libéral des Abbassides à Bagdad, en particulier sous le califat de Haroun al-Rachid (766-809) et sous celui de Ma'moun (814-833) ; elles représentent une gamme exceptionnelle d'opinions philosophico-religieuses. Le IXe siècle est véritablement le siècle d'or de la civilisation islamique, ouverte sur les apports grecs, syriaques, perses et indiens. La curiosité scientifique et philosophique est stimulée par la rapidité de la propagation de la nouvelle religion : marins et marchands arabes voyagent vers l'Inde et l'Extrême-Orient, Bagdad est une capitale culturelle de tout l'Orient, Bassorah, à l'embouchure de l'Euphrate, est vraisemblablement le port majeur de l'économie orientale.

Mais les joutes théologiques finissent par amener une réaction. L'une des écoles majeures de l'époque, celle des Motazilites, va même jusqu'à minimiser l'importance de la Révélation coranique ou du moins sa transcendance absolue ; elle argue de l'historicité du texte, dont l'interprétation doit être soumise non seulement à la raison, mais aux circonstances historiques changeantes. C'était

---

9 Voir l'ouvrage classique du grand islamologue Henri LAOUST, *Les Schismes dans l'islam*, Payot, Paris, 1965 ; ainsi que, du même auteur, son recueil de textes *Pluralismes dans l'islam*, *Revue d'études islamiques*, Hors série n° 15, Geuthner, Paris, 1983.

renier la tradition, encore bien jeune en islam, et l'autorité qu'elle légitime. Des batailles politiques sanglantes éclatent à Bagdad et affaiblissent l'autorité califale, qui a penché pour les Motazilites. Ces derniers, vivement combattus, s'effacent progressivement au profit d'écoles beaucoup plus strictes, qui instaurent le dogme du Coran comme Révélation divine absolue et transcendante et s'efforcent de réduire la liberté d'exégèse.

Les invasions turques seldjoukides du XIe siècle facilitent cette évolution et la mènent à son terme. Les conquérants, hommes d'ordre et d'autorité, imposent le sunnisme, réduit à quatre écoles juridiques. La philosophie est déconsidérée. Le rayonnement de la civilisation islamique, qui a brillé aussi en Andalousie, se perpétue en Égypte sous les Fatimides — dynastie ismaélienne (issue du chiisme) d'origine maghrébine —, qui fondent la ville du Caire ainsi que la grande université d'Al-Azhar. Mais les croisades, suivies des invasions mongoles, achèveront de pulvériser le monde arabe qui a donné naissance à l'islam et à cette civilisation brillante mais éphémère. En Espagne, la Reconquête avance et la Renaissance européenne et la découverte des Amériques vont bientôt faire reculer l'avance de l'islam en Méditerranée.

Mise sur la défensive, sauvée de la débâcle par l'expansion turque qui adopte un sunnisme toujours plus littéraliste, la civilisation islamique entre dans un déclin précoce dans cette partie du monde où le christianisme européen prend son essor et entame son périple vers la modernité. Il n'en sera pas de même en Asie centrale et aux Indes, où l'islam turco-iranien connaît une forte expansion qui aboutira à la création de l'Empire des Moghols dans cette partie du monde.

Dans le monde méditerranéen, les Turcs ottomans parviennent à freiner le déclin et le retrait. Ils s'emparent des Balkans et parviennent même deux fois aux portes de Vienne, mais leur expansion est définitivement stoppée par la montée en puissance de la Russie, ainsi que par la modernisation générale des armées et des forces navales européennes à partir du XVIIIe siècle [10]. Les Ottomans seront aussi très affaiblis par les longues guerres qu'ils mènent contre l'empire savéfide de Perse (1501-1736), qui œuvre en faveur de la restauration du chiisme pour mieux s'opposer aux Ottomans

10 On fait remonter, en général, le début du déclin de l'Empire ottoman à la bataille navale de Lépante (1571), où la flotte turque est anéantie par une coalition de flottes européennes.

protecteurs du sunnisme. Ces guerres particulièrement longues et coûteuses en vies humaines affaiblissent ces deux puissances musulmanes au profit des puissances européennes et de la Russie, qui conquièrent toujours plus de territoires à leurs dépens dans le Caucase et en Asie centrale.

L'expédition militaire de Napoléon Bonaparte en Égypte (1798-1801) prouve aussi que les territoires ottomans de l'autre côté de la Méditerranée sont désormais à conquérir. Le dépècement de l'Empire ottoman commence et mobilisera la diplomatie européenne tout au long du XIXe siècle, créant la fameuse « question d'Orient » : elle sera la source de vives querelles entre les grandes puissances européennes, ainsi qu'avec la Russie, et aboutira à l'occupation coloniale de presque toutes les provinces arabes de l'Empire ottoman (à l'exception du Yémen et du cœur de la péninsule Arabique).

C'est cette même question d'Orient qui rebondit aujourd'hui, en particulier avec les attentats du 11 septembre 2001 et l'invasion de l'Irak par les États-Unis en 2003. Au centre des vifs débats, aujourd'hui comme hier, la question de l'islam, dernier-né des trois monothéismes et malaimé de la civilisation occidentale.

Il n'est pas ici dans notre propos d'examiner les causes de l'expansion foudroyante de la civilisation islamique, qui brilla durant quelques siècles sur tous les plans, puis de son déclin non moins rapide, du moins autour du bassin méditerranéen. Mais le rapide survol historique que nous avons effectué révèle la différence majeure avec la civilisation de l'Occident chrétien qui, par-delà diverses vicissitudes et guerres intestines continues (dont les guerres de religion ne furent pas les moindres), a connu une montée en puissance régulière à partir des croisades.

L'Empire ottoman, durant quatre siècles, assurera à l'Égypte mamelouk et aux sociétés syro-mésopotamiennes une stabilité politique exceptionnelle, les mettant à l'abri de nouvelles invasions jusqu'à l'expédition de Napoléon Bonaparte. Si les écoles et les dissidences religieuses par rapport aux dogmes du sunnisme adoptés par les conquérants sont durement réprimées (en particulier les chiites, les druzes et les Alaouites), les Églises chrétiennes, dans leurs différences, sont officiellement reconnues et même respectées. Les Ottomans porteront à sa perfection le régime de la *dhimma*, respectant les prescriptions religieuses coraniques et enjoignant aux musulmans d'accepter la présence chrétienne et juive au sein de leurs sociétés, lorsque cette présence ne conteste pas et ne combat pas l'islam, et ce contre le paiement d'un impôt qui dispense, en revanche, de tout service volontaire ou forcé dans l'armée, avantage non négligeable.

L'islam ne s'accommode pas seulement de la présence des chrétiens et des Juifs prescrite par le Coran (qui exclut, en revanche, toute paix ou accommodement avec le paganisme) : l'exégèse considérera les zoroastriens, dont la religion est dominante en Perse et s'étend jusqu'au continent indien, comme des « gens du Livre » avec qui il est licite de vivre ; plus tard, il en sera de même pour la coexistence avec les différentes religions de l'Inde, de la Malaisie ou de l'Indonésie. Cette acceptation du pluralisme religieux, qui caractérise l'islam tout au long de son histoire et dans la plupart des régions où il devient dominant, peut surprendre à la lumière des phénomènes récents d'involution de cette religion. Elle est pourtant une réalité historique indéniable, qui contraste avec le refus autrefois de ce pluralisme dans les sociétés où le christianisme a non seulement dominé, mais est devenu exclusif de toute autre religion.

Mais tout comme le christianisme institué, l'islam sunnite, à partir du Xe siècle, refuse la pluralité d'opinions sur le dogme religieux lui-même, après l'avoir encouragée un temps sous les Abbassides. L'effort de l'exégèse religieuse est considéré achevé à partir du XIe siècle, lorsque seront consacrées quatre écoles seulement d'interprétation de la *charia* (chaféite, hanbalite, malékite et hanafite), du nom de quatre grands juristes fondateurs, et que la philosophie est condamnée sans recours par Al-Ghazali (1058-1111). Aussi, lorsqu'au XIXe siècle et durant la première moitié du XXe siècle plusieurs réformateurs religieux, en Égypte et en Syrie principalement, s'efforceront de dépoussiérer la *charia*, lorsque dans l'Empire ottoman déclinant et sous la pression des puissances européennes, des législations modernes seront mises en place, aucune autorité centrale religieuse ne pourra sanctionner et donner une légitimité à toutes ces réformes. La résistance au changement s'organisera, traditionalisme, fondamentalisme et lecture littérale du Coran et de la *charia* perdurant et s'épanouissant jusqu'à nos jours, dans les circonstances géopolitiques favorables que nous avons décrites.

Ce blocage ancien de l'exégèse religieuse au sein de l'islam sunnite sera vraisemblablement l'une des causes de sa décadence politique, attribuée par certains penseurs arabes aux différents conquérants turcs. Une autre cause pourrait être la très faible institutionnalisation de la religion, comparée à celle qui a été pratiquée dans le christianisme, où la lutte entre le pouvoir religieux et le pouvoir civil a incontestablement été un facteur majeur de modernité. Contrairement à une idée reçue, il n'y a pas en islam de pouvoir religieux, après la mort du Prophète : les califes doivent faire régner la loi religieuse (*charia*) qui se développera progressivement, prenant son inspiration dans les institutions byzantines et perses qui dominent alors dans la région. Mais les gouvernants (califes ou sultans) ne sont en rien l'équivalent d'un pape ou d'un monarque de droit divin qui a besoin de la légitimité du pouvoir spirituel. Le pouvoir dans les sociétés musulmanes est toujours resté aux mains de laïcs, les docteurs de la loi (oulémas) n'ayant aucune fonction d'ordre politique, mais uniquement celle de juger des affaires civiles et commerciales en fonction du texte coranique et de l'une ou l'autre des écoles jurisprudentielles.

En revanche, le chiisme — renaissant au XVIe siècle grâce à l'avènement de la dynastie des Savéfides en Iran, qui utilise cette dissidence pour mieux résister à l'expansion ottomane — est resté pluriel : différentes écoles doctrinales sont restées vivantes et se sont renouvelées en Iran, comme en Irak, au Liban ou au Yémen. Jusqu'à l'avènement de la révolution religieuse de l'imam Khomeyni en Iran en 1979, toutes ces écoles s'occupaient peu de politique ou ne le faisaient que lorsque le pouvoir laïc faiblissait trop, aux XIXe et XXe siècles, face à la pression des grandes puissances européennes et au développement de leur mainmise sur l'économie du royaume [11]. À la différence du sunnisme, le chiisme a ainsi conservé la liberté d'exégèse et la pluralité d'écoles et d'opinions, ce qui lui donne un dynamisme qu'a perdu le sunnisme. Quant au système dit de la *wilaya faquih* inauguré par l'imam Khomeyni en Iran, en 1979, instaurant une tutelle des religieux sur le pouvoir politique, il constitue une innovation totale inspirée par le constitutionnalisme moderne et qui reste contestée par plusieurs grands oulémas chiites.

C'est donc bien plus le manque d'institutionnalisation forte de la religion musulmane qui est en cause, que son essence même, une rigidité ou une pauvreté intellectuelles qui lui seraient

---

11 Voir le beau livre de Vanessa MARTIN, *Islam and Modernism. The Iranian Revolution of 1906* I.B. Tauris, Londres, 1989.

consubstantielles. Le califat, dont la théorie, en l'absence de toute référence à un système de pouvoir dans le texte coranique lui-même, est inspirée à la fois de Byzance et de la Perse sassanide, ne sera lui-même qu'éphémère. L'Andalousie musulmane sera la première à faire sécession du califat de Bagdad, qui perdit tout pouvoir effectif dès la fin du IXe siècle. Ensuite, différentes dynasties ont institué des régimes politiques séparés (sultanats), en lutte entre eux, et ont (presque) toutes eu des règnes éphémères. Bien plus tard, seuls les Ottomans, les Savéfides et l'Empire des Moghols seront des structures politiques stables, englobant toutefois des ethnies, des langues et des religions différentes, ce qui les rendra particulièrement vulnérables à l'expansion des nations européennes, de plus en plus fortes et homogènes.

L'expression fondamentaliste islamique, miroir de la géopolitique et des échecs du développement

Les convulsions de certaines sociétés musulmanes, qui se manifestent aujourd'hui par le recours à la violence et au terrorisme à l'intérieur même de ces sociétés, contre des concitoyens musulmans ou d'autres confessions religieuses ou contre des ressortissants de pays occidentaux, ne sont pas sans rappeler celles de la Russie durant la seconde moitié du XIXe siècle, où le terrorisme a sévi de façon continuelle. Sur le plan des idées, les tensions et querelles qui déchirent la pensée politique arabe, turque ou iranienne, entre modernistes et traditionalistes, rappellent les vives querelles entre « slavophiles » et « occidentaux », entre partisans de la préservation de l'âme russe, de sa spécificité religieuse, de son mysticisme, et partisans de réformes sociales et politiques accélérées sur le modèle des institutions des grandes nations européennes. Mais elles rappellent aussi les convulsions de la chrétienté occidentale au Moyen Âge : comme alors, le texte religieux de la Révélation est constamment sollicité dans une lecture littérale, fondamentaliste, pour mener différents combats.

Le premier de ces combats est celui contre l'impérialisme occidental, perçu comme prédateur, matérialiste et oppresseur. Surtout dans le monde arabe, la révolte contemporaine de larges pans des sociétés musulmanes (dans toutes les classes sociales) contre la domination occidentale, suscitée, on y reviendra, par des considérations économiques et politiques fort profanes, est investie par les islamistes de justifications religieuses : l'Occident ne reconnaît pas le message coranique, lequel confirme et refonde le monothéisme perverti par le polythéisme qui se serait glissé dans le dogme trinitaire chrétien. Les chrétiens sont ainsi qualifiés d'« associateurs », associant au Dieu unique et tout-puissant d'autres dieux, comme le Christ ou l'Esprit saint. Descendants des croisés, ils sont perçus comme continuant l'œuvre de leurs ancêtres en envahissant à nouveau la terre de l'islam, y compris dans ses lieux les plus saints, La Mecque et Médine, avec la présence des troupes américaines au cœur de la péninsule Arabique depuis 1990, mais aussi en Irak avec l'occupation des lieux saints chiites de Nadjaf et Karbala en 2003. Enfin, aux yeux des sociétés arabes ou musulmanes, Jérusalem a été envahie et occupée par les Juifs avec la complicité des « nouveaux croisés », concrétisée par l'appui multiforme, économique et militaire en particulier, dont a joui l'État d'Israël de la part de l'Europe et des États-Unis. Il est alors facile de voir la communauté juive, avec qui pourtant les sociétés musulmanes ont connu de longs siècles d'entente en Espagne, en Afrique du Nord et au Moyen-Orient, comme les descendants directs des Juifs de Médine au temps du Prophète, qui n'avaient pas respecté leur alliance avec lui, œuvrant pour saper son autorité sur la ville ayant donné refuge à Mohammed après son départ de La Mecque.

Comme dans tous les fondamentalismes, le temps est ainsi télescopé. Les représentations mythiques d'un passé révolu et les réalités d'aujourd'hui sont confondues, voire identifiées : des événements survenus à plusieurs siècles de distance, dans des contextes politiques sans commune mesure et impliquant des hommes aux mentalités fort différentes, sont perçus sur une même ligne temporelle univoque, celle du temps religieux comme éternel retour de l'infidélité de l'homme à la parole de Dieu et à celle des prophètes qu'il a envoyés aux différents peuples. Le retour des Juifs en Palestine, plus particulièrement à Jérusalem, témoignerait d'une même et unique trahison, fatalité qui serait propre au « peuple élu », celui qui de tout temps a renié son Dieu, l'Alliance, et n'a pas su reconnaître la parole de Dieu à travers celle de Mohammed, sceau des prophètes. D'où une Histoire sainte tragique qui continue, monotone et répétitive, en définitive pas très différente de celle que s'est inventée le fondamentalisme protestant. Celui-ci perçoit en effet le monde moderne sur le mode biblique : conquête de l'Amérique comme nouvelle Terre promise ; lutte sans merci contre la papauté et la corruption de l'Église romaine, dégénérescence nouvelle dans le paganisme ; reconquête de la Palestine par les Juifs au XXe siècle, événement eschatologique majeur. Cependant que, pour de larges franges des différentes communautés juives, l'Histoire sainte s'est elle aussi remise en marche après les longs siècles d'exil (dont le précédent biblique antique est l'exil à Babylone) par le retour à la Terre promise des origines et la construction d'un pouvoir juif en continuité avec le royaume de David et Salomon.

Les fondamentalistes islamistes d'aujourd'hui se fixent ensuite sur le « dévoiement » multiforme des dirigeants des pays musulmans. En premier lieu, ils dénoncent, souvent à juste titre, leur soumission aux puissances non musulmanes, c'est-à-dire chrétiennes et occidentales, qui se sont emparées des richesses du monde musulman (le pétrole), envahissent et occupent ses territoires, martyrisent les musulmans de la Palestine à l'Afghanistan, en passant par la Tchétchénie, la Bosnie, les Philippines, l'Irak ou le sinistre camp de concentration de Guantanamo. Les islamistes radicaux organisés, mouvements politiques en réalité assez minoritaires, tentent ainsi d'exploiter le sentiment très répandu d'une oppression multiforme, tous azimuts, d'une série d'injustices dont sont victimes les musulmans partout où ils se trouvent (y compris en Occident) et dont l'origine est à situer dans l'éloignement de leurs dirigeants de la Loi divine, de la Révélation coranique : cette oppression ne pourrait donc être guérie que par le retour le plus strict à cette Loi.

Nous ne sommes pas loin ici à la fois du fondamentalisme juif, qui a toujours considéré que les malheurs du peuple de Dieu sont tous attribuables à sa trahison envers Lui, à l'abandon de sa Loi. Nous sommes aussi dans la même logique impérative des fondateurs des différents cultes protestants contre la papauté, la richesse et la corruption de l'Église.

Il est important, à ce stade, de bien distinguer deux phénomènes. D'un côté, la réaction populaire à l'oppression, objectivement fondée, qui s'exprime souvent par un repli identitaire spontané sur la religion depuis l'échec du nationalisme arabe laïc à faire face aux agressions extérieures et à réaliser l'unité arabe. Ce repli se traduit par le désir de vivre en conformité avec une vision appauvrie des prescriptions religieuses : respect des interdits alimentaires, de la fréquence de la prière, du jeûne annuel (le ramadan), du port du voile chez les femmes, nécessité d'entreprendre le pèlerinage à La Mecque. Il est encouragé, d'un autre côté, par la posture des fondamentalistes doctrinaires, qui s'efforcent de cristalliser et d'exacerber ces réactions, en les théorisant de façon dogmatique, voire sectaire. L'omniprésence médiatique et académique, en Orient comme en Occident, des œuvres, discours de propagande et écrits divers de ces doctrinaires leur donne une résonance et une amplification particulièrement fortes.

Ce fondamentalisme dénonce, en deuxième lieu, l'abandon des traditions musulmanes, en particulier de la *charia*, le corpus des textes juridiques qui a organisé la vie des sociétés musulmanes et assuré autrefois leur puissance et leur civilisation ; d'où une dénonciation virulente, souvent hystérique, de l'occidentalisation des mœurs et de la culture musulmanes. Dans cette optique, c'est la laïcité qui devient de façon obsessionnelle l'ennemi à combattre, cette dernière étant considérée comme l'arme la plus pernicieuse que l'Occident veut exporter et acclimater en pays musulman pour continuer d'affaiblir l'islam, pour lui enlever son âme. Aux yeux des leaders islamistes radicaux, la lutte contre la laïcité et les musulmans laïcs serait le premier devoir d'un vrai musulman. Ni la Loi de Dieu ni la souveraineté sur son peuple ne seraient plus assurées, faisant du monde musulman une nouvelle terre païenne à reconquérir par les gardiens de la foi, toute personne s'opposant à cette reconquête, à ce retour du peuple à son Dieu, devant être éliminée physiquement.

Dans l'histoire moderne, l'exaltation des « guerriers de Dieu » musulmans d'aujourd'hui, leur violence, leurs désir et tentatives permanentes de régicides, par des attentats spectaculaires contre des chefs d'État (comme Nasser et Sadate en Égypte), leurs « repentirs » après de longs séjours dans les geôles de leurs pays, ne sont donc aucunement une innovation, qui serait propre à l'islam : on retrouve ici, de façon étonnante, les mécanismes oubliés des guerres de religion que l'Europe chrétienne a connues si longtemps, y compris la réaction contre la torture (celle pratiquée massivement par de nombreux régimes arabes n'ayant rien à envier à celle de l'Inquisition catholique) ; des guerres dont le monde musulman était resté jusqu'alors préservé, en dépit des différences notables entre les multiples pratiques de l'islam.

Enfin, en troisième lieu, le fondamentalisme musulman se fixe sur la corruption des dirigeants, leur enrichissement et celui de leur famille sur le dos du peuple, leur politique économique qui approfondit les inégalités, maintient la pauvreté et l'analphabétisme, permet le pillage des richesses nationales. À cette contestation largement fondée, la plupart des dirigeants de pays musulmans ont répondu principalement, et de longue date, par la répression et par l'islamisation poussée de diverses institutions économiques ou sociales, comme nous allons le voir.

Instrumentalisations et manipulations de l'islamisme

On retrouve ainsi aujourd'hui dans beaucoup de sociétés musulmanes les mêmes phénomènes connus autrefois en Europe, dans les violences des guerres de religion puis, bien plus tard, dans le terrorisme et le nihilisme russes. C'est un même mouvement qui condense en lui ces phénomènes, aggravés par différents facteurs, dont le moindre n'est pas la stimulation paradoxale du fait religieux de la part des États occidentaux s'affirmant porteurs de modernité. Cet usage a été celui des puissances européennes au XIXe siècle, justifiant leurs interventions de nature coloniale par des arguments religieux, comme la protection des communautés chrétiennes dans l'Empire ottoman. Au XXe siècle, c'est largement au nom d'un « sionisme chrétien » que les dirigeants britanniques ont apporté leur soutien à la création de l'État d'Israël ; et, plus récemment, les ressortissants américains fournissent le gros des contingents de colons qui s'implantent dans les territoires palestiniens occupés en invoquant la lecture littérale du texte biblique pour légitimer leur entreprise, appuyés en cela par le renouveau de fondamentalisme dans certaines Églises protestantes américaines [12].

Une autre forme d'instrumentalisation par l'Occident du fait religieux a consisté dans le recours intensif, pour lutter contre l'extension

12 Voir les références citées *supra* chapitre 1, note 32 (p. 36), sur l'influence de ces Églises sur la politique extérieure américaine.

du communisme dans tout le monde musulman, à la mobilisation des islams wahhabite et pakistanais, qui pratiquent un rigorisme religieux exceptionnel et étranger aux traditions musulmanes classiques de modération. La fortune pétrolière du royaume d'Arabie Saoudite — dont la création en 1925 est due à l'alliance de la famille des Saoud avec les adeptes de l'école wahhabite, à l'époque très mal vue des autres écoles principales — a ainsi financé l'extension fulgurante de la doctrine wahhabite et son enseignement, en particulier aux jeunes Arabes formés militairement pour aller combattre l'occupant soviétique en Afghanistan durant les années 1980.

À tous ces facteurs, s'ajoutent la corruption et l'incapacité de beaucoup de gouvernants à assurer un niveau de vie en croissance pour toutes les couches de la population, ce qui met en cause leur légitimité modernisante ; pour compenser cette faiblesse, les gouvernements en place jouent souvent la carte du recours au religieux, réislamisant les institutions et la vie sociale et culturelle pour faire taire leurs opposants de la mouvance islamiste. C'est en particulier le cas avec la création des très nombreuses banques « islamiques », supposées ne pas pratiquer le taux d'intérêt, interdit dans la *charia*, et n'investissant que dans des entreprises n'ayant pas d'activités contraires à l'éthique musulmane (comme, par exemple, la production de boissons alcoolisées) [13] ; ou encore la création d'innombrables ONG islamiques destinées à aider les musulmans partout dans le monde [14], mais aussi le souci d'assurer la

13 Les banques islamiques pratiquent toutes les opérations de financement et, par divers artifices juridiques, elles déguisent les taux d'intérêt en commissions ou en différence entre les prix d'achat et de vente de marchandises ou d'équipements ou en mensualités de location d'équipements (comme dans le leasing). Ces banques sont apparues au milieu des années 1970, suite à la fortune soudaine entraînée par le quadruplement des prix du pétrole ; elles connaîtront de nombreux scandales et faillites, en particulier en Égypte, qui ont coûté leur épargne à des milliers de déposants. Aujourd'hui, la plupart de ces banques ont été intégrées dans les systèmes nationaux de contrôle bancaire et même les grandes banques occidentales ont ouvert des « guichets » dits « islamiques » pour leurs riches clients arabes et musulmans (voir Ibrahim WARDE, *Islamic Finance in the Global Economy*, Edinburgh University Press, Edinburgh, 2000 ; Clement M. HENRY et Rodney WILSON (dir.), *The Politics of Islamic Finance*, Edinburgh University Press, Edinburgh, 2004 ; Michel GALLOUX, *Finance islamique et pouvoir politique. Le cas de l'Égypte*, PUF, Paris, 1997 ; ou, plus ancien, Stéphanie PARIGI, *Des banques islamiques. Argent et religion*, Ramsay, Paris, 1989).

14 Abdel-Rahman GHANDOUR, *Jihâd humanitaire. Enquête sur les ONG islamiques*, Flammarion, Paris, 2002. Après les attentats du 11 septembre 2001, les flux financiers considérables de ces ONG ont fait l'objet d'un contrôle international, à travers la résolution 1373 du 28 septembre 2001 du Conseil de sécurité de l'ONU, visant à assécher les sources de financement du terrorisme dit islamique ; les gouvernements des pays musulmans s'y mettront eux aussi, lorsqu'il

purification des viandes consommées (viande dite « halal », c'est-à-dire conforme aux normes islamiques d'abattage où les bêtes doivent être vidées de leur sang, ce qui est repris de la tradition juive [15]) et, plus récemment, la création de poupées pour enfants (« Barbies » mises aux normes islamiques, c'est-à-dire avec port de voile pour la poupée [16]) ou de téléphones mobiles « islamiques [17] ». Mais on peut penser aussi au régime « socialiste » algérien, qui, dans le texte de la Charte nationale de 1975, a éprouvé le besoin de faire référence à la religion dans ses grands principes, puis a édicté en 1984 un code de la famille fondé sur une interprétation particulièrement rétrograde de la *charia* ; ou encore au jeu subtil du roi Hassan II, « commandeur des croyants » et orfèvre dans l'instrumentalisation des instances de l'islam marocain [18].

Enfin, on ne saurait sous-estimer le rôle joué à partir de 1979 par la révolution religieuse iranienne, qui a exacerbé la concurrence entre réformisme révolutionnaire chiite et intégrisme sunnite sur le mode wahhabite pour conquérir les cœurs et les esprits déçus par l'échec du panarabisme et rejetant désormais les idéologies laïques, sous leur forme libérale occidentale ou sous leur forme marxiste. La première est devenue symbole d'agression coloniale et d'exploitation ; la seconde n'est plus vue que comme idéologie antireligieuse et, avec l'invasion de l'Afghanistan par l'URSS, non moins oppressive que la première. Le recours au religieux dans le monde musulman a donc semé les germes de toutes les discordes, de toutes les violences, mais vraisemblablement pas plus que cela n'a été le cas lors des longues guerres de religion en Europe chrétienne.

Comme ailleurs, le fondamentalisme se présente sous diverses couleurs et différents niveaux d'agressivité, depuis le

---

deviendra évident que les mouvements fondamentalistes violents s'en prennent de plus en plus aux pays musulmans eux-mêmes (Maroc, Indonésie, Arabie saoudite, Yémen).

15 Voir Craig S. Smith, « Here's a burger no Muslim could beef out », *International Herald Tribune*, 16 septembre 2005. Signalons aussi la création en Iran d'une marque de Coca-Cola islamique dite « Zamzam-Cola », du nom d'une source près de La Mecque, et d'une « Mecca-Cola » créée aux Émirats arabes unis, qui lui fait concurrence et dont 10 % des profits sont versés comme aide humanitaire aux organisations caritatives palestiniennes. Mentionnons également l'existence de marques de bières sans alcool produites pour les pays musulmans.

16 Katherine Zoepf, « Barbie pushed aside in Middle East cultural shift. Little girls obsessed with Fulla in scarf », *International Herald Tribune*, 22 septembre 2005.

17 C'est-à-dire réglés pour déclencher une sonnerie aux heures de prière (« Samcom Mobile offers hi-tech call to prayer », *International Herald Tribune*, 26 septembre 2005).

18 Voir Malika Zeghal, *Les Islamistes marocains. Le défi à la monarchie*, La Découverte, Paris, 2005.

fondamentalisme doux et quiétiste qui attend dans la piété et le recueillement individuel la fin de l'égarement religieux de la société dans laquelle il vit, jusqu'aux « takfiris » et « jihadistes » préconisant la violence. Au sein de ces courants radicaux, les premiers jettent l'anathème sur tous les égarés « sortis du chemin de Dieu » et ils considèrent comme légitime la violence exercée contre les personnalités politiques ou intellectuelles jugées responsables de l'égarement collectif ; les seconds, pensant être les seuls détenteurs de la volonté divine, déclarent la guerre sainte contre les non-musulmans ou les musulmans qu'ils jugent retombés dans l'athéisme. Entre le pôle quiétiste et le pôle radical, on trouve un certain nombre de mouvements du style des Frères musulmans égyptiens, qui acceptent la compétition de la démocratie représentative et, très souvent, admettent que les règles de la *charia* ne doivent pas rester figées, mais s'adapter à l'évolution du monde moderne [19]. Aux yeux de ces derniers, la tradition juridique musulmane contient suffisamment de ressources intellectuelles pour s'adapter de façon autonome aux exigences du monde moderne, conformément au génie propre de l'islam, sans avoir besoin d'importer les lois positives et laïques des pays occidentaux.

Cette géographie intellectuelle rapide des mouvements islamistes ne nous montre finalement rien d'autre qu'un éventail de postures politiques contestataires fort classiques, des réformistes aux radicaux, puisant simplement dans le terreau traditionnel les mises en forme théoriques de la contestation. Rien, en tout cas, qui justifie le déferlement monotone et répétitif, depuis les années 1980, d'ouvrages occidentaux sur l'islam et l'islamisme, le plus souvent résolument alarmistes, comme s'il s'agissait là d'un phénomène politique inédit dans l'histoire. Dans ce déluge éditorial — et ce n'est évidemment pas un hasard —, la seule vraie nouveauté en la

19 En Égypte, le mouvement des Frères musulmans n'est pas admis à présenter des candidats aux élections, aussi ceux-ci se présentent-ils parfois sous l'étiquette d'autres partis, y compris laïques. Toutefois, dans de nombreux autres pays musulmans, les partis politiques islamiques qui acceptent le jeu démocratique ont des députés au Parlement. C'est notamment le cas en Jordanie, au Maroc, au Yémen, en Turquie (où le parti islamique « Justice et développement » est majoritaire depuis les élections de novembre 2002 et dont le gouvernement actuel est issu de ce parti), en Indonésie, en Malaisie, au Pakistan ou en Algérie (mais, dans ce dernier pays, la victoire du Front islamique du salut au premier tour des élections législatives de décembre 1991 a entraîné l'arrêt du processus électoral par l'armée, l'instauration d'une dictature militaire de fait et plus de dix années de terribles violences).

matière est bien trop rarement évoquée : c'est l'importance des multiples manipulations dont ces mouvements, expression d'un état de profond délabrement social et culturel, font l'objet.

Manipulations dans la complaisance, voire dans la promotion de l'islamisme et de ses mouvements non subversifs, souvent pour faire oublier la corruption du pouvoir dans ses rapports avec les milieux d'affaires locaux et internationaux ou l'asservissement du pays à la géopolitique régionale et internationale menée par les États-Unis et Israël : c'est le cas de l'Égypte sous le règne du président Sadate (1970-1982), de l'Indonésie sous le long règne autoritaire et corrompu de Suharto (1968-1998), de la Turquie sous la direction affairiste et néolibérale du Premier ministre Turgut Özal (1989-1993), ainsi que du Pakistan des militaires, exportateur mondial majeur d'islamistes et d'islamisme jihadiste.

Ou manipulations symétriques des pouvoirs en place, dans la répression exagérée pour grossir le danger de subversion aux yeux de l'opinion locale et internationale, ce qui permet de renforcer l'autoritarisme et le monopole de l'exercice du pouvoir : c'est le cas de l'Égypte de Moubarak (depuis 1982), de la Tunisie de Ben Ali (depuis 1987) ou de l'Algérie des généraux de l'ombre depuis 1992. Ces derniers sont sans doute allés le plus loin dans la manipulation de la violence islamiste, en créant clandestinement des « groupes islamiques armés » contrôlés par les services secrets [20]. Héritiers directs des théoriciens français de la « guerre moderne » antisubversive et de l'action psychologique dans les années 1950 [21], les généraux algériens ont ainsi contribué à l'élaboration d'un « modèle » spécifique de manipulation des mouvements extrémistes se réclamant de l'islam, depuis les années 1990. Comme ce fut le cas pour l'extrême gauche radicale européenne (Brigades rouges italiennes, Fraction armée rouge allemande), ces mouvements souvent plus sectaires que politiques sont en effet assez facilement infiltrés par des agents du gouvernement local ou de puissances étrangères [22] :

---

20 Voir notamment : François Gèze, « Armée et nation en Algérie : l'irrémédiable divorce », *Hérodote*, n° 116, 1er trimestre 2005, Paris.

21 Voir Marie-Monique Robin, *Escadrons de la mort, l'école française*, La Découverte, Paris, 2004.

22 En 2005, la presse australienne s'est ainsi faite l'écho d'une possible implication des forces de sécurité indonésiennes dans les attentats meurtriers de Bali en 2002 et du fait que certaines personnalités de la mouvance islamique en Indonésie pourraient être des éléments infiltrés par les services secrets de ce pays (« Police "had role" in Bali blasts », *The Australian*, 12 octobre 2005).

cela dans le but de les pousser à commettre des actes particulièrement odieux légitimant une répression démesurée, voire des interventions étrangères, et de provoquer un effroi de la population locale qui, en dépit de son hostilité à l'autoritarisme du pouvoir en place, s'abstiendra d'entrer en état insurrectionnel et se résoudra à l'absence de libertés publiques.

Sur ce terrain de la manipulation du fondamentalisme islamique, les États-Unis sont également loin d'être en reste, comme en ont témoigné depuis le début des années 2000 plusieurs ouvrages remarquablement informés d'auteurs américains (anciens agents de la CIA, anciens responsables politiques ou grands reporters), dont l'impact médiatique a été inversement proportionnel à la qualité et à l'importance de leurs révélations dévastatrices [23].

Rien en tout cas ne justifie la confusion entre l'islam, monothéisme aux traditions théologiques politiques et philosophiques non moins prestigieuses que celles des deux autres monothéismes [24], et la violence terroriste (nous verrons, en conclusion, que la violence terroriste qui brandit la bannière de la religion s'exerce dans des contextes locaux très divers et pour des causes différentes, ce qui rend fort hasardeuses les « analyses » prétendant les fondre tous dans un même phénomène).

La spécificité du monothéisme juif

Le monothéisme juif, quant à lui, ayant très tôt perdu son centre de pouvoir politique et vivant dans la marginalité à l'intérieur de sociétés musulmanes ou chrétiennes, a échappé aux grandes convulsions des deux autres grands monothéismes institués. Sauvegarde du rituel et de la loi, mais aussi perfectionnement

---

23 Voir notamment les deux livres de Robert BAER : *See no Evil. The True Story of a Ground Soldier in the CIA's War on Terrorism*, Crown Publishers, New York, 2002 ; *Sleeping with the Devil. How Washington Sold our Soul for Saudi Crude*, Crown Publishers, New York, 2003. Ou encore : John K. COOLEY, *Unholy Wars. Afghanistan, American and International Terrorism*, Pluto Press, Londres, 2000 ; Richard A. CLARKE, *Against All Ennemies. Inside America's War on Terror*, Free Press, New York, 2004 (ce haut responsable de la sécurité à la Maison-Blanche explique notamment que les attentats du 11 septembre 2001 ont été le détonateur de l'invasion de l'Irak, sans l'existence de la moindre preuve liant le régime irakien à ces événements).

24 Voir le remarquable travail de restitution de la richesse de la pensée islamique de Miguel CRUZ HERNANDEZ, *Histoire de la pensée en terre d'islam*, Desjonquères, Paris, 2005.

remarquable de l'éthique et du respect de la vie humaine caractériseront la vie de communautés profondément enracinées dans les terroirs culturels et ethniques où elles vivent. La vie religieuse y fut d'ailleurs parfois agitée avec l'apparition de personnalités mystiques qui se prétendaient messie ou avec la formation d'écoles opposées d'exégèse du Talmud.

La philosophie des Lumières et la Révolution française ont lancé un très grave défi aux croyants et pratiquants du judaïsme, qui vivaient une austérité respectueuse des rituels et de la stricte morale, dans l'attente du messie : aux yeux de certains, c'est la crainte de l'« assimilation », d'une laïcisation des diverses communautés, qui ferait perdre le caractère de sainteté spécifique attaché à l'existence juive, faite d'attente du signe de la volonté divine. Se fondre dans le monde des « nations », ne serait-ce pas aller contre la vocation première du peuple de Dieu, ne serait-ce pas adopter les enseignements du Christ dont l'Église instituée a souvent contribué au regard méprisant porté sur le judaïsme et ses adeptes ? Aussi les défis de la modernité, pour le monothéisme juif, n'ont-ils pas été moindres que pour le christianisme et l'islam.

Deux événements majeurs, étroitement liés, marquent les tournants du judaïsme face à la modernité : la montée de l'antisémitisme, qui débouchera sur l'horreur du génocide des communautés juives d'Europe, et la naissance concomitante du mouvement sioniste — qui parviendra, à l'issue de la Seconde Guerre mondiale, avec l'aide des puissances européennes et des États-Unis, à créer et faire reconnaître l'État d'Israël en tant qu'« État des Juifs », ayant vocation à devenir le centre d'un renouveau du judaïsme.

L'antisémitisme — non point au sens de l'antijudaïsme théologique développé par le christianisme institué, mais au sens du racisme pseudo-scientifique prônant la division du monde entre « race aryenne » supérieure et « race sémite » inférieure — servira de cristallisation en Europe à tous les conservateurs affectés par l'affaiblissement des institutions traditionnelles d'autorité (Église et monarchie absolue), fruit de la philosophie des Lumières et de la Révolution française. Dans cette logique, les Juifs « assimilés » seront les premiers ciblés comme symbole de « corruption » des institutions : artistes d'avant-garde, philosophes laïcs célèbres, juristes de talent, révolutionnaires allemands, russes ou autrichiens, banquiers, sociologues, etc. En France, l'affaire Dreyfus fut révélatrice de cet état d'esprit majoritaire au sein des classes dominantes. Bien pire, évidemment, sera l'Allemagne nazie, qui fera des Juifs les instaurateurs machiavéliques du bolchevisme, version moderne et raciste de l'Antéchrist. Le *Protocole des sages de Sion*, faux célèbre qui fait encore des ravages aujourd'hui, antérieur de quelques décennies au nazisme, a fixé pour longtemps la tradition antisémite, qui voit dans l'élite juive de tous les pays une assemblée de comploteurs contre la stabilité, l'ordre, l'autorité et la prospérité des « nations civilisées ».

Face à cette agression forte de la modernité contre le judaïsme, et inspiré par elle, Theodor Herzl et ses partisans, qui fondent en 1897 le mouvement sioniste, penseront que seule la constitution d'un État-nation juif sur le modèle européen, rassemblant les Juifs dispersés à travers l'Europe, mettra le judaïsme à l'abri des nouvelles formes de persécution qu'il subit [25]. Selon le sionisme, ces dernières traduisent l'impossible paisible assimilation des Juifs dans les nations modernes. L'idée sioniste sera toutefois fortement combattue au sein même du judaïsme, aussi bien par des laïcs que par des religieux. Les premiers estimaient que ce rêve était utopique et dangereux pour les Juifs eux-mêmes, et que la démocratie et les principes des droits de l'homme pourraient vaincre l'antisémitisme ; les seconds y voyaient une hérésie théologique majeure, un défi à la volonté divine qui seule mène le peuple juif à travers les vicissitudes qu'elle lui impose. Pour certaines tendances de l'orthodoxie juive contemporaine, le sionisme a même provoqué la colère de Dieu et son châtiment, dont l'apparition du nazisme serait la manifestation ; bien plus, le sort fait aux Palestiniens serait une rupture totale avec l'éthique juive et son respect de la vie humaine [26]. Il n'est d'ailleurs pas de manifestation propalestinienne en Europe ou aux États-Unis et même parfois dans des capitales arabes où l'on ne voit de rabbins antisionistes mêlés à la foule : pour eux, l'État d'Israël est un État impie et son démantèlement représenterait une délivrance pour le peuple d'Israël. Bien sûr, cette attitude est devenue aujourd'hui minoritaire et elle très peu médiatisée. On ne veut voir, en règle générale, dans l'antisionisme juif qu'un phénomène exotique et irrationnel ou bien l'effet de

25 Theodor HERZL, *L'État des Juifs*, traduction de Claude Klein, La Découverte, Paris, (1896) 2003.
26 Voir Yakov M. RABIN, *Au nom de la Torah. Une histoire de l'opposition juive au sionisme*, *op. cit.*

l'antisémitisme, qui produirait des phénomènes de « conscience malheureuse » chez certains Juifs, devenus eux-mêmes inconsciemment antisémites en épousant les thèses antisionistes.

Le discours occidental dominant porte d'ailleurs le même « diagnostic » sur les musulmans versés en religion et qui tiennent l'islam pour essentiellement laïc et comme une religion de la modération et de l'acceptation du pluralisme : ils sont considérés comme marginaux et donc peu dignes d'intérêt, à la différence de ceux qui prônent un islam totalisant, qui ne saurait s'accommoder de la modernité laïque. Cependant qu'aux États-Unis se multiplient les prédicateurs télévisuels appelant à un renouveau fondamentaliste et à une lecture au premier degré de l'Ancien Testament et, en conséquence, à un appui sans restriction à la colonisation des territoires occupés en Israël pour accélérer le retour eschatologique du Christ, qui doit être précédé du retour des Juifs en Terre promise.

Un bilan des convulsions monothéistes

La leçon majeure qui peut être tirée, à notre sens, de ces aperçus historiques comparés est que le monothéisme est bâti sur un idéal unitaire fort. L'idée du Dieu unique à vocation universelle appelle à la conception d'une société unique ayant la même pratique de la norme sociale. Certes, le monothéisme valorise l'individu au détriment de la tribu — encore que la mythification de l'histoire antique d'Israël puisse prêter à la confusion du tribal ou de l'ethnique avec le religieux, ce qui produit la notion élitiste de peuple saint, élu, « nation » ou « race » d'avant-garde de l'humanité vers la « lumière ». L'islam et le christianisme, en tout cas, affirment la responsabilité devant Dieu et sa Loi et non plus devant la famille, le clan ou la tribu. Les différences ethniques n'y sont point reconnues, seuls la piété et le respect des commandements divins comptent pour les croyants de diverses origines, ethniques et linguistiques. Mais le problème majeur est que les textes révélés sont complexes, et contiennent parfois des éléments contradictoires. Ils font donc l'objet d'interprétations philosophiques, religieuses et même rituelles les plus diverses, ce qui requiert l'intervention d'un pouvoir religieux et politique tout à la fois pour dire le dogme et assurer son respect Pour réussir, le pouvoir doit prendre des risques, étouffer dissidences et révoltes, qui sont alors qualifiées d'hérésies et d'incroyance, ébranlant les fondements sacrés de toute société : la tradition, la fondation, l'autorité. Pour se défendre, les dissidents prétendent à leur tour qu'ils sont ceux qui maintiennent la vraie tradition et la lecture la plus littérale des textes.

En ce sens, le recours au religieux n'est nullement une voie plus sûre pour assurer l'autorité et la garantie de l'ordre social. Les religions monothéistes ont produit autant de dissidences et de discordes que les idéologies modernes laïques, y compris des génocides et les déplacements forcés de population. Elles ont certes bâti des civilisations, le christianisme occidental ayant été un succès certain par sa longévité comme élément politique fondamental, jusqu'aux guerres de religion entre catholiques et protestants ; l'islam a aussi réussi, mais avec un succès plus éphémère, dégénérant en stagnation, sous-développement et convulsions violentes face à la puissance de la « civilisation occidentale ».

La crise de la modernité politique se traduit donc par un recours généralisé au monothéisme dans ses trois variantes et provoque en leur sein des convulsions et des mutations si inquiétantes qu'elles donnent crédit aux thèses de la guerre des civilisations. Peut-on sortir de ce cercle vicieux infernal, où crises politiques et crises religieuses sont désormais liées entre elles, sans que l'on puisse en voir l'issue ?

6

De la guerre et de la paix au XXIe siècle

Depuis l'expansion de l'Europe hors de son continent à partir du XVIe siècle et l'exportation de son foisonnement d'idées philosophiques et politiques, souvent contradictoires et versatiles, nous sommes hantés par l'idée d'assurer une sécurité collective à laquelle participeraient toutes les nations du monde. L'abbé de Saint-Pierre puis Kant ont été des précurseurs de cette grande idée.

Malheureusement, les grandes idées sont souvent mises à contribution pour de mauvaises causes. Si la généalogie intellectuelle de la Société des Nations (SDN) et de l'Organisation des Nations unies qui lui a succédé peut être tracée à partir de ces deux précurseurs, en revanche la mise en application de leur idéal de paix et de sécurité collective l'a largement dévoyé. Les idées napoléoniennes d'unification de l'Europe sous l'étendard des grands principes politiques de la Révolution française assagie, plus tard ceux de l'internationalisme prolétarien et ses dégénérescences dans l'hégémonie de l'URSS stalinienne, sont autant d'idées internationalistes nobles qui ont été mises au service de politiques de puissance et d'expansionnisme.

Comme presque toujours dans l'Histoire, peuples, nations ou empires puissants s'emparent d'idées généreuses pour les transformer en mécanismes implacables d'accroissement de leur influence et de leur force dans l'ordre régional ou international. Après toutes les vagues d'expansion des États puissants et dynamiques, l'invocation du besoin de sécurité devient un impératif. Ce besoin naît, bien sûr, des résistances locales que peut rencontrer cette expansion, que celle-ci soit territoriale ou simplement économique, scientifique et culturelle.

Les résistances peuvent prendre diverses formes selon le type de pression ou d'agression auquel sont soumis un pays ou une région :

fermeture intellectuelle aux idées nouvelles, attitude qui sera alors qualifiée de fanatisme rétrograde, hostile à la civilisation et au bonheur des peuples ; refus de commercer ou de laisser s'établir des comptoirs marchands ou des entreprises étrangères, qui sera considéré comme une grave entrave à la prospérité de l'humanité et à son progrès ; enfin, actes violents contre des civils ou des militaires de la puissance occupante ou ayant acquis une forte influence sur le pouvoir local, actes qui seront qualifiés de « terroristes ».

Il en sera de même du « contrôle des armements », jeu subtil auquel se sont livrés les puissances européennes puis l'URSS et les États-Unis, avant de se concentrer sur la limitation des armes de destruction massive, imaginaires ou réelles, de certains pays appelés « États voyous » dans la terminologie américaine (ou, plus récemment, dont disposeraient des organisations terroristes acharnées à détruire les fondements de la démocratie et du libéralisme, aux dires de nombreuses personnalités occidentales).

Civilisation et culture dans l'ordre international

Nous avons déjà constaté les ambiguïtés de sens dans l'utilisation des concepts de nation et de peuple. L'usage des concepts de culture et de civilisation comporte tout autant d'ambiguïtés, sitôt qu'ils perdent leur référence au peuple ou à la nation qui les forgent. Une culture est française, anglaise, italienne, arabe, japonaise, etc. Elle nécessite une langue qui lui serve de support, sauf pour une culture savante utilisant une langue morte, comme le latin dans la culture européenne du Moyen Âge. Les cultures vivantes sont donc nationales. Il en est de même pour les civilisations : plus large que celui de culture, le concept de civilisation comprend toujours à la base une culture — littérature, poésie, musique, philosophie... —, mais inclut aussi les grandes institutions politiques, juridiques et sociales dans lesquelles cette culture évolue. On peut donc parler d'une civilisation française ou italienne, japonaise, anglaise ou chinoise.

La difficulté dans l'utilisation de ces deux concepts intimement liés tient au rayonnement que peuvent avoir une civilisation et la culture qui lui sert de base. C'est ainsi que la France révolutionnaire et napoléonienne exporta ses institutions à toute l'Europe ; sa culture était déjà fort répandue dans l'élite de l'Europe des Lumières et, lors des conquêtes coloniales, la langue et la culture françaises connurent une expansion hors d'Europe. La culture anglaise, souvent qualifiée d'anglo-saxonne, connut une expansion par la conquête des Amériques, puis celle du continent indien ; il en fut de même de la culture espagnole ou portugaise. Aujourd'hui, à la faveur de la puissance des États-Unis, l'anglais et la culture anglo-saxonne sont partagés par les élites du monde entier, au détriment des autres cultures.

Il ne faut pas confondre, cependant, cette culture devenue mondialement dominante, appuyée par l'hyperpuissance américaine, avec le concept plus universel de civilisation, utilisé peu ou prou dans toutes les cultures pour désigner, à une période historique donnée, un état général des connaissances, des techniques, des progrès matériels, de la diffusion des arts, de l'évolution de la morale, de l'éthique et de la philosophie. Même si les grands États nationaux européens au XIXe siècle ont eu tendance à voir chacun dans sa propre culture le stade le plus élevé de la civilisation, on ne saurait confondre les deux acceptions du terme : celle qui s'applique à une culture nationale avec ses institutions sociales, politiques et scientifiques, et celle plus large que nous venons d'identifier. Or, aujourd'hui, cette confusion est précisément au cœur du narcissisme de l'Occident, qui identifie le sentiment identitaire occidental et l'appartenance à *la* civilisation. Tant que perdurera cette confusion, qui s'alimente à l'usage immodéré et interchangeable de notions pourtant fort distinctes (peuple, nation, race, culture, religion, civilisation...), l'idéologie perverse de la « guerre des civilisations » par laquelle s'ouvre le XXIe siècle continuera d'apparaître crédible dans les décors de la nouvelle géopolitique mondiale dominée par l'hyperpuissance américaine.

Cette idéologie simpliste est perverse, car elle induit une représentation aussi fausse que réductrice de la réalité. Certes, les cultures conquérantes se déploient dans l'ordre international à la faveur d'événements politiques majeurs, traduisant des phénomènes de puissance. Mais une fois sorties de leur base territoriale et nationale, elles connaissent des transformations qui dépendent du degré de réception de ces cultures par les civilisations des autres nations : souvent, l'usage fait d'une culture par une autre donne lieu à des métissages spécifiques, y compris au niveau purement linguistique.

La langue française parlée ou écrite au Liban et la consommation des produits de la culture française dans ce pays ne seront pas les mêmes que celles de l'Algérie, du Canada ou de la Belgique. C'est pourquoi parler de guerre des civilisations, donc de guerre des cultures, n'a aucun sens, dès lors que, comme c'est le cas aujourd'hui, cette notion prétend essentialiser des relations interculturelles sur la longue durée. À la rigueur, elle peut servir à désigner des manifestations de puissance politique limitées dans le temps et dans l'espace, comme les invasions armées.

L'utilisation extensive de cette notion dans le discours occidental actuel est donc hautement politique : elle sert à légitimer les déploiements militaires et les mesures politiques qui les accompagnent ; elle justifie les guerres préventives bannies par le droit international. De plus, l'idéologie de la guerre des civilisations présente l'avantage d'une connotation émotionnelle forte. Depuis les ravages des deux guerres mondiales, les guerres déclenchées par les intérêts nationaux ayant perdu leur légitimité, la défense de la « civilisation » et des « valeurs » occidentales est devenue un substitut bien commode : elle passe pour un devoir d'autodéfense, justifiant la guerre préventive. Le martèlement médiatique et politique de ces concepts nébuleux de « civilisation » et de « valeurs » occidentales a ainsi permis d'établir, dans les opinions des nations autrefois fortement constituées de l'Europe et des États-Unis, une puissante charge émotionnelle. Celle-ci est venue combler le vide laissé par la double déroute des idéologies nationales et patriotiques à la mode du XIXe siècle et des idéologies marxistes au fondement de la lutte des classes dans les pays « centraux » et des solidarités mythiques transnationales entre les révolutions de diverses parties du monde (Russie, Chine, Balkans, monde arabe, Amérique latine, sous-continent indien, etc.).

Au cœur de l'idéologie militante civilisationnelle, on trouve bien la religion : valeurs judéo-chrétiennes en Occident, islam principalement en Orient. Pourtant, de Hegel à Nietzsche et Heidegger, la culture moderne qui a forgé le concept de civilisation au sens que nous avons défini s'était plutôt bâtie sur les décombres de la religion, ou du moins de la civilisation profondément religieuse qui avait caractérisé l'Europe jusqu'à la Renaissance. Le recours actuel au religieux sert donc surtout à légitimer des entreprises banalement politiques ou économiques et à mobiliser les opinions, en augmentant la charge émotionnelle du concept « civilisation ». L'apparition et la mise en circulation contemporaines du concept de « valeurs judéo-chrétiennes » relèvent ainsi d'une sorte de coup d'État culturel : ce nouveau concept à la mode s'est brutalement substitué à la croyance dans les racines gréco-romaines de l'Occident qui prévalait depuis la Renaissance.

Certes, nul ne peut ignorer le rôle que jouent les religions dans la formation des cultures et donc des civilisations. Mais la religion n'est aujourd'hui qu'un élément, parmi bien d'autres, d'une civilisation : le temps est passé des civilisations centrées sur la religion et ses rituels, comme ce fut le cas dans l'Europe chrétienne au Moyen Âge ou dans l'islam méditerranéen triomphant du IXe au XIe siècle. Le progrès technique, la consommation de masse, le souci de la croissance économique ou de la préservation de l'environnement, sont devenus les préoccupations majeures de l'humanité, et aucune civilisation n'est plus fondée sur un système de valeurs exclusivement religieux. Le fait que, dans le judaïsme ou dans l'islam, perdurent des communautés pratiquant de façon très stricte des rituels religieux ancestraux n'implique en rien la généralisation de ces phénomènes à l'ensemble des aires culturelles concernées ni, *a fortiori*, à l'humanité entière. On trouve dans le continent indien et en Extrême-Orient des situations similaires, à l'échelle individuelle ou collective (bonzes bouddhistes, yogis, sages, etc.) ; de même, certains peuples, comme les Tibétains, restent particulièrement attachés à la pratique religieuse. Mais ces phénomènes n'impliquent pas que l'homme du XXIe siècle soit « retombé » dans le religieux, ou que nos sociétés soient saisies par un retour du religieux qui organiserait partout à nouveau la morale et l'histoire [1].

Le modèle civilisationnel du XXIe siècle

En revanche, il ne fait pas de doute que l'image d'une civilisation englobante portée par le système médiatique mondial met de plus en plus en relief les manifestations et fêtes religieuses : apparitions

1 Rappelons les conclusions très nuancées de deux chercheurs américains sur l'état de la sécularisation dans le monde que nous avons citées en introduction (Pippa NORRIS et Ronald INGLEHART, *Sacred and Secular*, *op. cit.*).

hebdomadaires et voyages du pape Jean-Paul II (puis médiatisation à outrance de son agonie et de sa mort), fêtes juives de Yom Kippour ou autres, jeûne musulman (ramadan) puis fête de rupture du jeûne, pèlerinage à La Mecque, déplacements du Dalaï-lama, commémoration spectaculaire de la passion du Christ dans les pays très catholiques tels que les Philippines et la Pologne, ou encore celle de l'*achoura* des musulmans chiites en souvenir du martyre de l'imam Hussein, fils du calife Ali, commémorations où se pratiquent les mutilations physiques, flagellations, crucifixions, etc.

Le ton ces dernières années a été donné par les États-Unis, moteur de la globalisation économique et civilisationnelle, qui se sont affirmés comme une « nation de croyants », thème particulièrement cher à George W. Bush, « chrétien né à nouveau » (*born again Christian*). La civilisation américaine devenue dominante projette sur le monde cette double image, fort attrayante, d'une modernité technique et économique bouillonnante en harmonie avec cette valeur traditionnelle et éternelle que serait la religion prise dans un sens littéral et conservateur. On peut ainsi être parfaitement « moderne », au sens du développement continu du progrès technique et de la consommation de masse, sans abandonner sa foi et sa pratique religieuse ; celles-ci sont considérées à nouveau comme matrice première, sinon de l'identité de base de l'individu et de la société à laquelle il appartient, du moins de la morale sociale et politique et donc du système de valeurs qui doit structurer les institutions d'une civilisation. De nombreux combats se mènent d'ailleurs aux États-Unis pour que les institutions, en particulier les écoles publiques ou le système judiciaire, respectent les enseignements religieux sous leur forme la plus littérale et la plus conservatrice [2].

Ainsi, le modèle civilisationnel du XXIe siècle que forgent les États-Unis, puissance mondiale comme il n'en a pas existé jusqu'alors dans l'histoire de l'humanité, n'est plus celui du XXe siècle, encore dominé par le modèle européen du principe des nationalités, de la philosophie des Lumières, de la libération de l'homme de toute forme d'esclavage et d'oppression, de l'autodétermination des peuples ou des luttes sociales pour obtenir une juste

---

2 Voir par exemple : « L'Amérique de Bush à l'assaut de l'évolution : Dieu contre Darwin », *Le Monde 2*, 8 octobre 2005.

distribution des richesses. Le patrimoine culturel et politique de la Révolution américaine de 1776 était alors une partie intégrante du modèle civilisationnel européen, que le monde s'efforçait d'imiter sur les quatre continents [3]. Dans ce modèle avec ses diverses variantes et couleurs culturelles (anglaise, française, allemande, américaine), la religion n'était en aucune façon considérée comme une matrice fondamentale identitaire et culturelle. L'Europe, constituée durant des siècles de sociétés profondément religieuses, avait trop souffert des féroces guerres de religion ; la conquête de la liberté individuelle, l'émancipation de ses peuples de toutes les formes d'autoritarisme, notamment celui des monarques de droit divin ou la tutelle rigide de l'Église romaine sur la vie intellectuelle, avait été un long et douloureux chemin.

Les constituants américains ne s'en souvenaient que trop bien lorsqu'ils ont établi la séparation de l'Église et de l'État dans la Constitution de 1776, d'autant que certaines Églises protestantes en persécutaient d'autres et demandaient l'aide du pouvoir dans leurs querelles. Déistes et humanistes, les pères fondateurs eurent à cœur de ne pas instituer politiquement la religion, ce qui avait conduit en Europe aux pires excès [4]. C'est ce qui permit vraisemblablement aux États-Unis de conserver la dynamique du protestantisme et de la pratique religieuse, portée par le souffle de l'idéologie de conquête de la nouvelle Terre promise, cependant qu'en Europe l'extension des frontières de l'État dans le domaine social et éducatif permettra aux citoyens de se passer de plus en plus des services de l'Église. D'où une « déchristianisation » progressive de l'Europe, se traduisant par un affaiblissement de la pratique religieuse qui culminera avec les transformations sociales et politiques de l'Espagne, du Portugal et de l'Italie, puis de la Grèce, pays demeurés les bastions d'une intense pratique religieuse jusqu'au milieu des années 1960.

Le modèle civilisationnel dominant au début du XXIe siècle, bien plus américain qu'européen, avec le recours au religieux comme

---

3 Voir Brooke ALLEN, « Our Godless Constitution », *The Nation*, 21 février 2005, pp. 14-20. Cet article de la revue libérale américaine dénonce l'usage actuel du religieux aux États-Unis en rappelant que les rédacteurs de la Constitution américaine n'avaient aucunement eu l'intention de fonder la nouvelle République sur le christianisme.

4 Voir Bernard BAYLIN, *The Ideological Origins of the American Revolution*, The Belknap Press, Cambridge, 1992.

noyau dur marquant de son empreinte toutes les autres sociétés, est-il appelé à durer ? La réponse à cette question dépend de nombreux facteurs, sur lesquels il est bien difficile de se prononcer. Si l'on considère la rapidité fulgurante avec laquelle, comme nous l'avons vu, les décors intellectuels et politiques du monde ont changé au cours des trente dernières années du XXe siècle, on peut très bien penser que le pendule, après être passé d'un extrême à l'autre, de la « fin » de la religion au « retour » du religieux, reviendra à une position plus équilibrée. Toute la question est de savoir combien il faudra de guerres au nom de la « civilisation » pour retrouver un peu de sagesse et fonder une meilleure éthique politique internationale que celle qui prévaut aujourd'hui.

Fonctions du discours américain sur le terrorisme

Le discours politique américain depuis le 11 septembre s'efforce de reproduire celui qui régnait du temps de la guerre froide. À la subversion communiste, à l'« empire du mal » dénoncé par Ronald Reagan, a été substitué le « terrorisme transnational », supposé provenir des pays musulmans et de l'« axe du mal » de trois États dits « voyous » (Iran, Corée du Nord, Irak jusqu'à l'invasion américaine). Au-delà des changements de vocabulaire et de terminologie, la structure du discours est exactement la même que celle qui était appliquée à l'Union soviétique, comme si la menace terroriste d'aujourd'hui était de même nature que la menace nucléaire d'hier, comme si les cellules terroristes disposaient d'un arsenal d'armes de destruction massive. Il s'agit là d'un thème permanent de la rhétorique de George W. Bush, encore affirmé avec force lors de l'Assemblée générale des Nations unies en septembre 2005, et en octobre 2005 lors d'un discours prononcé à Washington à la National Endowment for Democracy [5].

5 Texte disponible à l'adresse <www.whitehouse.gov/news/releases/2005/10/print/20051006-3.html>. Ce discours a fait l'objet de nombreux commentaires critiques et sarcastiques dans la presse américaine (voir notamment l'éditorial « Doing the 9/11 time warp again », *International Herald Tribune*, 8-9 octobre 2005, qui dénonce l'usage pervers des attentats du 11 septembre 2001 par George W. Bush).

Dans cet étonnant discours fleuve, le président américain proposait une vision encore plus terrifiante qu'auparavant de la menace représentée par l'intégrisme islamiste violent, qui chercherait à bâtir un « empire totalitaire » et à « asservir des nations entières et intimider le monde ». Il comparait l'idéologie du militantisme islamiste à l'idéologie communiste et la cruauté des islamistes à celle du Goulag et de la révolution culturelle chinoise. Il dénonçait à nouveau la Syrie et l'Iran comme des États ayant une longue histoire de collaboration avec les terroristes et affirmait que les États-Unis ne font pas de différence entre les terroristes et ceux qui les soutiennent et sont donc des « ennemis de la civilisation ». « Les militants [islamistes], ajoutait-il, croient qu'en contrôlant un pays [l'Irak], les masses se rallieront derrière eux, leur permettant de renverser tous les gouvernements modérés dans la région et d'établir un empire islamique radical s'étendant de l'Espagne à l'Indonésie. [...] Contre de tels ennemis, il n'y a qu'une seule réponse : nous ne reculerons jamais, nous ne céderons pas et n'accepterons jamais rien que la victoire complète. »

Le fait de donner aux groupes terroristes d'inspiration « benladeniste » une importance aussi démesurée contribue incontestablement à leur succès pour recruter toujours plus d'adhérents. Si le président des États-Unis estime que cette forme de violence qui se place sous le signe de l'islam est aussi effrayante, alors bien sûr cela ne peut que pousser tous ceux qui veulent faire cesser l'influence multiforme américaine au Moyen-Orient à s'engager dans ces réseaux terroristes.

Cette doctrine américaine a aussi considérablement influencé la position des Nations unies. Un très important rapport du secrétaire général de l'ONU publié en mars 2005, intitulé *Pour une plus grande liberté : vers le développement, la sécurité et les droits de l'homme pour tous*[6], fait ainsi du terrorisme « catastrophique » (c'est-à-dire

6 *In Larger Freedom. Towards Development, Security and Human Rights for All*, Document A/59/2005 de l'Assemblée générale des Nations unies, 21 mars 2005. Il s'agit du rapport proposant des réformes structurelles de l'ONU, en particulier par l'élargissement du nombre de membres du Conseil de sécurité pour qu'il soit plus représentatif. Ce rapport a été présenté et discuté dans toutes les capitales du monde, ce qui lui a assuré une très large publicité. Il a été soumis à un sommet mondial des chefs d'État qui s'est tenu à New York en septembre 2005, avant l'Assemblée générale annuelle ordinaire des Nations unies, et a inspiré le document final de ce sommet, qui « condamne fermement le terrorisme sous toutes ses formes et dans toutes ses manifestations, quels qu'en soient les auteurs, les lieux et les buts, car il constitue une des menaces les

pouvant disposer d'armes de destruction massive), qualifié de « transnational », le centre des préoccupations de la sécurité collective. Autant dire que c'est le terrorisme dénommé « islamique » qui est visé ici exclusivement, sans aucune analyse de ses formes diverses, notamment celles qui s'exercent dans les pays musulmans eux-mêmes (Arabie Saoudite, Égypte, Pakistan, Indonésie, Maroc, Yémen). Surtout, cette menace est présentée comme une nouveauté historique absolue, sans que soient même évoquées toutes les violences terroristes, qui n'ont rien d'islamistes, ayant secoué d'autres régions du monde au cours des décennies précédentes [7] : terrorismes nationalistes européens (basque, corse, irlandais, arménien), actions des groupes armés d'extrême gauche européens (Action directe française, Fraction armée rouge allemande, Brigades rouges italiennes, sans parler de l'Armée rouge japonaise) et des mouvements d'extrême droite (notamment en Italie, au Brésil, au Salvador ou au Nicaragua, mouvements souvent soutenus ou financés par la CIA), terrorismes revendiquant une identité marxiste en Amérique latine (Sentier lumineux [8], Forces armées révolutionnaires de Colombie [9], etc.), ou encore, plus récemment, guérilla maoïste au Népal ou Tigres tamouls au Sri Lanka (qui, bien avant les Palestiniens, ont initié la pratique des commandos suicides qui emploient leur corps comme bombe).

S'agissant plus spécifiquement du Proche-Orient, comment oublier que le terrorisme est loin d'y être une nouveauté, depuis notamment les actions conduites dans les années 1940 contre les forces anglaises en Palestine et la population palestinienne par l'Irgoun, mouvement armé de la droite sioniste, à laquelle appartenaient deux futurs Premiers ministres d'Israël (Menahem Begin et

---

plus graves pour la paix et la sécurité internationales » (voir le Document A/60/L.1 de l'Assemblée générale).

7 Sur le phénomène terroriste, voir Gérard CHALLIAND, *Histoire du terrorisme de l'Antiquité à Al-Qaida*, Bayard, Paris, 2004 ; et Jean-François GAYRAUD et David SÉNAT, *Le Terrorisme*, PUF, Paris, 2002. On pourra rappeler aussi Robert SOLÉ, *Le Défi terroriste. Leçons italiennes à l'usage de l'Europe*, Seuil, Paris, 1979 ; son auteur affirme dans sa première phrase : « Le terrorisme est vieux comme le monde » ; et ajoute un peu plus loin : « La société moderne, si attentive à camoufler la violence — comme la mort au demeurant —, lui donne involontairement les moyens de naître, de croître et même d'apparaître plus grande qu'elle n'est en réalité » (pp. 7 et 8).

8 Au Pérou, d'après la Commission Vérité et réconciliation, le terrorisme et la lutte antiterroriste auraient fait près de 70 000 morts entre 1980 et 2000.

9 Selon le *Rapport annuel 2004* d'Amnesty International, on compte plus de 60 000 morts depuis 1985 dans ce pays du fait des violences terroristes et antiterroristes.

Itzhak Shamir), ainsi que l'assassinat du comte Bernadotte, médiateur des Nations unies, par ce même mouvement en 1949. De plus, nous avons oublié aujourd'hui la grande vague des attentats palestiniens menés par le très laïque Front populaire de libération de la Palestine (FPLP) dirigé par un chrétien, Georges Habache, ou d'autres mouvements armés palestiniens laïques, dans divers pays arabes et européens : attentat contre les athlètes israéliens aux jeux Olympiques de Munich en 1972, détournements d'avions de ligne, du navire italien *Achille Lauro*, etc. De même que le contre-terrorisme d'État israélien contre les dirigeants palestiniens, ou les actions terroristes spectaculaires du fameux Illich Ramirez Sanchez Carlos, aujourd'hui emprisonné en France, dont la célèbre prise en otage des ministres du pétrole de l'OPEP réunis à Vienne en décembre 1975. On peut aussi rappeler les nombreux enlèvements d'Occidentaux survenus au Liban dans les années 1980 ou les deux attentats terroristes spectaculaires contre les contingents français et américain de la Force multinationale d'intervention constituée en 1982, suite à la seconde invasion israélienne du Liban, pour protéger les populations civiles [10].

Le rapport de l'ONU de 2005 semble donc découvrir, dans le sillage de la politique américaine, un ennemi tout à fait nouveau qui ne se serait jamais manifesté dans l'histoire de l'humanité, ce terrorisme transnational auquel il attribue sans la moindre preuve la capacité de détenir des armes de destruction massive. Il ne fait aucun lien entre ce terrorisme et le chiffre qu'il cite de quarante pays qui auraient été affectés par des conflits armés au cours des dernières décennies, se gardant bien d'en faire la moindre classification ou de les analyser pour en tirer des leçons sur le plan de la sécurité collective [11]. En particulier, le conflit palestinien, probablement le plus ancien de la planète, et la continuation de la colonisation de la Cisjordanie en ce début de XXIe siècle ne sont même pas mentionnés, pas plus que l'invasion de l'Irak par les États-Unis en dehors de tout cadre légal.

La seule menace à la sécurité du monde serait donc le « terrorisme transnational », celui qui se place sous la bannière de l'islam. Ainsi, la thèse de la guerre des civilisations est confirmée de façon

---

10 Sur toutes ces opérations, voir Georges CORM, *Le Proche-Orient éclaté*, *op. cit.*

11 *In Larger Freedom...*, *op. cit.*, paragraphe 8.

solennelle par les Nations unies elles-mêmes. Pourtant, au préalable, le secrétaire général avait constitué un panel d'experts de haut niveau, réunis par lui en 2004 pour étudier les risques encourus sur le plan de la paix internationale et de la sécurité. Le panel avait produit un excellent rapport, intitulé *Un monde plus sûr : notre responsabilité commune*[12], dans lequel étaient évoqués plusieurs conflits — dont celui de la Palestine — qu'il fallait régler, en sus de la nécessité de remédier aux causes du terrorisme, décrit comme naissant dans des « contextes de désespoir, d'humiliation, de pauvreté, d'oppression politique, d'extrémisme et d'abus des droits de l'homme, mais aussi de conflits régionaux et d'occupation étrangère[13] ». En même temps, le rapport mettait en garde contre un « traitement du terrorisme uniquement à base de force militaire, de police et de mesures secrètes, parce que cela pourrait mettre en danger les efforts de promouvoir une bonne gouvernance et les droits de l'homme et pourrait aliéner une large partie de la population mondiale[14] ».

Malheureusement, le rapport *Pour une plus grande liberté* du secrétaire général ne mentionne aucune de ces paroles de sagesse et de bon sens. Bien plus, ce rapport, qui se veut une défense des droits de l'homme et une feuille de route pour assurer partout dans le monde la croissance économique et la dignité humaine, n'hésite pas à faire l'apologie des sanctions économiques pratiquées par les Nations unies comme instrument majeur de sécurité collective[15]. C'est là une position indéfendable au regard même des principes de la Charte des Nations unies et du désir affiché d'assurer la dignité humaine, lorsque l'on sait par exemple que le seul résultat des sanctions économiques contre l'Irak de Saddam Hussein a été de faire mourir des dizaines de milliers d'enfants et de vieillards et de renforcer les moyens de contrôle de la dictature sur sa population.

Tous ces discours américains endossés par les Nations unies créent une atmosphère lourde et oppressante pour l'opinion dans les pays arabes qui, tout en souhaitant bien évidemment des changements

12 *A More Secure World : our Shared Responsability*, Document A/59/565 de l'Assemblée générale des Nations unies, 2 décembre 2004.

13 *Ibid.*, p. 45, paragraphe 145.

14 *Ibid.*, p. 45, paragraphe 147.

15 « Les sanctions sont un instrument vital à la disposition du Conseil de sécurité pour faire face préventivement aux menaces à la paix internationale et la sécurité.... » (*In Larger Freedom...*, *op. cit.*, paragraphe 109).

démocratiques, regarde avec inquiétude la façon dont l'Occident met en place la « sécurité collective » internationale : les thèses de Bernard Lewis et Samuel Huntington sur le conflit des civilisations semblent être devenues une prophétie qui s'autoréalise, avec les deux discours parallèles des nouveaux évangélistes américains appuyant sans réserve la colonisation par Israël de ce qui reste de la Palestine, et des courants jihadistes prêchant eux aussi la guerre totale face à ce qu'ils appellent une croisade judéo-chrétienne.

Alliance ou guerre des civilisations

La notion d'Occident, nous l'avons vu tout au long de cet essai, n'est pas simple à définir. Si la cohésion de l'Europe ne fait pas de doute en matière de mode de vie et de modèle socio-économique, les États-Unis qui sont au cœur même de l'Occident ont un modèle quelque peu différent et une politique extérieure qui est loin de faire l'unanimité. Si nous ajoutons des pays comme le Japon ou les autres membres de l'OCDE, nous avons affaire à un groupe encore plus hétéroclite de nations. Une autre difficulté majeure concerne le statut d'Israël dans le groupe des pays occidentaux : cet État est-il « oriental » ou « occidental » ? La réponse n'est guère évidente. Comment expliquer, par ailleurs, le soutien inconditionnel dont il jouit auprès des gouvernements occidentaux, en dépit des infractions permanentes au droit international qu'il commet sans jamais être sanctionné ?

Mais l'Occident peut aussi signifier OTAN (Organisation du Traité de l'Atlantique Nord), expression militaire d'une solidarité dans le domaine des relations internationales. L'insistance américaine à faire intervenir cette organisation en Irak vise à engager la solidarité militaire de l'Occident aux côtés des États-Unis, non sans susciter de vives réticences de la part des pays européens qui n'ont pas suivi la logique de « guerre préventive ». Cette dernière notion est en effet loin de faire l'unanimité en Occident, en particulier au sein de l'Union européenne, qui ne parvient toutefois pas encore à définir une véritable politique extérieure commune.

Il faut rappeler que l'OTAN est née des besoins de la guerre froide, que l'on peut qualifier de Troisième Guerre mondiale. Son ennemi principal, l'Union soviétique, a depuis disparu. Quelle est donc sa fonction dans le monde d'aujourd'hui ? S'il s'agit de la lutte contre le terrorisme considéré comme la menace principale pour la sécurité du monde, les Nations unies sont en principe bien mieux placées, d'autant que l'OTAN n'est pas équipée pour cette tâche. L'Union soviétique disparue, la mise en avant de la notion d'Occident a-t-elle désormais pour seul objet de lutter contre le terrorisme ? Est-elle destinée à maintenir un état d'alerte contre d'autres dangers futurs, en particulier la puissance chinoise montante ? L'influence majeure des grandes puissances occidentales dans le fonctionnement des Nations unies ne suffit-elle pas à assurer la paix et la sécurité, d'autant plus que, depuis plus d'une décennie, ni la Chine ni la Russie n'exercent un quelconque droit de veto au Conseil de sécurité et que leur influence dans les pays en développement a considérablement reflué ?

Ce sont autant de questions qu'il est important de se poser lorsqu'on se penche sur la question des conflits ou des alliances de civilisation. En réalité, l'ensemble que l'on désigne habituellement par Occident constitue lui-même bien plus une alliance de civilisations qu'un bloc civilisationnel homogène, puisque, outre la culture anglo-saxonne dominante, on y trouve des cultures aussi différentes que celles du Japon, de la Corée, de la Turquie, des pays de l'arc latin européen ainsi que celles de l'Europe germanique, flamande et scandinave. L'Europe qui s'est reconstruite après la Seconde Guerre mondiale, avec ses différentes cultures nationales et leurs aires d'influence respectives hors d'Europe (espaces francophone, hispanophone, lusophone, germanophone...), est d'ailleurs un autre modèle d'alliance des civilisations, qui s'est bâti, non pas comme l'OTAN sur des bases de défense militaire commune, mais sur la répudiation de la guerre, le libre-échange, les principes de la démocratie et des droits de l'homme.

Quant aux pays arabes et musulmans, de plus en plus perçus comme un bloc civilisationnel homogène et hostile à celui constitué par l'Occident, il n'est en vérité pas plus facile de définir simplement ce groupe. La notion de « civilisation arabo-musulmane » n'est pas moins complexe que celle d'Occident et elle repose tout autant sur des notions mythologiques dénuées de tout effet sur la solidarité effective entre les États de cet espace civilisationnel. En effet, voici bien longtemps que la civilisation arabo-musulmane du temps de la splendeur des califes ommeyades et abbassides a disparu. À partir du

IXe siècle, cette civilisation fut d'ailleurs tout autant irano- ou turco-musulmane qu'arabo-musulmane, sans parler du rôle des Berbères en Afrique du Nord dans la civilisation islamique classique. L'Empire des Moghols fut la dernière grande civilisation pouvant se réclamer de cette civilisation mère et opérant une synthèse intéressante entre hindouisme et islam.

Au cours des dernières décennies, les conflits entre pays musulmans ont été très nombreux et meurtriers. Qu'il suffise d'évoquer la guerre de sécession des musulmans bengalis d'avec le Pakistan, la guerre entre l'Irak et l'Iran, les rébellions des communautés kurdes qui, bien que musulmanes, ont tenté de faire sécession à plusieurs reprises ; plus loin dans l'Histoire, comment oublier les guerres entre l'Empire ottoman et la monarchie perse, qui ont achevé de ruiner les sociétés musulmanes concernées et permis l'expansion russe en Asie centrale et dans le Caucase ? De même, un grand nombre de pays musulmans ont connu des guerres civiles féroces en Afrique. À ces conflits, on peut ajouter ceux qui ont opposé les pays arabes entre eux : invasion du Koweït par l'Irak, hégémonie de la Syrie sur le Liban, conflit entre l'Algérie et le Maroc sur le Sahara, conflit yéménite, guerre civile au Soudan... Enfin, on remarquera que la Turquie, une puissance militaire certaine, est de longue date membre de l'OTAN, cependant que le Pakistan, l'Égypte, le Maroc, la Tunisie, l'Arabie Saoudite, le Koweït, le Qatar, Bahreïn sont des alliés militaires et politiques inconditionnels des États-Unis, centre de l'Occident.

Par ailleurs, il existe aujourd'hui deux organisations de solidarité interétatique parallèles, sinon concurrentes : l'Organisation de la Conférence islamique (OCI), créée en 1969, et la Ligue des États arabes, créée en 1945. Cette dernière est actuellement déliquescente : en dépit des nombreux traités existants entre ses États membres dans les domaines de la défense et de la sécurité, du libre-échange, de la culture ou des communications, elle n'a jamais pu réaliser une solidarité effective entre eux. Quant à l'OCI, elle a été créée dans le cadre de la guerre froide pour faire concurrence à la Ligue arabe, qui était alors sous la coupe des États arabes nationalistes et radicaux, plus proches de Moscou que de Washington, mais aussi au Mouvement des non-alignés. L'Arabie Saoudite en est le pilier principal et la richesse pétrolière du royaume, ainsi que les moyens financiers dont est dotée la Banque islamique de développement, grâce à la généreuse contribution de ce pays et des riches voisins pétroliers de la péninsule Arabique, en ont fait un instrument majeur de rayonnement de différentes formes de « ré-islamisation » des sociétés du tiers monde, pour lutter contre le radicalisme nationaliste et socialisant qui a marqué l'ère de la décolonisation. Pour autant, l'OCI n'a jamais réussi à éviter des conflits entre pays musulmans ou des guerres civiles en leur sein.

Certes, l'Occident a connu lui aussi bien des conflits internes. Mais ces conflits sont apaisés depuis la furie des deux guerres mondiales. Toutefois, nous l'avons vu, l'Occident demeure une alliance de nature bizarre sur le plan des relations internationales, à la fois offensive et défensive, dont les composantes étatiques ne sont pas toujours d'accord entre elles. Le débat animé entre unilatéralisme et multilatéralisme traduit un clivage profond dans les opinions publiques, même si, en définitive, il n'entame pas la solidarité psychologique forte qui s'est formée dans l'alliance des démocraties libérales européennes avec les États-Unis lors des deux guerres mondiales. Bien plus, les anciennes démocraties socialistes d'Europe centrale libérées de l'oppression soviétique se sentent aujourd'hui très proches des États-Unis, tandis que le Royaume-Uni reste leur allié inébranlable.

Par contraste, il est bien difficile dans ce contexte de qualifier les pays musulmans de bloc civilisationnel, d'alliance de civilisations comme c'est le cas de l'OTAN ou de l'Union européenne. Seul le terrorisme islamique qualifié de transnational et les commentaires superficiels, répétitifs et obsessionnels qu'il suscite donnent une apparence de crédibilité à l'existence d'une guerre de civilisations. Mais on ne peut parler de guerre dès lors qu'il n'existe qu'un seul protagoniste, l'Occident (incarné militairement par l'OTAN), qui trouve en face de lui un groupe parfaitement hétéroclite de pays dits musulmans, lesquels, loin d'être en guerre avec l'Occident, le courtisent et sont souvent des alliés militaires fidèles qui ont offert leur territoire pour servir de base à l'armée américaine.

Reste que l'Occident est aujourd'hui perçu par les opinions publiques de nombreux pays non occidentaux, en particulier les pays arabes et musulmans, comme un bloc agressif ayant déployé des troupes dans plusieurs pays et insensible à l'extension continue des colonies de peuplement israéliennes dans les territoires occupés. L'application sélective du droit international au Moyen-Orient, les deux poids-deux mesures, la promotion des droits de l'homme appliquée avec plus ou moins d'intensité suivant l'état des relations politiques entre les grands pays occidentaux et les pays du tiers monde, achèvent de déconsidérer aux yeux de ces opinions les valeurs démocratiques que l'Occident cherche à promouvoir.

Cependant qu'en Occident il ne semble pas qu'il y ait suffisamment d'énergies créatrices pour envisager un passage à une forme d'alliance des civilisations ou de cosmopolitisme qui nous sortirait de la situation actuelle, malsaine et pleine de dangers pour la stabilité du monde. Jusqu'à présent, l'une des rares réponses données par un État à la thèse de la guerre des civilisations a été la proposition faite par l'ex-président iranien, Mohammed Khatami, à la 53e Assemblée générale des Nations unies le 21 septembre 1998, d'instituer un « dialogue des civilisations [16] » — ce qui est devenu depuis un thème récurrent pour d'innombrables colloques internationaux, comme antidote à la vision huntingtonienne d'un monde en proie à la guerre des civilisations. Mais en adoptant ce thème, on est en fait amené implicitement à accepter que le monde est effectivement en proie au danger d'une guerre entre les civilisations, ce qui ne fait que confirmer le diagnostic si contestable de Samuel Huntington.

Plus récemment, le Premier ministre espagnol José Luis Zapatero a proposé à la 59e Assemblée générale des Nations unies, le 21 septembre 2004, de fonder une « alliance des civilisations » : « Le terrorisme n'a pas de justification, a déclaré alors le dirigeant espagnol. [...] Mais ses racines peuvent et doivent être connues, nous pouvons et nous devons penser rationnellement comment il se produit, comment il se développe, pour le combattre rationnellement. [...] La sécurité et la paix s'étendront seulement avec la force des Nations unies, la force de la légalité internationale, la force des

16 « Je voudrais proposer, disait le président Khatami dans ce discours, au nom de la République islamique d'Iran, que les Nations unies déclarent comme premier pas l'année 2001 comme l'"année du dialogue entre les civilisations", avec le sincère espoir qu'à travers un tel dialogue la concrétisation de la justice universelle et de la liberté puisse être initiée. [...] L'établissement et le renforcement de la civilité, que ce soit au niveau national ou international, dépendent du dialogue entre sociétés et civilisations, représentant différents points de vue, préférences et approches. Si l'humanité, à l'aube de ce nouveau siècle et millénaire, consacre tous les efforts à institutionnaliser le dialogue, remplaçant l'hostilité et la confrontation par la parole et la compréhension, cela constituera un inestimable héritage pour les générations futures » (texte complet disponible à l'adresse <www.salamiran.org/events/UN_GeneralAssembly/speech/Khatami_un.htm>).

droits de l'homme, la force de la démocratie, des hommes soumis aux lois, de l'égalité, de l'égalité des hommes et des femmes, de l'égalité des chances indépendamment du lieu de naissance. Avec la force face à ceux qui manipulent ou qui veulent imposer une religion ou une croyance, la force de l'éducation et de la culture et, parce que la culture est toujours paix, faisons que la perception de l'autre soit empreinte de respect. Avec la force, enfin, du dialogue entre les peuples.

« Pour cela, comme représentant d'un pays créé et enrichi par diverses cultures, je veux proposer à cette Assemblée une alliance de civilisations entre le monde occidental et le monde arabe et musulman. Un mur est tombé. Nous devons éviter maintenant que la haine et l'incompréhension en bâtissent un nouveau. L'Espagne soumet au secrétaire général, dont elle soutient avec fermeté le travail à la tête de l'Organisation, la possibilité de constituer un groupe de haut niveau pour mener à bien cette initiative [17]. »

Il s'agit là d'un cri de protestation humaniste émanant d'une haute autorité politique d'un pays pourtant meurtri sur son sol, lors des terribles attentats de Madrid en mars 2004, par une retombée sanglante du prétendu « conflit de civilisations ». Suivant cet exemple, la sagesse exige aujourd'hui que nous sortions de ce paradigme, pour entrer dans une nouvelle logique susceptible d'apaiser une situation internationale explosive.

17 Extrait du discours de José Luis Zapatero, d'après un document distribué par l'Université Complutense à Madrid à l'occasion d'un séminaire tenu les 6 et 7 juin 2005 sur « Alliance des civilisations : sécurité internationale et démocratie cosmopolite ».

Conclusion

Vers un pacte laïque international ?

Une décrispation de l'atmosphère internationale ne sera pas chose facile ou rapide. Le néoconservatisme triomphant n'est pas seulement l'œuvre de George W. Bush et de son équipe ; c'est une idéologie qui se répand dans le monde depuis plusieurs décennies et que les médias et intellectuels à succès alimentent en permanence. Toutefois, de nombreux pans des opinions publiques, dans le monde occidental comme dans les autres régions du monde, résistent à cette emprise. Outre le mouvement altermondialiste, on peut rappeler les grandioses manifestations en Europe ou aux États-Unis contre la guerre en Irak [1], l'attitude du pape Jean-Paul II, qui s'est élevé lui aussi avec force contre cette guerre, celle des évêques anglicans qui ont appelé en septembre 2005 à des excuses pour l'invasion de l'Irak [2], l'augmentation du nombre de citoyens européens ou américains qui défendent activement le droit des Palestiniens, y compris au prix de leur vie [3], ou encore la circulation

1 On rappellera ici la consternation des élites bien pensantes et la protestation de plusieurs personnalités et institutions conservatrices, de même que celle du gouvernement israélien, devant le résultat du sondage d'opinion effectué par la Commission européenne dans les quinze pays membres de l'Union européenne, peu après l'invasion de l'Irak, en octobre 2003. Selon ce sondage, les États-Unis étaient considérés par 53 % des personnes interrogées comme une menace pour la paix du monde, soit plus que l'Irak (52 %) et autant que l'Iran et la Corée du Nord ; et Israël était considéré par 59 % des sondés comme une menace pour la paix (voir notamment l'éditorial du quotidien *Le Monde*, 6 novembre 2003). Le rapport concernant ce sondage est disponible sur le site Web de l'Union européenne : *Iraq and Peace in the World*, <htpp://europa.eu.int/comm/external_relations/iraq/doc/fl151_iraq_full_report.pdf>.

2 Church of England's House of Bishops, *Countering Terrorism. Power, Violence and Democracy Post 9/11*, 19 septembre 2005.

3 Cela a été notamment le cas de Rachel Corrie, vingt-quatre ans, membre du Mouvement international de solidarité, tuée à Rafah, dans la bande de Gaza, par un tank israélien qui l'a écrasée (semble-t-il intentionnellement) lors d'une manifestation réprimée par l'armée israélienne le 16 mars 2003 ; et aussi celui d'un jeune activiste anglais, Thomas Hurndall, vingt-trois ans,

à travers les réseaux actifs sur le Web de très nombreux articles, études et documents divers contestant la vision simplificatrice du monde amplifiée par la plupart des grands médias, et donnent souvent des informations rigoureuses que l'on ne trouve pas dans ces derniers (même si on y trouve aussi des délires objectivement alimentés par diverses théories du complot[4]).

On ne peut donc pas dire que l'horizon d'un changement est totalement obstrué, mais il ne fait pas de doute que le renversement de la tendance idéologique lourde dans laquelle nous vivons, le retour à des décors laïques dans la contextualisation des affaires du monde, demandera bien du temps et des efforts. Ce que nous développerons dans cette conclusion sont des pistes de réflexions pour des changements d'attitude et d'agenda intellectuels, permettant de contribuer à la dédramatisation des représentations des problèmes géopolitiques du monde, tels que nous les avons décrits dans leur réalité profane et non point dans leur mythologisation civilisationnelle, culturelle ou plus directement religieuse.

Résister à l'instrumentalisation de la religion et à la fabrication de nationalismes civilisationnels

La possibilité de ce changement implique nécessairement de changer de paradigme politique et géopolitique, donc de sortir de l'instrumentalisation de la religion et de la fabrication intensive des nationalismes civilisationnels qui l'accompagnent, aussi bien en islam qu'en judaïsme ou qu'en chrétienté. Pour cela, il faudra un

photographe, membre du même mouvement, blessé par l'armée israélienne le 11 avril 2003 et décédé à la suite de ses blessures le 13 janvier 2004.

4 Principalement celles alimentées par les courants antisémites qui voient partout des complots « juifs » sur le modèle du tristement célèbre *Protocole des sages de Sion*, faux antisémite fabriqué au début du XXe siècle par la police politique russe. Cela oblige évidemment à une grande vigilance dans le crédit que l'on peut apporter à l'information « dissidente » disponible sur le Web. Pour autant, il serait absurde, au nom de ces dérives évidemment condamnables, de disqualifier les informations sérieuses — et qu'il n'est pas si difficile d'identifier comme telles — remettant en cause le discours médiatique dominant. L'accusation de succomber à la « théorie du complot » est en effet devenue un moyen facile de les discréditer. On ne saurait sous-estimer à quel point la désinformation fait aujourd'hui partie de la politique internationale, et souvent aussi du jeu politique local. Les différentes raisons d'État et les rivalités géopolitiques internationales ne reposent-elles pas, par leur nature même, sur la planification d'actions destinées à obtenir un résultat politique, sans que l'opinion puisse se rendre compte que les États en cause ont procédé à des manipulations restées secrètes ?

changement des lexiques en vigueur dans les différents discours politiques, en particulier celui des États-Unis et des Nations unies.

L'expression « terrorisme transnational » fait ainsi des ravages : loin de rendre compte de la complexité des différentes formes de terrorisme, elle fait trop référence à la notion fourre-tout de « terrorisme islamiste », réminiscence plus ou moins consciente de celle de « subversion communiste » qui servait hier souvent à qualifier indifféremment l'ensemble des forces opposées au système dominant. On remarquera que, depuis le 11 septembre 2001, mis à part les très graves attentats de Madrid de mars 2004 et de Londres en juillet 2005, les grandes opérations terroristes islamistes ont eu lieu dans des pays musulmans (Maroc, Arabie Saoudite, Yémen, Jordanie, Indonésie, Irak, Pakistan, Égypte) : n'ont-elles pas aussi des dimensions proprement nationales, primant sur l'aspect transnational ?

Nous vivons certes une période d'instabilité internationale et d'injustices propices à la naissance de telles formes de violences, mais il y en a toujours eu dans l'histoire du monde. Les guerres de religion en Europe n'ont-elles pas été caractérisées par les violences les plus cruelles et les plus inutiles ? Ne serait-il pas temps d'engager une réflexion un peu plus poussée que la rhétorique américaine et onusienne, qui semble vouloir passer au-dessus des vrais problèmes et embrigader à tout prix l'Occident dans une curieuse « croisade » contre des groupes toujours insaisissables, y compris le désormais « légendaire » Ben Laden ? N'est-il pas temps de regarder avec courage les circonstances géopolitiques qui créent un terrain favorable aux violences terroristes ? Les gouvernements de pays qui se disent démocrates et leurs intellectuels surmédiatisés vont-ils étouffer encore longtemps, en pratiquant des formes diverses de terreur intellectuelle, les débats sérieux sur tous ces phénomènes ?

Il en est de même de l'emploi du mot « islam », dont on fait un usage abusif[5], y compris dans les pays musulmans. L'islam n'est pas un lieu, ni une nationalité ; or, il est de plus en plus employé comme s'il était une religion nationale ou ethnique située dans un

---

5 Rappelons par exemple le qualificatif de « bombe atomique islamique » abondamment utilisé par les médias à propos des efforts du Pakistan de se doter de l'arme nucléaire. Serait-il jamais venu à l'idée de parler d'une bombe atomique « chrétienne » pour l'arsenal nucléaire occidental et russe, ou « juive » pour celui d'Israël, ou encore « hindouiste » ou « brahmanique » pour celui de l'Inde ?

lieu particulier, ce qui est absurde. L'islam, comme le christianisme ou le bouddhisme, est une religion à caractère universel. Malheureusement, on ne peut plus dire qu'il est une civilisation (pas plus que ne l'est d'ailleurs le christianisme), compte tenu du déclin historique qui a affecté il y a plusieurs siècles déjà les grands centres de ce qui fut la civilisation islamique. Il n'est pas davantage une culture, car différentes langues sont pratiquées dans les pays où domine la religion musulmane. L'islam n'est donc qu'une religion, qui a certes été fortement mobilisée dans les conflits internationaux du temps de la guerre froide ; et qui est souvent utilisée aujourd'hui pour légitimer la protestation sociale contre l'ordre établi dans les pays musulmans eux-mêmes (bien plus que dans les pays occidentaux, où l'islam peut jouer pour les communautés musulmanes un rôle à la fois social et identitaire, moins dans le sens protestataire que pour combler le vide d'existences marginales et difficiles).

Mais rechercher dans le Coran ou dans la *charia* les raisons du terrorisme « transnational » contemporain paraît tout à fait surréaliste. Ce n'est qu'un bavardage empêchant la prise de conscience des vrais problèmes, qui sont tout à fait profanes : occupations militaires, colonisation en Palestine, marginalisations sociales profondes, distribution des revenus totalement aberrante dans les économies de rente pétrolière, régimes autoritaires pratiquant la confusion du politique et du religieux (ce qui suscite une réaction elle aussi politico-religieuse), enfin poids du discours occidental, largement nourri depuis quelques décennies d'une terminologie religieuse.

Même si cela relève aujourd'hui clairement du vœu pieux face à la puissance du rouleau compresseur médiatique occidental et du conformisme de masse qu'il induit, il faut plaider aujourd'hui pour un moratoire sur les discussions oiseuses sur l'islam. Il faut laisser aux peuples qui le pratiquent le soin de discuter de leur théologie, aussi bien que de leurs législations et de l'emploi de leur religion dans le monde profane. Ce n'est ni aux chrétiens ni aux Juifs de se mêler de telles discussions ; bien au contraire, le fait que tant de personnes en Occident se prétendent expertes en matière d'islam et de réseaux islamiques ne peut qu'entraîner une crispation musulmane qui paralyse toute discussion interne sur la confusion du politique, du religieux et du national qui règne dans ce domaine.

En revanche, il faudrait que le christianisme et le judaïsme acceptent enfin de reconnaître que l'islam est un monothéisme à part entière, qui doit être traité comme tel et avec le même respect que les deux autres. Bien plus, ne serait-il pas temps que le dialogue des religions ne soit plus mêlé de façon inconsidérée aux discussions politiques et anthropologiques, pour entrer dans un vrai débat théologique entre ces trois religions abrahamiques qui se disputent la vérité divine et qui se sont toujours très mal reconnues et acceptées [6] ?

Du côté des médias arabes, sous haute influence de différentes formes de fondamentalisme islamique [7], les simplifications outrancières ou les contrevérités devraient elles aussi être combattues activement. Il en est ainsi pour leurs critiques de la laïcité, grossièrement assimilée à un militantisme athéiste spécifiquement européen, voire à une simple machine de guerre anti-islamique [8]. Parallèlement, beaucoup reste à faire, dans les médias des pays arabes et musulmans, comme dans le monde des recherches académiques sur l'islam, en Orient comme en Occident, pour rétablir une mémoire complète de ce qu'a été la civilisation musulmane. Une civilisation qui a pratiqué le pluralisme religieux et ethnique, l'adaptation aux autres civilisations et cultures, comme celles de la Perse ou de l'Inde, et même en Espagne, en Égypte, en Syrie, Irak et

---

6 Sur cette question, on pourra se reporter aux pages lumineuses de Youakim Moubarac, prêtre maronite pionnier du dialogue islamo-chrétien dans le sillage de Louis Massignon, mais pionnier aussi dans la revendication d'un dialogue triangulaire avec le judaïsme, désormais ancré en Terre sainte sous la forme étatique, mais conflictuelle avec les Palestiniens et les sociétés arabes voisines : *Youakim Moubarac, un homme d'exception*, textes réunis et présentés par Georges Corm, La Librairie orientale, Beyrouth, 2004 ; et *Youakim Moubarac*, Les Cahiers de l'Âge d'Homme, Genève, 2005.

7 Cela se traduit notamment par de très nombreuses émissions religieuses où sont interviewés des oulémas sur tous les sujets imaginables, depuis la sexualité et les questions familiales et les problèmes médicaux ou psychiatriques, jusqu'aux grandes questions de politique internationale ; l'exemple type est l'émission « La *charia* et la vie » du cheikh Youssef Al-Qaradawi sur la chaîne satellite Al-Jazira. De très nombreuses émissions sont également consacrées aux communautés musulmanes en Europe, déclinant sans cesse le mal de vivre des musulmans dans les différents pays européens du fait que leur environnement n'est pas assez « islamique » et que les pays européens sont hostiles aux « mœurs islamiques » (voile de la femme, jeûne du ramadan, etc.).

8 Le traitement par la plupart des médias arabes de l'interdiction du port du voile dans les écoles publiques françaises est un exemple frappant de la désinformation pratiquée : cette loi de février 2004 a insidieusement été présentée comme une interdiction générale du port du voile sur tout le territoire français, sans jamais préciser la nature exacte et la portée de la mesure prise, ni même présenter les riches débats qui ont eu lieu sur le sujet en France même dans le cadre de la Commission Stasi.

Liban, le contact avec les autres grandes religions telles que le zoroastrisme, l'hindouisme, le judaïsme et le christianisme ; une civilisation qui, en son propre sein, a admis aussi à l'origine une pluralité exceptionnelle d'écoles d'exégèse religieuse et qui, dès la Révolution française et l'expédition de Napoléon Bonaparte en Égypte, a entamé un vaste mouvement de réforme religieuse [9], interrompu par le « réveil islamique » déclenché dans le contexte de la guerre froide.

L'islam ne doit pas continuer de donner de lui-même cette image d'une religion fermée et intolérante, telle qu'elle ressort d'une focalisation exclusive sur la littérature indigeste des mouvements fondamentalistes modernes, alors qu'il y a quelques décennies encore, les écoles réformistes en islam dominaient la scène intellectuelle et politique des sociétés musulmanes. Initié il y a plus de cent soixante-quinze ans par le voyage du cheikh azhariste égyptien Rafa'at al-Tahtaoui en 1824 à Paris [10], dans le cadre d'une renaissance arabe assez exceptionnelle à laquelle ont participé chrétiens et musulmans, ce mouvement réformiste a été occulté à partir des années 1970 par la vague fondamentaliste dont les islams saoudien et pakistanais ont été les principaux moteurs. Toutes les œuvres de ces grands réformateurs, imprégnés de valeurs humanistes et grands lecteurs (et parfois traducteurs) des œuvres majeures de la philosophie des Lumières, ont disparu des rayons des libraires pour céder la place aux œuvres des auteurs fondamentalistes. Les jeunes générations d'Arabes sont ainsi coupées des racines historiques et culturelles qui leur permettraient de voir le monde autrement qu'en termes de conflit de civilisations.

---

9 Depuis les ouvrages d'Anouar ABDEL MALEK, *La Pensée politique arabe contemporaine* (Seuil, Paris, 1965 ; recueil de textes majeurs des grands auteurs qui ont fait le renouveau de la pensée politique et religieuse), et d'Albert HOURANI, *Arabic Tought in the Liberal Age. 1798-1939* (Oxford University Press, Londres, 1967), très peu d'ouvrages (disponibles dans une langue européenne) sont venus renouveler la connaissance du mouvement réformiste et la mettre à jour, en dépit des très nombreuses œuvres de qualité parues ces dernières années dans le monde arabe. On verra cependant : Abdou FILALI-ANSARI, *Réformer l'islam ? Une introduction aux débats contemporains*, La Découverte, Paris, 2002 ; Nazik Saba YARED, *Secularism and the Arab World*, Saqi Books, Londres, 2002.

10 Bien peu des nombreux spécialistes actuels de l'islam, qui ont une abondante production centrée sur les mouvements islamistes, se sont intéressés à l'islam réformiste, contrairement à la tradition des grands orientalistes disparus, comme Jacques Berque ou Maxime Rodinson. Paradoxe, seul un chantre du néoconservatisme a récemment écrit un ouvrage sur Rafa'at al-Tahtaoui : Guy SORMAN, *Les Enfants de Rifaa : musulmans et modernes*, Fayard, Paris, 2003.

C'est dans ce contexte que peuvent s'expliquer la montée des dérives antisémites, ou les diatribes virulentes de certains médias contre la « civilisation judéo-chrétienne » ou les « nouveaux croisés » ; mais une action efficace contre elles exigerait aussi que, en Europe ou aux États-Unis, des efforts soient faits parallèlement pour combattre l'islamophobie ambiante, de plus en plus ouvertement revendiquée par certains, pour ouvrir et aérer les recherches académiques sur le monde arabe et sur l'islam, les replacer dans la complexité du contexte géopolitique contemporain et tenter de comprendre les causes multidimensionnelles de la rupture dramatique avec la période si proche du réformisme musulman du XIXe et XXe siècle.

Du côté du judaïsme aussi, la forte emprise des milieux néoconservateurs qui défendent aveuglément toutes les positions de l'État d'Israël et les confondent avec la défense du judaïsme lui-même a jusqu'ici empêché l'expression du pluralisme d'opinion qui caractérise pourtant la réflexion juive elle-même [11]. Mais ce pluralisme est peu visible et les opinions dissidentes sont passées sous silence ou dénigrées comme étant le fait de Juifs à conscience malheureuse (*self-hating Jews*), surtout lorsqu'elles émanent d'individualités fortes, comme le célèbre linguiste américain Noam Chomsky, infatigable dénonciateur du terrorisme d'État pratiqué par le gouvernement des États-Unis [12], ou Israël Shahak, professeur de chimie à l'Université hébraïque de Jérusalem, décédé en 2001, rescapé du ghetto de Varsovie et des camps de la mort, ancien président de la Ligue israélienne des droits de l'homme et des droits civils, devenu un critique radical des pratiques de l'État d'Israël contre les Palestiniens [13].

En fait, dans l'islam comme dans le judaïsme, le conformisme conservateur et néofondamentaliste devenu dominant est entretenu par l'attitude complaisante des médias et de certaines

---

11 Voir Pascal BONIFACE, *Est-il permis de critiquer Israël ?*, Robert Laffont, Paris, 2003.

12 Voir, en particulier, Noam CHOMSKY, *The Fateful Triangle. The United States, Israel and the Palestinians*, South End Press, Boston, 1984 ; et *Deterring Democracy*, Hill and Wang, New York, 1992.

13 Voir, en particulier, Israël SHAHAK, *Jewish Fundamentalism in Israel*, Pluto Press, Londres, 1999. On peut mentionner également les positions d'une communauté importante de rabbins antisionistes, Neturei Karta (Gardiens de la Cité), qui milite pour le rétablissement des droits palestiniens, en invoquant l'éthique juive orthodoxe et le refus d'un retour sous forme étatique et violente des Juifs en Palestine ; un exposé de leur doctrine peut être trouvé sur leur site Web (www.nkusa.org) ; on mentionnera à ce sujet le bel ouvrage de Ruth BLAU, *Les Gardiens de la Cité. Histoire d'une guerre sainte*, Flammarion, Paris, 1978.

recherches académiques, qui donnent une image essentialisée et anhistorique de ces deux religions, présentées comme des totalités tout à la fois religieuses, culturelles et civilisationnelles ; ce qui encourage l'émergence d'un nationalisme fermé d'un genre nouveau, musulman ou juif, qui peut prendre des tournures intellectuelles fort agressives.

Le comble de la dérive dans le nationalisme civilisationnel surgit parfois dans certaines déclarations de chefs de gouvernement européens, comme l'Italien Silvio Berlusconi : lors d'une visite à Berlin le 26 septembre 2001, au lendemain des attentats de New York et Washington, celui-ci s'est par exemple permis de donner une appréciation totalement négative du monde musulman, dont « une partie est restée 1 400 ans en arrière », et d'affirmer la supériorité incontestable de la civilisation occidentale. En sens inverse, la rhétorique de l'ex-Premier ministre malaisien, Mahathir bin Mohamad, lors d'un sommet de l'Organisation de la Conférence islamique tenu en octobre 2003 à Kuala Lumpur, n'est pas moins ravageuse. Dans un long discours, reflétant le sentiment d'une très large partie de l'opinion dite musulmane, ce dernier a dénoncé la désunion des musulmans face à l'agressivité des pays occidentaux, qui considèrent tous les musulmans comme leur ennemi ; il a rappelé ce que fut la grandeur de la civilisation islamique lorsqu'elle était fondée sur la science et la connaissance, et dénoncé la décadence du monde musulman. Tout en se prétendant nuancé dans sa dénonciation de l'Occident — en affirmant que tous les Occidentaux ne sont pas hostiles aux musulmans et que tous les Juifs n'approuvent pas ce que font les Israéliens —, il a donné comme modèle aux musulmans le peuple juif « qui réfléchit » et qui s'est défendu en promouvant avec succès le socialisme, le communisme, les droits de l'homme et la démocratie, « de telle manière que continuer à les persécuter apparaisse comme quelque chose de mal, afin qu'ils puissent jouir de droits égaux aux autres » ; en conséquence, les musulmans « ne doivent pas se contenter de les combattre avec leurs seuls bras, mais avec leur intelligence [14] ». Ces rhétoriques et

14 Voir le texte intégral de ce discours sur le site Web créé par le gouvernement malaisien à l'occasion du 10e sommet de l'OCI (<www.bernama.com/oicsummit/>). Le chef du gouvernement malaisien avait fait aussi des déclarations violentes, à caractère antisémite, contre le milliardaire américain George Soros, qu'il avait accusé de spéculer contre la monnaie malaisienne lors de la crise financière ayant secoué les pays asiatiques en 1997.

jeux de miroir religieux et nationalistes, qu'ils soient de source occidentale ou musulmane, sont dangereux, et seule la défense d'une vision laïque et profane du monde permettra de les contrer.

En outre, il serait également très sage de ne plus utiliser à tort et à travers le concept d'Occident, qui sert de base au nationalisme civilisationnel moderne de la méga-identité Occident, dont les États-Unis s'affirment le défenseur face au danger externe (évidemment représenté par le terrorisme et l'islam). Autant il paraît normal de parler de l'Europe et de sa civilisation humaniste qui tente de se donner une unité politique après la réalisation de l'unité économique, autant le terme Occident est en réalité démodé, que l'on songe à ses origines religieuses (la différence entre l'Église d'Orient et Église d'Occident), à sa légitimation dans les théories racistes (la division entre Aryens et Sémites) ou coloniales (la supériorité de la civilisation européenne sur toutes les autres, justifiant la conquête et l'asservissement des autres peuples), ou encore au sens le plus récent mais désormais dépassé de système démocratique opposé au système soviétique totalitaire.

Si nous recherchons véritablement un monde multipolaire, la consécration dans l'ordre intellectuel et dans les institutions militaires, telles que l'OTAN, de la méga-identité Occident n'est pas à souhaiter. La disposition du nouveau Traité constitutionnel européen (soumis aux votes des Parlements et citoyens de l'Union européenne depuis 2005) stipulant que la politique étrangère de l'UE dans les engagements et la coopération « demeure conforme aux engagements souscrits au sein de l'OTAN » (article I-41.7) ne va évidemment pas dans ce sens et augure mal de l'avenir. Si le traité était adopté — ce qui semble devenu fort peu probable depuis les votes de rejet en France et aux Pays-Bas survenus au printemps 2005 —, il empêcherait l'Europe de jouer le rôle de conciliateur et de modérateur que beaucoup d'Européens souhaitent pour freiner les dérives de la géopolitique mondiale associées au déploiement impérial de la puissance américaine.

Droit international, cosmopolitisme et multiculturalisme

Le droit international doit redevenir un droit républicain au plein sens du terme. La loi internationale doit être la même pour tous, qu'elle protège ou qu'elle punisse. On ne peut accepter des régimes juridiques différents, ni admettre que certains États (comme c'est le cas d'Israël) ne se voient pas appliquer tout le droit international. Rien ne discrédite davantage la démocratie que la manipulation des règles du droit international moderne, fruits d'une expérience de plusieurs siècles : l'application à géométrie variable des droits de l'homme renforce à l'évidence les régimes autoritaires et les forces antidémocratiques, qui ont beau jeu de dénoncer l'emploi sélectif de ces droits par les puissances démocratiques.

La meilleure voie pour affermir les valeurs démocratiques et le respect des droits de l'homme à l'échelle mondiale n'est-elle pas avant tout le respect de ces principes dans la gestion des affaires internationales ? Les leçons de morale démocratique que certains pays occidentaux entendent donner aux pays soumis au sous-développement et à l'autoritarisme politique ne font que conforter localement les forces opposées à la démocratie et au libéralisme : le plus souvent, en effet, un contrat économique important ou l'octroi d'une base militaire rendent bien vite inopérante l'effectivité de ces leçons de morale, de plus en plus mal supportées par les opinions politiques des pays concernés.

D'un autre côté, de même que nous nous sommes interrogés sur la pertinence du maintien d'une institution comme l'OTAN, il faut poser la question de la pertinence de l'unique regroupement d'États à base religieuse qui existe dans l'ordre international, à savoir l'Organisation de la Conférence islamique (OCI), d'où sont issues de nombreuses organisations intergouvernementales dites « islamiques » dans les domaines les plus divers [15]. Nous avons vu que

15 Cour islamique internationale de justice, Université islamique de technologie, Fonds islamique de solidarité, Agence islamique internationale de presse, Banque islamique de développement, Organisation islamique pour l'éducation, la science et la culture, Chambre islamique de commerce et d'industrie, Zone islamique de libre-échange. Il existe bien sûr des organismes « chrétiens » de type similaire, comme l'International Christian Chamber of Commerce, active dans cent deux pays, ou bien le Full Gospel Businessmen Fellowship International ; ils ne sont pas toutefois des émanations de gouvernements, mais pratiquent le prosélytisme en

cette organisation internationale est née dans le contexte de la guerre froide et qu'elle a servi à répandre par divers canaux les formes saoudienne et pakistanaise d'islam fondamentaliste et rigoriste. Une telle organisation ne devrait-elle pas progressivement se réformer et repenser sa vocation et ses fonctions ? Jusqu'où peut aller une « islamisation » visant à homogénéiser tous les signes extérieurs de l'existence dans les sociétés musulmanes et à gommer toutes les particularités nationales et ethniques des différents peuples musulmans ?

Une autre voie à explorer pour en finir avec l'instrumentalisation de la religion et ouvrir le chemin d'un monde pacifié serait de revenir à la conception kantienne du *cosmopolitisme*, que les nouveaux philosophes, désenchantés de la philosophie humaniste des Lumières, ont jetée aux orties. Le multiculturalisme, on le sait, est un système propre à certaines sociétés, compte tenu de leur histoire et de leur vision du monde, où l'origine ethnique et la spécificité religieuse jouent un rôle central, comme c'est le cas aux États-Unis aujourd'hui ou comme ce fut le cas autrefois dans les empires multinationaux tels que l'Empire ottoman ou l'Empire austro-hongrois. Ce n'est pas celui de l'Europe, qui a eu une autre tradition marquée par la Révolution française et la conception volontariste de la nation, où les origines ethniques et religieuses des citoyens ne peuvent être mises en valeur dans l'espace public ou invoquées dans le débat politique.

La culture raffinée de l'Europe a ainsi développé le cosmopolitisme, c'est-à-dire la connaissance et la compréhension de la diversité du monde et le respect de cette diversité hors des frontières nationales. Comme l'écrivait l'historien de l'art français Louis Réau, un fin connaisseur de la culture française et de son rayonnement en Europe, « ce mot emprunté au grec, qui signifie citoyen du monde [16], traduit en effet une idée ou plutôt un idéal particulièrement cher aux encyclopédistes. Ils tiennent l'espèce humaine pour une, possédant les mêmes droits, capable des mêmes progrès : les différences de race, de nation sont sans importance. Il n'y a pas de peuple élu, de race supérieure. Être l'homme de toute nation, tel est

---

même temps que l'entraide entre leurs membres (voir <www.icccreg.net>). Il existe également des associations analogues se réclamant du judaïsme.

16 Il est passé en anglais sous la forme *cosmopolitan*, dérivée du français du XVIe siècle *cosmopolitain*. Les Allemands l'ont traduit littéralement par *Weltburg*.

l'idéal du vrai philosophe. C'est cette idéologie qui inspirera les croisades de la Révolution française, nourrie de l'illusion que tous les peuples sont frères, solidaires contre les tyrans [17] ». Certes, cette culture n'a pas empêché le colonialisme et l'impérialisme ; mais elle a donné aussi, depuis le dominicain espagnol Bartolomé de Las Casas au XVIe siècle [18], une tradition anticolonialiste qui contribuera, bien plus tard, à accélérer la décolonisation.

Le cosmopolitisme serait donc une bien meilleure valeur à promouvoir en Europe que le multiculturalisme, les immigrés arrivant en Europe continentale devant se conformer au respect des valeurs et normes des sociétés d'accueil (ceux préférant une société multiculturelle allant plutôt au Canada ou aux États-Unis). L'Europe, de son côté, devrait s'abstenir de vouloir exercer un magistère moral dans ses relations avec son environnement méditerranéen et moyen-oriental et d'entrer dans le jeu de la manipulation des droits de l'homme, dénonçant leur absence pour certains régimes politiques considérés comme pas assez pro-occidentaux, fermant les yeux quand un régime peu démocratique est totalement aligné en politique étrangère sur les intérêts de l'Occident. L'expérience montre que les pressions exercées de l'extérieur de façon sélective peuvent avoir un effet contraire et peuvent retarder une évolution vers la démocratie et entraîner un raidissement des pouvoirs en place. Le meilleur magistère moral serait celui d'institutions européennes appliquant avec rigueur leurs principes fondateurs, pour elles-mêmes et dans leurs relations avec les autres.

Par ailleurs, c'est une alternative à la globalisation à l'américaine, comme seul projet de civilisation, qui est attendue de l'Europe aujourd'hui. C'est ce qu'exprime très bien George Steiner : « Dans un univers à présent en proie à un fondamentalisme meurtrier, que ce soit celui du Sud ou du Middle West américains, que ce soit celui de l'islam, l'Europe occidentale peut avoir le privilège impératif d'élaborer et de promulguer un humanisme laïque. Si elle peut se purger de son propre héritage ténébreux en affrontant cet héritage sans faiblir, l'Europe de Montaigne et d'Érasme, de Voltaire et

---

17 Louis RÉAU, *L'Europe française au siècle des Lumières*, *op. cit.*, p. 288.

18 Bartolomé DE LAS CASAS, *Très brève relation de la destruction des Indes* (1552), La Découverte/Poches, Paris, 1996 ; ainsi que le très utile recueil de textes présenté par Marcel MERLE, *L'Anticolonialisme européen de Las Casas à Marx*, *op. cit.*

d'Emmanuel Kant pourrait, une fois encore, servir de guide[19]. » Après une dénonciation virulente du « despotisme du marché de masse » et des « retombées du vedettariat commercialisé », ainsi que de « la progression exponentielle et détergente de l'anglo-américain et l'uniformité des valeurs et de l'image du monde que cet *esperanto* dévorant apporte avec lui », Steiner affirme : « Il se peut que par des voies encore très difficiles à discerner, l'Europe donne un jour naissance à une contre-révolution industrielle, de même qu'elle a engendré la révolution industrielle[20]. »

Pour un espace de respiration républicaine

Tenter de revivifier l'esprit humaniste et universaliste qui a présidé autrefois à la constitution de la Société des Nations puis à celle de l'Organisation des Nations unies, ainsi que le font ceux qui, comme le Premier ministre espagnol, prêchent une « alliance des civilisations » ou un dialogue des cultures et des religions, implique qu'existe effectivement un danger de guerre de civilisations. Mais alors, ne faut-il pas s'opposer plus directement aux théoriciens de cette guerre et aux gouvernements qui se laissent entraîner dans les rhétoriques qui en découlent ?

La violence terroriste, subversive et nihiliste, doit évidemment être combattue. Mais il ne s'agit en aucune façon d'une « guerre », comme veulent le faire croire les chefs de l'armée américaine et de celles des États alliés dans la structure militaire qu'est l'OTAN (qui restent largement prisonniers des schémas de la « guerre moderne » antisubversive, forgés dans les années 1950 par les théoriciens militaires français face aux soulèvements nationalistes en Indochine et en Algérie, assimilés à des révolutions communistes[21]). Car en face, chez l'« ennemi », il n'y a aujourd'hui, pour l'essentiel, que des jeunes nihilistes, prêts à sacrifier leur vie comme l'ont fait tous les terroristes en tout temps et en tous lieux[22]. Leurs actes cruels expriment,

---

19 George STEINER, *Une certaine idée de l'Europe*, *op. cit.*, p. 56.

20 *Ibid.*, p. 57-58.

21 Voir Marie-Monique ROBIN, *Escadrons de la mort, l'école française*, *op. cit.*

22 Voir notamment Mary EVANS, « For jihadist, read anarchist », *The Economist*, 18 août 2005. Dans cet article fort pertinent de l'hebdomadaire anglais conservateur, l'auteur dresse un parallèle fort documenté entre les « jihadistes » d'aujourd'hui et les anarchistes russes d'hier, et rappelle les actes de violence commis au XIXe siècle en Europe ou aux États-Unis.

comme chaque fois que des phénomènes similaires se sont produits à certaines périodes historiques, un malaise profond dont les causes sont multiples et complexes. Elles combinent, en général, des facteurs internes et externes, l'évolution de la géopolitique internationale venant se greffer sur des situations locales de pourrissement et de désintégration sociale ou de blocages des systèmes politiques.

Mis à part le cas du gouvernement des Talibans en Afghanistan qui a donné asile à Ben Laden, gouvernement soutenu et encouragé à l'origine par les États-Unis et ses deux principaux alliés musulmans, l'Arabie Saoudite et le Pakistan, aucun État, musulman ou non, ne soutient aujourd'hui les cellules terroristes qui sèment la violence aveugle, tout autant, sinon bien plus, dans des pays musulmans que dans des pays occidentaux. Dans ce contexte, la notion de guerre des civilisations est tout à fait hors de propos. C'est pourquoi il est essentiel d'œuvrer à ce que la scène géopolitique internationale devienne enfin un espace républicain au sens fort du terme, d'où soient écartés toutes les mises en scène identitaires et le recours au religieux.

A-t-on jamais prêté attention, au temps de la lutte contre le terrorisme d'extrême gauche, à l'importance des textes invoquant la légitimité du marxisme que produisaient ces mouvements ? Alors, pourquoi aujourd'hui faut-il prendre tellement au sérieux les textes ornés de versets coraniques dont se parent les terroristes qui se placent sous une bannière islamique ? Ce n'est pas l'analyse du lexique idéologique religieux qui est importante dans la lutte contre la violence terroriste, mais celle du malaise social et politique qu'elle exprime. De plus, on l'oublie trop souvent, ces phénomènes ont des spécificités bien différentes selon le lieu et le contexte sociopolitique : un attentat terroriste à Riyad est d'une autre nature qu'un attentat à Tel-Aviv ou contre des colons israéliens, lequel est différent d'un attentat contre un commissariat de police en Irak, lui-même différent d'un attentat aveugle à Madrid ou à Londres. Refuser ces constats de bon sens, c'est faire le jeu des théoriciens d'une guerre militaire entre l'OTAN et la plus que nébuleuse organisation Al-Qaida ; et c'est participer au maintien du *statu quo* actuel, qui angoisse l'humanité entière.

Seule la renaissance de l'esprit républicain dans le monde pourra permettre de mettre un terme à cette interminable crise de la modernité. Comme nous l'avons vu à plusieurs reprises, la philosophie occidentale postmoderne dénigre ce qu'un commentateur de Leo Strauss appelle le « providentialisme progressiste [23] » et s'enferme dans un choix pervers entre un multiculturalisme mou et un militarisme forcené, comme celui promu par les États-Unis, prétendument au nom de la défense de la démocratie et de la civilisation. Or la modernité est loin d'avoir épuisé sa capacité de produire un ensemble de valeurs humanistes et universalisantes, y compris dans les sociétés de culture musulmane ou non européenne.

D'où l'importance d'une mise à jour critique et non point dénigrante du siècle des Lumières, renouant avec les grandes traditions de cosmopolitisme et d'ouverture, pour mettre un terme aux dérives de la géopolitique mondiale et à l'instrumentalisation scandaleuse des trois monothéismes qui menace partout des libertés si chèrement conquises. Encore faudrait-il que l'Europe, et plus particulièrement la France qui, par son histoire tourmentée et riche, a développé la notion de républicanisme, concept clé pour l'avenir de la paix dans le monde métissé que nous vivons depuis plusieurs siècles, cessent de s'interroger sans cesse sur le bien-fondé de cet esprit [24].

Claude Nicolet, un historien de l'idée républicaine, rappelle d'ailleurs le potentiel exceptionnel et universel de la tradition républicaine, aussi bien sur le plan de la philosophie politique que sur celui des formes les plus appropriées de gestion de la cité : « À trop cultiver les différences, on oublie aussi le poids de la longue durée, et la nécessaire unité du genre humain, qui n'est pas seulement dans l'espace, mais dans le temps. C'est du moins ce que m'ont appris, dans leur sagesse que je fais mienne, les républicains français [25]. » Claude Nicolet rappelle aussi ce qu'il appelle la « laïcité intériorisée », qui doit « commencer par débouter les dogmes » et qui est « le vrai chemin d'une République qui, elle aussi, pour prévaloir dans la cité, [doit] d'abord être enracinée dans le cœur et la raison de chacun [26] ».

---

23 Olivier SEYDEN, « Post-scriptum de 2004. Strauss et le conservatisme politique », complément de la « Présentation » du livre de Leo STRAUSS, *La Cité et l'Homme, op. cit.*, p. 57.

24 Voir sur ce point le bel ouvrage de Claude NICOLET, *L'Idée républicaine en France*, Gallimard, Paris, 2004.

25 *Ibid.*, p. 7.

26 *Ibid.*, p. 518 ; l'auteur ajoute avec amertume : « Or, quand j'écrivais cela, voilà que l'irrationnel frappait à nos portes. Le "religieux" amorçait alors ce retour en force, que nous savons désormais universel à l'échelle de la planète, et bien entendu multiplié chez nous, où il n'affecte pas seulement nos Églises traditionnelles, qui ne s'étaient jamais vraiment résignées

C'est à un « pacte laïque [27] » à l'échelle internationale que nous devons être amenés aujourd'hui pour mettre fin au mélange explosif des fièvres identitaires et de l'effondrement de la moralité internationale. Ce mélange se traduit par une géopolitique de la puissance qui n'est plus maîtrisée, régulée ou modérée par un discours philosophique, ordonnateur d'un ordre politique accepté de tous, ou par un concert équilibré de puissances empêchant la domination de l'une d'entre elles sur le monde et, en particulier, sur les pays les plus faibles et les plus démunis. Ce qui vaut dans l'ordre interne, où les pays qui ont su sagement séparer l'institutionnalisation de l'État de celle de la religion ont été à l'avant-garde du progrès de l'humanité, vaut tout autant dans l'ordre international. Et cet ordre donne depuis quelques années la fâcheuse impression d'une guerre civile mondiale larvée et de la montée débridée de passions qui pourraient dégénérer en violences accrues.

Réhabiliter l'État, source de citoyenneté

Car il faut évidemment rester lucide : on l'a assez vu dans ce livre, les puissances étatiques et privées qui prétendent aujourd'hui régenter la « communauté internationale » agissent avec constance, malgré leurs discours hypocrites, contre cette ouverture. Elles encouragent en pratique (et en théorie) tout ce qui va dans le sens d'un « empire du chaos » comme mode de gouvernement du monde [28] : éclatement d'États et guerres civiles, non-respect des souverainetés politiques, sécessions, montée des communautarismes et des ethnicismes, recours au religieux et à sa manipulation. Autant d'éléments qui n'incitent pas les pouvoirs en place à libéraliser ou même les populations à tenter de les renverser, par peur du chaos et de l'intervention externe. Dans ce contexte, il est parfaitement déraisonnable de croire que les États-Unis pourraient gagner

---

à la laïcisation progressive de l'État et de la société, mais l'islam, le judaïsme, d'autres religions encore, désormais sûres d'elles, hargneuses et revendicatrices, qui prolifèrent sur le narcissisme identitaire » (pp. 518-519).

27 J'emprunte cette belle expression à Jean BAUBÉROT, *Vers un nouveau pacte laïque*, Seuil, Paris, 1990.

28 Voir Alain JOXE, *L'Empire du chaos. Les Républiques face à la domination américaine dans l'après-guerre froide*, La Découverte, Paris, 2002.

la guerre contre le terrorisme et consolider une puissance impériale gestionnaire quasi exclusive de l'humanité, alors même qu'elle alimente ce terrorisme par les outrances de son discours philosophique, politique et religieux et le déploiement de ses armées sur tous les continents.

À l'inverse de cette dérive terrifiante pour l'avenir de l'humanité, la raison commande de revenir dans l'ordre international à l'esprit des constituants américains eux-mêmes, à leur croyance ferme dans la séparation de l'institution religieuse et de l'État, tout autant qu'à l'esprit si fécond des républicains qui ont fait la grandeur de la France. Ce qui implique notamment d'abandonner le nombrilisme métaphysique et philosophique qui fait oublier que cet esprit républicain a circulé partout dans le monde, que les deux pays les plus peuplés de la planète, la Chine et l'Inde, chacun avec son génie propre et ses expériences, l'ont adopté, à côté de bien d'autres pays hors de l'aire dite « occidentale », même si certains régimes, y compris celui de la Chine, restent des régimes autoritaires qui freinent encore la libération et le pluralisme politiques.

Pour autant qu'il ne perde pas de vue l'indispensable vigilance contre ces dérives autoritaires qui le menacent (comme tout système politique), l'esprit républicain est le mieux à même d'insuffler le civisme, la citoyenneté comme condition de la liberté, par le dépassement des communautarismes, fanatismes et exclusivismes religieux. Encore faut-il que la fonction vitale de l'État, comme source de cette citoyenneté et comme base de la société civile elle-même, soit réhabilitée, alors qu'elle est partout dénigrée et que les groupes de pression de toutes sortes s'efforcent de l'asservir, à défaut de pouvoir le démanteler. Les théories de la globalisation économique et de ses bienfaits servent partout de légitimation idéologique à ce démantèlement des fonctions de l'État, au profit de groupes de pression économiques liés au monde de la politique et des médias.

Tous les beaux discours que tiennent aujourd'hui les grandes bureaucraties internationales, telles l'OCDE, l'ONU, l'Union européenne ou la Banque mondiale, sur l'importance de la société civile, la nécessité de la « gouvernance » et de la « transparence », ne remplaceront jamais la force de quelques articles de la Déclaration des droits de l'homme et du citoyen que la France révolutionnaire a produite et qui a fait le tour du monde, créant la notion moderne de citoyenneté. Cette dernière, quoi qu'en disent les nouveaux traditionalistes comme Leo Strauss ou François Furet (et leurs épigones contemporains), est autrement plus riche, novatrice et englobante que la notion grecque antique de citoyenneté, qui était réservée aux membres d'origine de la tribu sédentarisée dans une cité — en étaient exclus tous les nouveaux venus (dits métèques et périèques), sans parler des esclaves. C'est pourquoi la pensée néotraditionaliste à l'honneur en ce début de siècle veut inventer toutes ces terminologies nouvelles sans consistance pour remplacer les concepts majeurs produits par l'esprit républicain. Cette entreprise serait assurément risible, si elle ne nous menait pas à l'état de guerre perpétuelle entre civilisations, cultures et religions. Elle veut, en effet, nous faire oublier les violences inouïes que les religions révélées ont déclenchées durant des siècles entre elles et dans leur propre sein et veut nous faire croire qu'il est souhaitable aujourd'hui, en raison des excès de l'esprit dit « progressiste », de revenir à la loi divine ou à la citoyenneté grecque.

Tout cela ne serait qu'un mauvais vaudeville, si l'heure n'était pas aussi grave. C'est pourquoi, aujourd'hui plus que jamais, l'on peut estimer que les républicains partout dans le monde devraient cesser de se sentir sur la défensive. Qu'ils soient Européens, Américains, Chinois, Indiens ou Égyptiens, chrétiens, juifs, musulmans, bouddhistes, confucianistes, hindouistes, chiites ou sunnites, catholiques ou protestants, taoïstes ou shintoïstes, tous ceux qui croient à la nécessité de rétablir des espaces publics républicains, nationaux et internationaux, devraient se mobiliser pour en réclamer la constitution.

C'est dans cet esprit que beaucoup de pays musulmans qui excluent les partis islamistes du jeu politique local devraient les accepter, dès lors que leur programme et leur pratique excluent toute violence et acceptent le pluralisme démocratique. Après tout, même indirectement, les extrémismes religieux dans l'Europe des XVIe et XVIIe siècles ont eu comme retombées indirectes positives la montée de la liberté et l'acceptation du pluralisme. Bien plus, c'est la solidité des fondations du républicanisme laïque de Turquie, pourtant si critiqué et malaimé, qui a permis aujourd'hui à un parti politique se réclamant de valeurs islamiques de remporter une nette majorité aux élections et de pouvoir gouverner pacifiquement. Il serait temps que, dans les sociétés musulmanes elles-mêmes, le lien soit fait entre le développement de l'esprit républicain laïque et la possibilité d'accommoder des partis se réclamant de valeurs religieuses dans l'ordre politique ; dans les sociétés musulmanes dont les régimes combattent avec férocité la laïcité et les penseurs laïques, il faudrait aussi, comme cela a déjà été évoqué, faire place à la laïcité et cesser de persécuter les intellectuels qui s'en réclament.

Dans tous les pays, le rôle des médias est évidemment essentiel pour promouvoir le renouveau démocratique, ce qui implique l'invention d'authentiques mécanismes de régulation et d'éthique. Car, le constat est désormais trivial, les médias dominants ne sont plus aujourd'hui, à quelques rares exceptions, que des appendices des groupes de pression économiques, ethniques ou religieux. Une démocratie digne de ce nom est celle qui distribue des temps de parole de façon équitable entre différentes opinions et qui ne mêle pas les spécificités ethniques et religieuses à toutes les sauces des nouvelles pseudo-philosophies politiques. La démocratie ne saurait être ce mauvais théâtre médiatico-politique, lié aux groupes financiers qui prospèrent dans le nouveau régime de la globalisation, sans autre horizon que l'émotion suscitée par une catastrophe ou que le résultat du dernier sondage sur la popularité d'un dirigeant.

La démocratie ne peut pas être un espace fermé et nombriliste, ni une mobilisation guerrière permanente. Elle ne peut être que cette recherche passionnée et raisonnée du bien public (la *res publica*), ce que l'esprit républicain moderne et avant lui l'humanisme puis le siècle des Lumières ont cherché à atteindre. Ce n'est qu'à partir d'une plate-forme républicaine partagée que l'on pourra véritablement dialoguer sur les problèmes réels du monde, qui sont tous profanes, et remettre les problèmes existentiels de l'homme dans le domaine privé, qu'il s'agisse de sa foi religieuse ou de ses racines ethniques et de ses « lieux de mémoire » personnels. Mais la recherche du bien public dans le monde globalisé et interdépendant d'aujourd'hui ne peut plus être ce qu'elle a été dans la philosophie moderne et sa critique de Nietzsche à Leo Strauss, dans le monde clos de la culture européenne dans ses différentes versions française, italienne, allemande ou anglo-saxonne.

Une « refondation » du monde ?

Il est donc temps d'ouvrir des espaces d'aération, de sortir de l'archétype biblique, religieux ou sécularisé, du modèle grec idolâtré ou des paradigmes pervers de Nietzsche, Heidegger et Leo Strauss. Ces paradigmes stériles de la modernité et de la contre-modernité ont contribué à forger les projets de puissance les plus fous, sans avoir réussi à résoudre la moindre des contradictions entre traditionalistes et progressistes ayant déchaîné, depuis les guerres de religion, une violence quasi permanente.

Aujourd'hui, la globalisation économique achève de déstructurer le milieu socioéconomique de milliards de paysans dans le monde, surtout en Asie et en Afrique, et remet en cause la stabilité socioéconomique des pays européens les plus avancés. Les fables fondamentalistes, traditionalistes et nihilistes trouvent dans ce contexte un terreau fertile à la propagation des angoisses de type millénariste, à l'origine des terribles violences des siècles passés, appelées ainsi à se répéter de nos jours. La renaissance de terrorismes divers et les manipulations géopolitiques et idéologiques dont ils sont l'objet ne constituent qu'une des expressions de ce contexte de désintégration générale, qui favorise aussi l'extension irrésistible de la puissance américaine et le zèle de ses idéologues promoteurs d'un ordre musclé.

Pour sortir des fables, il faut donc « revoir notre copie », entrer dans ce que Jürgen Habermas appelle la « raison communicationnelle », c'est-à-dire le remplacement « du paradigme de la connaissance des objets par celui de l'entente entre sujets capables de parler et d'agir[29] ». « Il reste, explique Habermas, que le "pouvoir" historico-transcendantal — l'unique constante dans les hauts et les bas des discours tantôt dominés, tantôt dominants — se révèle n'être, en fin de compte, qu'un équivalent de ce qu'était autrefois la "vie" pour les philosophes vitalistes. Il est donc nécessaire, pour qu'une solution assurée se dessine enfin, non seulement de ne plus présupposer — avec un rien de sentimentalité — que nous sommes les sans-logis de la métaphysique, mais encore de comprendre que les oscillations fébriles entre une optique transcendantale et une optique empirique, entre une autoréflexion radicale et un

29 Jürgen Habermas, *Le Discours philosophique de la modernité*, *op. cit.*, p. 350.

immémorial qui ne se laisse pas appréhender par la réflexion, entre la productivité d'une espèce qui se produit elle-même et un originaire qui prime toute production, que le jeu de piste de ces dédou blements, donc, n'est que ce qu'il est, à savoir un symptôme d'épuisement. Et ce qui est épuisé, c'est le paradigme de la philosophie de la conscience. S'il en est ainsi, en passant au paradigme de l'intercompréhension, les symptômes d'épuisement doivent effectivement disparaître [30]. »

Aussi, la tâche urgente qui nous appelle est d'en finir avec ce nombrilisme hypocrite qui règne dans les systèmes politiques nationaux comme dans le système international, pour trouver par consensus de véritables normes de comportement international, mais aussi pour restaurer le prestige et la fonction des États. Le libre-échange débridé et l'hostilité à toute intervention régulatrice des déséquilibres sociaux, économiques ou financiers, nationaux ou internationaux, sont de véritables recettes pour que la catastrophe advienne. L'agenda intellectuel et économique du monde ne peut pas continuer d'être exclusivement celui fixé par quelques intellectuels médiatiques américains ou européens ou par des politiques et hauts fonctionnaires dans les réunions du G8, de la Banque mondiale et du Fonds monétaire international, suscitant chaque année les mêmes manifestations d'altermondialistes et les mêmes déploiements de forces de l'ordre, sans que rien de substantiel ne change.

Le Brésil, l'Inde, la Chine, le Mexique et tant d'autres pays ne peuvent pas continuer d'être ignorés ; le sort de la Palestine ne doit pas rester ce drame permanent ; l'Irak doit être évacué par les occupants américains et britanniques ; et, s'il faut compléter la liste des lieux de mémoire, il est urgent d'établir celle qui concerne les souffrances provoquées par le colonialisme, l'esclavage et les guerres de décolonisation [31].

---

30 *Ibid.*, pp. 350-351.

31 C'est ce qui a été refusé à nouveau en 2001, lors de la Conférence mondiale sur le racisme de Durban en Afrique du Sud (où les délégations américaine et israélienne se sont retirées en signe de protestation contre ces demandes et les demandes palestiniennes). Encore plus remarquable est la loi française du 23 février 2005 « portant reconnaissance de la Nation et contribution nationale en faveur des Français rapatriés », qui exige dans son article 4 que « les programmes scolaires reconnaissent en particulier le rôle positif de la présence française outremer, notamment en Afrique du Nord ».

Tout cela remettrait évidemment en cause l'évolution inquiétante du monde, ce qui n'est pas pour demain, tant que nous nous trouvons face à une tendance lourde que rien ne semble pouvoir arrêter. Au moins faut-il identifier correctement les douleurs du monde et l'envers des décors qui nous entourent, ce que nous avons tenté de faire ici. Œuvrer à changer l'état actuel du monde suppose de sortir de l'agenda intellectuel et des grands paradigmes philosophiques du néoconservatisme triomphant, qui habille et légitime les désintégrations sociales et culturelles provoquées par la crise multiforme affectant plus particulièrement les sociétés monothéistes. Une « refondation » du monde, au sens que Hannah Arendt donnerait à ce terme, est évidemment une œuvre de très longue haleine, au cours de laquelle de nombreux bouleversements et déstabilisations sociales, politiques et militaires, peuvent survenir.

Une telle refondation exige une réconciliation des pensées traditionaliste et progressiste, en Occident comme hors d'Occident, dans un dialogue qui ferait sortir les traditionalistes, anti- et postmodernistes, de leurs obsessions des modèles anciens prérévolutionnaires, de leurs paradigmes pervers et de leur désir autoritaire de puissance. Un dialogue qui ne mettrait pas en accusation constante, par diverses techniques de terreur intellectuelle, les républicains dont l'inspiration reste l'idée de progrès, l'humanisme et la recherche de normes et valeurs universelles pour assurer la paix du monde. Pour être fructueux, ce dialogue doit sortir du cercle fermé des politiques et penseurs occidentaux et s'ouvrir totalement aux grands systèmes de pensée hors d'Occident, eux-mêmes le plus souvent en crise depuis que les vents de la culture et de l'industrie européennes les ont touchés. Ce n'est que dans un tel dialogue que les problèmes jusqu'ici insolubles de l'antisémitisme occidental, du statut de l'État d'Israël et des Palestiniens toujours sans État, des fondamentalismes religieux américains et islamiques pourraient trouver des solutions raisonnables et consensuelles.

Dans un monde désormais globalisé, où la rencontre entre « Occident » et « Orient » reste difficile depuis quatre siècles, la crise de légitimité est globale et le besoin de refondation ne peut que l'être aussi. Car la crise ronge non seulement l'ordre interne des sociétés, mais aussi l'ordre international qui, de ce fait, repose de plus en plus sur le déploiement impérial américain. Et cela d'autant plus que, de façon paradoxale, les résistances ouvertes ou feutrées à ce déploiement suscitent encore plus de globalisation et d'interventionnisme américain, et la soumission intellectuelle et politique quasi complète des Nations unies aux États-Unis.

Le monde n'est pas près de sortir de ce cercle vicieux. Mais au moins peut-on œuvrer à une prise de conscience des enjeux profanes de cette situation. Ce n'est que par cette prise de conscience que l'on peut affronter à la fois la globalisation économique déstructurante, que prétend justifier la thèse de la guerre des civilisations, et le terrorisme qui lui fait écho.

Bibliographie

ABDEL MALEK Anouar, *La Pensée politique arabe contemporaine*, Seuil, Paris, 1976.

ANDERSON Benedict, *L'Imaginaire national. Réflexions sur l'origine et l'essor du nationalisme*, La Découverte, Paris, 1996.

ANDERSON Perry, *La Pensée tiède. Un regard critique sur la culture française*, Seuil, Paris, 2005.

ARENDT Hannah, *Eichmann in Jerusalem. A Report on the Banality of Evil*, The Viking Press, New York, 1963 (traduction française : *Eichmann à Jérusalem : rapport sur la banalité du mal*, Gallimard, Paris, 1966).

—, *Sur l'antisémitisme*, Calmann-Lévy, Paris, 1951.

—, *La Crise de la culture*, Gallimard, 1972 ; édition originale anglaise : 1954.

—, *On Revolution*, The Viking Press, New York, 1963 (traduction française : *Essai sur la Révolution*, Gallimard, Paris, 1967).

ANTONIUS George, *The Arab Awakening*, Capricorn Books, New York, 1965.

AUGUSTIN (Saint), *La Cité de Dieu*, trois volumes, Seuil, Paris, 1994.

BAER Robert, *See no Evil. The True Story of a Ground Soldier in the CIA's War on Terrorism*, Crown Publishers, New York, 2002.

—, *Sleeping with the Devil. How Washington Sold our Soul for Saudi Crude*, Crown Publishers, New York, 2003.

BAUBÉROT Jean, *Vers un nouveau pacte laïque*, Seuil, Paris, 1990.

BAUBÉROT Jean et MATHIEU Séverine, *Religion, modernité et culture au Royaume-Uni et en France 1800-1914*, Seuil, coll. « Points Histoire », Paris, 2002.

BAYLIN Bernard, *The Ideological Origins of the American Revolution*, The Belknap Press of the Harvard University Press, 1992.

BESANÇON Alain, *Les Origines intellectuelles du léninisme*, Calmann-Lévy, Paris, 1977.

BLAU Ruth, *Les Gardiens de la Cité. Histoire d'une guerre sainte*, Flammarion, Paris, 1978.

BLONDIN Denis, *Les Deux Espèces humaines. Autopsie du racisme ordinaire*, L'Harmattan, Paris, 1975.

BLUMENBERG Hans, *La Légitimité des Temps modernes*, Gallimard, Paris, 1999.

BOFF Leonardo, *Qu'est-ce que la théologie de la libération ?*, Cerf, Paris, 1987.

BONALD Louis de, *Théorie du pouvoir politique et religieux démontrée par le raisonnement et par l'Histoire*, 10/18, Paris, 1965.

BONIFACE Pascal, *Est-il permis de critiquer Israël ?*, Robert Laffont, Paris, 2003.

BRAGUE Rémi, *La Loi de Dieu. Histoire philosophique d'une alliance*, Gallimard, Paris, 2005.

BRELICH Angelo, *Histoire des religions*, Gallimard, coll. « La Pléiade », 3 vol., Paris, 1970.

CAHUET André, *La Question d'Orient dans l'histoire contemporaine, 1821-1905*, Dujarric et Cie, Paris, 1905.

CARTER Jimmy, *The Blood of Abraham. Insights to the Middle East*, Houghtin Mifflin Company, Boston, 1985.

CHAUNU Pierre, *Le Temps des réformes*, Fayard, Paris, 1975.

CHELINI Jean, *Histoire religieuse de l'Occident médiéval*, Hachette, Paris, 1991.

CHERFILS Christian, *Bonaparte et l'islam d'après les documents français et arabes*, A. Pedone éditeur, Paris, 1914.

CHOMSKY Noam, *Deterring Democracy*, Hill and Wang, New York, 1992.

CITRON Suzanne, *Le Mythe national. L'histoire de France en question*, Éditions ouvrières, Paris, 1987.

CLARKE Richard A., *Against All Ennemies. Inside America's War on Terror*, Free Press, New York, 2004.

COOLEY John K., *Unholy Wars. Afghanistan, American and International Terrorism*, Puto Press, Londres, 2000.

CORM Georges, *Histoire du pluralisme religieux dans le Bassin méditerranéen*, Paul Geuthner, Paris, 1998.

—, *Le Proche-Orient éclaté 1956-2005*, Gallimard, Paris, 2005 (paru en première édition à La Découverte en 1983).

—, *Youakim Moubarac. Un homme d'exception*, La Librairie orientale, Beyrouth, 2004.

COURTOIS Stéphane et *alii*, *Le Livre noir du communisme*, Robert Laffont, Paris, 1997.

CRAPANZANO Vincent, *Liberalism in America. From the Pulpit to the Bench*, The New Press, New York, 2000.

CROUZET Denis, *Les Guerriers de Dieu. La violence au temps des troubles de religion. Vers 1525-1610*, 2 vol., Champ Vallon, Seyssel, 1990.

DELUMEAU Jean, *Naissance et affirmation de la Réforme*, PUF, Paris, 1965.

DIEKHOFF Alain, *L'Invention d'une nation. Israël et la modernité politique*, Gallimard, Paris, 1993.

DOSSE François, *L'Histoire en miettes. Des « Annales » à la « nouvelle histoire »*, La Découverte, Paris, 1987.

—, *La Marche des idées. Histoire des intellectuels, histoire intellectuelle*, La Découverte, Paris, 2003.

DURAND Gilbert, *Introduction à la mythodologie. Mythes et sociétés*, Albin Michel, Paris, 1996.

ELIADE Mircea, *La Nostalgie des origines*, Gallimard, coll. « Folio/Essais », Paris, 1971.

EVOLA Julien, *Orient et Occident*, Arche, Milano, 1982.

FATTAL Antoine, *Le Statut légal des non-musulmans en pays d'Islam*, Imprimerie catholique, Beyrouth, 1958.

FILALI-ANSARI Abdou, *Réformer l'Islam ? Une introduction aux débats contemporains*, La Découverte, Paris, 2002.

FINKELSTEIN Norman, *L'Industrie de l'Holocauste. Réflexions sur l'exploitation de la souffrance des Juifs*, La Fabrique, Paris, 2001.

FLASCH Kurt, *Introduction à la philosophie médiévale*, Flammarion, Paris, 1992.

FLORI Jean, *La Première Croisade. L'Occident chrétien contre l'Islam (aux origines des idéologies occidentales)*, Complexe, Bruxelles, 1992.

FOUCAULT Michel, *Philosophie. Anthropologie*, Gallimard, Paris, 2004.

FUKUYAMA Francis, *La Fin de l'histoire et le dernier homme*, Flammarion, Paris, 1995.

FURET François et NOLTE Ernst, *Fascisme et communisme*, Plon, Paris, 1998.

FURET François, *Penser la Révolution française*, Gallimard, Paris, 1978.

—, *Le Passé d'une illusion. Essai sur l'idée communiste au XXe siècle*, Laffont, Paris, 1995.

FUSTEL DE COULANGES Numa-Denys, *La Cité antique*, Librairie L. Hachette et Cie, Paris, 1866.

GALLOUX Michel, *Finance islamique et pouvoir politique. Le cas de l'Égypte*, PUF, Paris, 1997.

GARRISSON Janine, *L'Édit de Nantes et sa révocation*, Seuil, Paris, 1985.

GAYRAUD Jean-François et SÉNAT David, *Le Terrorisme*, PUF, Paris, 2002.

GEIFMAN Anna, *Thou Shall Kill. Revolutionary Terrorism in Russia, 1894-1917*, Princeton University Press, Princeton, 1993.

GELLNER Ernst, *Nations et nationalisme*, Payot, Paris, 1989.

GHANDOUR Abdel-Rahman, *Jihad humanitaire. Enquête sur les ONG islamiques*, Flammarion, Paris, 2002.

GIRARDET Raoul, *L'Idée coloniale en France*, La Table ronde, Paris, 1972.

GUENIFFEY Patrick, *La Politique de la Terreur. Essai sur la violence révolutionnaire 1789-1794*, Gallimard, Paris, 2000.

GUÉNON René, *La Crise du monde moderne*, Gallimard, Paris, 1946.

—, *Introduction générale à l'étude des doctrines hindoues*, Guy Trédaniel, Paris, 1997.

HABERMAS Jürgen, *Le Discours philosophique de la modernité*, Gallimard, Paris, 1988.

HARDY Deborah, *Land and Freedom. The Origins of Russian terrorism, 1876-1879* Greenwood Press, New York, 1987.

HARTOG François, *Régimes d'historicité. Présentisme et expérience du temps*, Seuil, Paris, 2004.

HEGEL Friedrich, *La Raison dans l'Histoire*, 10/18, Paris, 1955.

—, *Leçons sur l'histoire de la philosophie*, 2 vol., Gallimard, Paris, 1954.

HENRY Clement M. et WILSON Rodney (dir.), *The Politics of Islamic Finance*, Edinburgh University Press, Edinburgh, 2004.

HERNANDEZ Miguel Cruz, *Histoire de la pensée en terre d'Islam*, Desjonquères, Paris, 2005.

HERZL Theodor, *L'État des Juifs*, traduction de Claude Klein, La Découverte, Paris, (1896) 2003.

HILBERG Raul, *La Destruction des Juifs d'Europe*, Fayard, Paris, 1988 (édition de poche : Gallimard, coll. « Folio/ Histoire », Paris, 1991, 2 vol.).

—, *La Politique de la mémoire*, Gallimard, Paris, 1996.

HILL Christopher, *The World Turned Upside Down. Radical Ideas during the English Revolution*, Penguin Books, Londres, 1974.

HOBSBAWM Eric, *Nations and Nationalism since 1870. Programme, Myth, Reality*, Cambridge University Press, Cambridge, 1990.

—, *L'Âge des extrêmes. Histoire du court XXe siècle*, Complexe, Bruxelles, 1999.

HOWARD Michel, *La Guerre dans l'histoire de l'Occident*, Fayard, Paris, 1998.

HOURANI Albert, *Arabic Thought in the Liberal Age, 1798-1939*, Oxford University Press, 1967.

HUNTINGTON Samuel, *Le Choc des civilisations*, Odile Jacob, Paris, 1997.

ISMAÏL Adel, *Histoire du Liban du XVIIe siècle à nos jours*, tome 4, *Redressement et déclin du féodalisme libanais (1840-1861)*, Beyrouth, 1958.

JOHANNET René, *Le Principe des nationalités*, Nouvelle Librairie nationale, Paris, 1923.

JOUANNA Arlette, BOUCHER Jacqueline, BILOGHI Dominique, LETHIEC Guy, *Histoire et Dictionnaire des guerres de religion*, Robert Laffont, Paris, 1998.

JOXE Alain, *L'Empire du chaos. Les Républiques face à la domination américaine dans l'après-guerre froide*, La Découverte, Paris, 2002.

KAGAN Robert, *La Puissance et la Faiblesse. Les États-Unis et l'Europe dans le nouvel ordre mondial*, Plon, Paris, 2003.

KANT Emmanuel, *Opuscules sur l'histoire*, Flammarion, Paris, 1990.

KAPLAN Robert D., *La Stratégie du guerrier. De l'éthique païenne à l'art de gouverner*, Bayard, Paris, 2003.

KEPEL Gilles, *Les Banlieues de l'Islam. Naissance d'une religion en France*, Seuil, Paris, 1987.

—, *La Revanche de Dieu. Chrétiens, Juifs et musulmans à la reconquête du monde*, Seuil, Paris, 1992.

KOLARZ Walker, *La Russie et ses colonies*, Fasquelle, Paris, 1954.

KOSELLECK Reinhart, *Le Futur passé. Contribution à la sémantique des temps historiques*, Éditions de l'École des hautes études en sciences sociales, Paris, 1990.

LACAN Jacques, *Le Triomphe de la religion*, Seuil, Paris, 2005.

LAOUST Henri, *Les Schismes dans l'islam*, Payot, Paris, 1965.

—, *Pluralismes dans l'islam, Revue d'études islamiques*, Hors série n° 15, Geuthner, Paris, 1983.

LAS CASAS Bartolomé de, *Très brève relation de la destruction des Indes (1552)*, La Découverte/Poches, Paris, 1996.

LAURENS Henry, *Le Royaume impossible. La France et la genèse du monde arabe*, Armand Colin, Paris, 1990.

LE GOFF Jacques, *Histoire et Mémoire*, PUF, Paris, 1968.

—, *L'Europe est-elle née au Moyen Âge ?*, Seuil, Paris, 2003.

LEA Henry Charles, *Histoire de l'Inquisition au Moyen Âge*, Robert Laffont, Paris, 2004.

LECLER Joseph, *Histoire de la tolérance au siècle de la Réforme*, Albin Michel, Paris, 1994.

LECOURT Dominique, *L'Amérique entre la Bible et Darwin*, PUF, Paris, 1988.

LEGENDRE Pierre, *Ce que l'Occident ne voit pas de l'Occident*, Mille et une nuits, Paris, 2004.

LÉGER François, *Les Influences occidentales dans la révolution de l'Orient. Inde-Malaisie-Chine, 1850-1950*, 2 vol., Plon, Paris, 1955.

LIEVEN Anatol, *Le Nouveau Nationalisme américain*, J.-C. Lattès, Paris, 2004.

LUTHER Martin, *Les Grands Écrits réformateurs*, Flammarion, Paris, 1992.

MARTIN Vanessa, *Islam and Modernism. The Iranian Revolution of 1906*, I.B. Tauris, Londres, 1989.

MAYER Arno, *La « Solution finale » dans l'histoire*, La Découverte, Paris, 1990.

MERLE Marcel (dir.), *L'Anticolonialisme européen de Las Casas à Marx*, Armand Colin, « collection U », Paris, 1969.

MICHELET Jules, *Histoire de la Révolution française*, 2 vol., Robert Laffont, coll. « Bouquins », Paris, 1979.

MIQUEL Pierre, *Les Guerres de religion*, Fayard, Paris, 1980.

MOLNAR Thomas, *La Contre-Révolution*, 10/18, Paris, 1972.

MOREAU Jean-Paul, *Disputes et conflits du christianisme. Dans l'Empire romain et l'Occident médiéval*, L'Harmattan, Paris, 2005.

NEMO Philippe, *Qu'est-ce que l'Occident ?*, PUF, Paris, 2004.

NICOLET Claude, *L'Idée républicaine en France (1789-1924)*, Gallimard, Paris, 1994.

NIPPERDEY Thomas, *Réflexions sur l'histoire allemande*, Gallimard, Paris, 1992.

NOLTE Ernst, *Les Mouvements fascistes, l'Europe de 1919 à 1945*, Calmann-Lévy, Paris, 1991.

—, *La Guerre civile européenne 1917-1945. National-socialisme et bolchevisme*, Syrtes, Paris, 2000.

—, *Les Fondements historiques du national-socialisme*, Le Rocher, Monaco, 2004.

NORRIS Pippa et INGLEHART Ronald, *Sacred and Secular. Religion and Politics*

Worldwide, Cambridge University Press, 2004.

OLENDER Maurice, *Les Langues du paradis. Aryens et Sémites, un couple providentiel*, Seuil, Paris, 1989.

PANNIKAR Kavalam Madhava, *L'Asie et la domination occidentale*, Seuil, Paris, 1956.

PARIGI Stéphanie, *Des Banques islamiques. Argent et religion*, Ramsay, Paris, 1989.

PARKER Geoffrey, *La Guerre de Trente Ans*, Aubier, Paris, 1987.

PIRENNE Jacques, *Les Grands Courants de l'histoire universelle*, tome 2, *De l'expansion musulmane aux traités de Westphalie*, La Baconnière, Neuchâtel, 1959.

POPPER Karl, *La Société ouverte et ses ennemis*, 2 vol., Seuil, Paris, 1971.

POUSSOU Jean-Pierre, *Cromwell, la révolution d'Angleterre et la guerre civile*, PUF, Paris, 1993.

QUINET Edgar, *Le Christianisme et la Révolution française*, Fayard, Paris, 1984.

RABKIN Yakov M., *Au nom de la Torah. Une histoire de l'opposition juive au sionisme*, Presses de l'Université Laval, Québec, 2004.

RÉAU Louis, *L'Europe française au siècle des Lumières*, Albin Michel, Paris, 1951.

RENAN Ernest, *Qu'est-ce qu'une nation*, Presses Pocket, Paris, 1992.

RICŒUR Paul, *La Mémoire, l'histoire, l'oubli*, Seuil, Paris, 2000.

ROBIN Marie-Monique, *Escadrons de la mort, l'école française*, La Découverte, Paris, 2004.

ROSTOW Walter, *Les Étapes de la croissance économique*, Seuil, Paris, 1961.

ROUCAUTE Yves, *Le néoconservatisme est un humanisme*, PUF, Paris, 2005.

ROUVILLOIS Frédéric, *L'Invention du progrès. Aux origines de la pensée totalitaire (1680-1730)*, Kimé, Paris, 1996.

ROY Olivier, *L'Islam mondialisé*, Seuil, Paris, 2004.

RUBENSTEIN Richard E., *Le Jour où Jésus devint Dieu. L'« affaire Arius » ou la grande querelle sur la divinité du Christ au dernier siècle de l'Empire romain*, La Découverte, Paris, 2001.

RUTHVEN Malise, *Fundamentalism. The Search for Meaning*, Oxford University Press, 2004.

SALLMANN Jean-Michel, *Géopolitique du XVIe siècle. 1490-1618*, Seuil, Paris, 2003.

SANTAMARIA Yves et WACHE Brigitte, *Du printemps des peuples à la Société des Nations. Nations, nationalités et nationalismes en Europe, 1850-1920*, La Découverte, Paris, 1996.

SCHAMA Simon, *Citizens. A Chronicle of the French Revolution*, Knopf, New York, 1989.

SHAHAK Israel et MEZVINSKY Norton, *Jewish Fundamentalism in Israel*, Pluto Press, Londres, 1999.

SIEFFERT Denis, *Israël-Palestine, une passion française*, La Découverte, Paris, 2004.

SIGAUD Pierre-Marie, *René Guénon*, Les Dossiers H, L'Âge d'Homme, Lausanne, 1984.

SKOCPOL Tedda, *État et révolutions sociales. La révolution en France, en Russie et en Chine*, Fayard, Paris, 1985.

SLAVIN Morris, *The Left and the French Revolution*, Humanities Press, New Jersey, 1995.

SOLÉ Robert, *Le Défi terroriste. Leçons italiennes à l'usage de l'Europe*, Seuil, Paris, 1979.

SORMAN Guy, *Les Enfants de Rifaa : musulmans et modernes*, Fayard, Paris, 2003.

STEINER George, *Une certaine idée de l'Europe*, Actes Sud, Arles, 2005.

STONE Lawrence, *The Causes of the English Revolution 1529-1642*, Routledge and Kegan Paul, Londres, 1972.

STONOR SAUNDERS Frances, *Qui mène la danse ? La CIA et la guerre froide intellectuelle*, Denoël, Paris, 2003.

STRAKA Gerald M. (dir.), *The Revolution of 1688 and the Birth of the English*

Political Nation, D.C. Heath and Company, Lexington, 197^

STRAUSS Leo, *Droit naturel et Histoire*, Flammarion, Paris, 1986.

—, *Nihilisme et politique*, Rivages, Paris, 2001.

—, *The City and Man*, The University of Chicago Press, Chicago, 1964 (traduction française, *La Cité et l'Homme*, Le Livre de poche, Paris, 2005).

TANGUAY Daniel, *Leo Strauss, Une biographie intellectuelle*, Le Livre de poche, Paris, 2003.

TESTAS Guy et Jean, *L'Inquisition*, PUF, Paris, 1966.

THIESSE Anne-Marie, *La Création des identités nationales. Europe, XVIIIe-XXe siècle*, Seuil, Paris, 1999.

VANKLEY Dale, *Les Origines religieuses de la Révolution française, 1560-1791*, Seuil, Paris, 2002.

WALTER Gérard, *La Révolution anglaise. L'exécution de Charles Ier et l'ascension de Cromwell*, Marabout, Paris, 1982.

WARDE Ibrahim, *Islamic Finance in the Global Economy*, Edinburgh University Press, Edinburgh, 2000.

WEIL Georges, *L'Europe du XIXe siècle et l'idée de nationalité*, Albin Michel, Paris, 1938.

WEIZMAN Chaïm, *Naissance d'Israël*, Gallimard, Paris, 1957.

WENTZ Richard E., *American Religious Traditions. The Shaping of Religion in the United States*, Fortress Press, Minneapolis, 2003.

WINOCK Michel (dir.), *Histoire de l'extrême droite en France*, Seuil, Paris, 1994.

YARED Nazik Saba, *Secularism and the Arab World*, Saqi Books, Londres, 2002.

YE'OR Bat, *Chrétientés d'Orient entre jihâd et dhimmitude : VIIe-XXe siècle*, Cerf, Paris, 1991.

ZEGHAL Malika, *Les Islamistes marocains. Le défi à la monarchie*, La Découverte, Paris, 2005.

ZERTAL Idith, *La Nation et la Mort. La Shoah dans le discours et la politique d'Israël*, La Découverte, Paris, 2004.

Table

BUSSIÈRE
GROUPE CPI

Composition Facompo, Lisieux
Impression réalisée par Bussière
à Saint-Amand-Montrond (Cher)
Dépôt légal du 1er tirage : janvier 2006.
Suite du 1er tirage (3) : mai 2006.
N° d'impression : 061769/1.
Imprimé en France